The Path of
Integration

融合之路

农业转移人口市民化研究

Study on the Citizenship of
Agricultural Migrant People

江立华 等 著

社会科学文献出版社
SOCIAL SCIENCES ACADEMIC PRESS (CHINA)

本书出版获华中师范大学政治学一流学科建设经费支持

主要作者简介

江立华 安徽歙县人,历史学博士,华中师范大学社会学院教授、博士生导师,省级人文社会科学重点研究基地湖北省社会发展与社会政策研究中心主任。教育部"马克思主义理论研究和建设工程重点教材"《中国社会学史》首席专家之一,教育部"新世纪优秀人才"。主要研究方向为城乡社会发展、人口流动、社区治理。主持完成国家社科基金重大项目2项、重点项目1项、一般项目1项、省部级项目20多项,出版专著7部。在《社会学研究》《中国人口科学》等杂志发表论文120余篇,其中4篇被《新华文摘》全文转载、4篇被《中国社会科学文摘》全文转载。有3项成果分别获省级人文社会科学研究优秀成果二等奖、三等奖。

目 录

绪　论　融合之路 …………………………………………… 1
第一章　农业转移人口进城的历史回顾 …………………… 46
　　一　农业转移人口向城市流动的历程 ………………… 46
　　二　社会转型与政府的农业转移人口政策选择 ……… 58
　　三　新型城镇化战略与市民化推进 …………………… 78
第二章　农业转移人口进城的时空演变 …………………… 97
　　一　农业转移人口流动的总体特征 …………………… 97
　　二　时空分析方法 ……………………………………… 100
　　三　宏观态势与空间趋向 ……………………………… 103
第三章　农业转移人口进城的空间区隔与空间权益 ……… 115
　　一　农业转移人口的空间理论话语 …………………… 115
　　二　城乡空间秩序与空间权益区隔 …………………… 118
　　三　空间权益区隔与再结构化的机制 ………………… 129
　　四　农业转移人口城市空间权益的实现 ……………… 134
第四章　混合居住与进城务工者的社区融合 ……………… 142
　　一　混合居住的探索及社会融合逻辑 ………………… 143
　　二　混合居住社区实践与居民融合状况 ……………… 148
　　三　混合社区公共性的建构与居民融合 ……………… 158
　　四　建立进城务工者社区融合的途径 ………………… 166

第五章　空间再造与易地搬迁人口的社会适应 …… 174
  一　空间再造及其类型 …… 174
  二　亦城亦乡：易地扶贫搬迁的空间再造特征 …… 180
  三　从散居到聚居：搬迁居民现代身体的形塑 …… 184
  四　空间再造与搬迁居民的社会适应分异 …… 194
  五　文化堕距与搬迁居民的文化适应 …… 203

第六章　"孤岛"政治：建筑业农民工的市民化 …… 211
  一　微观政治带回劳动过程理论 …… 212
  二　建筑工地的日常管理策略 …… 219
  三　建筑工地的"孤岛"隐喻 …… 227
  四　临时生产共同体及微观权力运作 …… 233
  五　关系建构与建筑业农民工的市民化 …… 249

第七章　新型劳动的时间控制与新型劳动者的自主性困境 …… 254
  一　劳动时间研究的历史线索 …… 255
  二　劳动时间秩序与骑手的劳动选择 …… 260
  三　自由表象下的新型时间控制 …… 266
  四　受控的自由与有限的行动 …… 273

后　记 …… 284

绪　论　融合之路

一　研究背景

城镇化是国家现代化的必由之路,是我国最大的内需潜力和发展动能,关系着社会主义现代化强国这一伟大工程的成败。党的十八大以来,从推动农业转移人口市民化,到构建与农业现代化相辅相成、相互促进的体制机制,再到构建科学合理的城镇化宏观布局,以习近平同志为核心的党中央做出了一系列重大决策部署。党的十九大报告提出,要"以城市群为主体构建大中小城市和小城镇协调发展的城镇格局,加快农业转移人口市民化"[1]。党的二十大报告提出,要"推进以人为核心的新型城镇化,加快农业转移人口市民化。以城市群、都市圈为依托构建大中小城市协调发展格局,推进以县城为重要载体的城镇化建设"[2]。习近平总书记还指出,"要更好推进以人为核心的城镇化,使城市更健康、更安全、更宜居,成为人民群众高品质生活的空间"[3]。

2021年,我国常住人口城镇化率达到了64.72%,但户籍人口城镇化率仅为46.7%,其中的未入籍人口绝大多数是农业转移人口。[4] 因此,健全农业转移人口市民化配套政策体系,加快推动农业转移人口全面融入城市,依然任重道远。

农业转移人口,就其主体而言是指不与农村土地发生直接的生产关系、

---

[1] 《习近平：决胜全面建成小康社会　夺取新时代中国特色社会主义伟大胜利——在中国共产党第十九次全国代表大会上的报告》,http://www.zhuanti/2017-10/27/content_5234876.htm。
[2] 《习近平：高举中国特色社会主义伟大旗帜　为全面建设社会主义现代化国家而团结奋斗——在中国共产党第二十次全国代表大会上的报告》,http://www.gov.cn/xinwen/2022-10/25/content_5721685.htm。
[3] 习近平：《国家中长期经济社会发展战略若干重大问题》,《求是》2020年第21期。
[4] 《国家发改委印发〈2022年新型城镇化和城乡融合发展重点任务〉——提高新型城镇化建设质量》,https://www.gov.cn/zhengce/2022-03/22/content_5680376.htm?eqid=b0014a7f000285ec000000066485475c。

从事非农产业但又仍然具有农民身份的群体。相较于仍然从事农业生产的传统农民，该群体更多地与现代化和市场化发生关联。由于我国的二元社会经济体制，他们的诸多合理权利和诉求往往难以得到保障和实现。尽管这个群体内部发生了分化，在职业类别、个人禀赋和理想追求等方面存在较大差异，但他们都共同面临着生活方式的转变，在平等的就业权、公平的教育权与市场准入权、同等的社会保障权和社会参与权等方面有着强烈的诉求。为此，加快农业转移人口的市民化需要解决一系列重大问题，包括如何处理农业转移人口与土地的关系；如何处理不同群体权益缺失和诉求的多样性与统一性问题，这需要顾及当前农业转移人口内部分化较大的现实情况；如何处理国家政策制度与农业转移人口的能动性和积极性的问题，即如何处理"赋权"与"自我增权"之间的关系问题；如何规划农业转移人口在生存权、发展权、保障权等诸多方面的制度和政策支持问题；等等。

城镇化是现代化的必由之路，新型城镇化的首要任务是推进农业转移人口市民化。农业转移人口能否成功融入城市、能否实现从农民到市民的身份转变关系着现代化强国这一伟大工程的成败。《"十四五"新型城镇化实施方案》提出："坚持把推进农业转移人口市民化作为新型城镇化的首要任务，存量优先、带动增量，稳妥有序推进户籍制度改革，推动城镇基本公共服务均等化，健全配套政策体系，提高农业转移人口市民化质量。"到2025年，全国常住人口城镇化率稳步提高，户籍人口城镇化率明显提高，农业转移人口市民化质量显著提升，城镇基本公共服务覆盖全部未落户常住人口。[①] 系统回顾农业转移人口政策的变化，探讨农业转移人口内部各群体的融合之路，能帮助我们提出促进农业转移人口市民化的新构想以及体制机制改革的可行对策。

二 农业转移人口研究回顾与述评

（一）国外的相关研究

"市民化"是一个具有中国特色的概念，国外学术研究中缺少直接对

---

① 《国家发展改革委关于印发"十四五"新型城镇化实施方案的通知》（发改规划〔2022〕960号），https://www.ndrc.gov.cn/xxgk/zcfb/tz/202207/t20220712_1330363.html。

应的研究成果。西方理论话语体系中研究的主要是移民，该领域的研究始于扎马斯和兹纳涅茨基对在欧美的波兰移民的研究，重点关注移民文化身份转换引发的适应问题。最近二三十年，国外知识界对移民问题越来越关注，针对移民现象变得越来越复杂的现实，国际移民研究取得了相当大的理论突破，纵观20世纪60年代以来的当代国际移民理论研究，成果显著，展现了多学科相互借鉴、共同探讨的丰富性与多元性。国际学术界从发展人口学、地理社会空间学、发展社会学等不同学科的角度对国际人口迁移的各种流向及类型，国际人口迁移的动因、机制以及延续衍生等进行了深入探讨，提出了许多有影响的理论和模式，如网络说、连锁因果说、系统研究论等。之后比较流行的还有自我选择理论、国际经济学模型、地理经济学模型等，它们从不同方面和不同角度对流动人口产生的动力、特征、影响以及管理等进行了相关研究。弗里德伯格在对移民劳动力市场同化现象进行的研究中，尤为关注移民人力资本的来源，认为个体在国外接受的教育与劳动市场经历，其功用低于在国内获得的人力资本。[1] 布洛赫和拉奥认为社会同化在许多社会中会被观察到，在这些社会中，少数群体的成员遭受歧视。[2] 帕洛等认为现有的研究多关注移民的经济同化，对社会同化过程关注不足。他们的基本发现有三：其一，移民，尤其是非欧洲移民，在社会关系领域处于不利地位；其二，移民倾向于关注本国人的标准；其三，教育对移民采取的社会活动类型有显著影响。教育程度较高的人倾向于与邻居少交往，但对较大范围的社区则倾向于多交往。[3] 克雷什（Kresh）利用面板数据的研究表明，美国移民在经济上有快速的同化，其研究成果部分支持了达立普和瑞格兹的人力资本投资模型[4]。

---

[1] Friedberg, R. M., "You Can't Take It with You? Immigrant Assimilation and the Portability of Human Capital," *Journal of Labor Economics*, 2000, 18: 221-251.

[2] Bloch, F., Rao, V., "Statistical Discrimination and Social Assimilation," *Economics Bulletin*, 2001, 10 (2): 1-5.

[3] Palo, D. D., Faini, R., Venturini, A., "The Social Assimilation of Immigrants," *IZA Discussion Paper*, 2006, 19 (1): 37-54.

[4] Duleep, H. O., Regets, M. C., "Immigrants and Human-capital Investment," *American Economic Review*, 1999, 89: 186-190.

从全球范围来看，农业转移人口的迁移具有较强的多元性和差异性，不同国家农业转移人口的乡城迁移在不同时期表现出不同的迁移传统和动力。传统的研究取向和理论解释来自发展经济学，主要包括传统劳动力经济学和新劳动力经济学的相关论点。前者认为农村劳动力的职业和迁移选择主要依赖于"两部门"的经济结构，以及迁移者对收入和失业风险的个体预期。[1] 新劳动力经济学更多地吸收了社会学的理论，研究"相对剥夺"对迁移决策的影响，[2] 将迁移决策在国家或社会关系中加以考察[3]。新经济迁移理论认为迁移决策的单位是家庭；[4] 二元劳动力市场理论说明了城市次级劳动力市场对农村劳动力的吸引力；20世纪80年代以后，学者们开始关注迁移过程本身，社会网络理论、制度理论从社会关系网络[5]和组织机构说明迁移过程中的中介因素，广泛解释了乡城迁移中的"亲友效应""连锁式迁移"等现象；循环累积因果关系理论指出了人口迁移与区域发展之间的相互作用。此外，地理学发展了引力模型[6]、空间相互作用模型[7]、中心-外围模型[8]等空间物理学、经济学模型。

---

[1] Todaro, M. P., *Internal Migration in Developing Countries*. Geneva: ILO, 1976; Harris, J. R., Todaro, M. P., "Migration, Unemployment and Development: A Two Sector Analysis," *The American Economic Review*, 1970, 60 (1): 126-142.

[2] Stark, O., Taylor, J. E., "Relative Deprivation and International Migration," *Demography*, 1989, 26 (1): 1-14.

[3] Stark O., Taylor, J. E., Yitzhaki, S., "Remittances and Inequality," *Economic Journal*, 1986, 383 (96): 722-740; Stark, O. "Economic-demographic Interactions in Agricultural Development: The Case of Rural-to-Urban Migration," *Food and Agriculture Organization of the United Nations (FAO)*, Rome, 1978.

[4] Taylor, J. E., Rozelle, S., and de Brauw, A., "Migration and Incomes in Source Communities: A New Economics of Migration Perspective from China," *Economic Development and Cultural Change*, 2003, 52 (1): 75-101.

[5] Tilly, C., "Migration in Modern European History," in W. McNeill and R. Adams. *Human Migration: Patterns and Policies*, Bloomington: Indiana University Press, 1978, p.52.

[6] Zipf, G. K., "The P1P2/D Hypothesis: On Intercity Movement of Persons," *American Sociological Review*, 1946, 11 (6): 677-686.

[7] Wilson, A., "Entropy in Urban and Regional Modelling: Retrospect and Prospect," *Geographical Analysis*, 2010, 42 (4): 364-394.

[8] Fujita, M., Krugman, P. R., Venables, A. J., *The Spatial Economy: Cities, Regions and International Trade*. Cambridge, MA: MIT Press, 1999.

绪 论 融合之路

我国市民化过程中农业转移人口的属性特征、构成性差异不同于西方的移民类型。较早用公民权的视角系统地考察、解释中国农民工市民化问题的是美国学者苏黛瑞，苏黛瑞认为现代公民权问题由两个方面构成：一是社会成员资格或身份的问题，即归属某个共同体的问题；二是资源的分配问题。换言之，公民权的根本特征是排斥，因为它将权利和特权仅仅赋予特定共同体的成员。在这种公民权概念下，苏黛瑞联系中国改革开放前计划经济时代的制度遗产，特别是户籍制度，从农民流动者、国家和市场三者之间的关系中考察分析城市农民工市民化问题。苏黛瑞认为生活在中国城市边缘的农民流动者处于市场、农民流动者以及消退中的国家计划体制之间的复杂动态关系中，并揭示农民流动者是如何在不利的环境中生存、抗争并催生新的公民权模式。[1] 苏黛瑞在《社会主义转型中的中国城市过渡和共产主义"城市公共物品体制"的解体》[2] 一文中探讨了"城市公共物品体制"在外来人口进入时受到的挑战问题。

对于户籍制度的社会屏蔽功能，国外学者认为，由于户籍制度的影响，父代的城市流动和城市工作经历与子代城市就业低度关联。这一结论在世界社会学的研究中成为一种例外。吴晓刚和特雷曼的研究提醒，"理解这一普遍的代际流动模式背后的形成机制，需要我们详细研究一个国家独特的社会结构和制度背景"。他们的研究探讨了流动与不平等的关系，指出流动并不必然导致不平等，而高度不平等也不会阻碍高流动。相似的流动具有不同的原因，而相同的流动也会产生不同的后果。他们指出，我们需要认真分析是什么推动了流动，流动与不平等之间的关系是如何形成的。[3]

国外经典理论在研究人口流动或农村剩余劳动力转移以及融入流动地（或迁移地）方面做出了较大的贡献，形成了若干重要的理论解释，主要

---

[1] Solinger, D. J., "Citizenship Issues in China's Internal Migration: Comparisons with Germany and Japan," *Political Science Quarterly*, 1999, 114 (3): 455-478.

[2] Solinger, D. J., "China's Urban Transients in the Transition from Socialism and the Collapse of the Communist 'Urban Public Goods Regime'," *Comparative Politics*, 1995, (2): 127-146.

[3] Wu, X., Treiman, D. J., "Inequality and Equality under Chinese Socialism: The Hukou System and Intergenerational Occupational Mobility," *American Journal of Sociology*, 2007, 113 (2): 415-445.

包括比较利益理论[①]、推拉力理论[②]、中间障碍理论[③]、劳动力市场分割理论、世界体系理论、社会融合/同化理论、二元经济理论[④]、社会网络理论等宏观理论分析,成本-收益理论、收入预期理论、家庭迁移决策理论、移民网络理论、循环累积因果关系理论等微观理论分析。[⑤] 然而需要注意的是,适用于发达国家或其他发展中国家的人口流动理论或农村剩余劳动力转移理论并不能完全解释我国农业转移人口市民化的问题。西方理论解释的移民,主要是指迁往国外某一地区永久定居的、较大数量的、有组织的人口迁移,西方移民关注的焦点不是身份的合法性问题,而更多的是怎样实现其社会融入和可持续生计(稳定就业)的问题。我国农业转移人口体现了中国本土情境性、经验性差异及其推理实践,这要求我们基于中国现实的问题,重写中国农业转移人口市民化的问题向度、概念化和方法意识,[⑥] 深入挖掘与市民化相关的理论与机理。

(二)国内的相关研究

20世纪80年代中期我国出现"民工潮"以来,学术界从多角度对农业转移人口问题进行了深入的研究,到90年代农业转移人口问题逐渐成为学术界的一个研究热点。面对不胜枚举的农民工、农业转移人口问题的研究成果,这里的梳理是从众多的成果中抽出各自的某种主导性理论视角进行归类总结、评述。

1. 社会结构视角下农业转移人口问题研究

该视角主要采用社会分层、社会冲突、社会排斥等理论开展研究。比如,社会分层理论从社会地位垂直变化的角度观察社会,将人们分成不同

---

① 王亚南主编《资产阶级古典政治经济学选辑》,商务印书馆,1979。
② Lee, E. S., "A Theory of Migration," *Demography*, 1966, 3 (1): 47-57.
③ Lewis, W. A., "Economic Development with Unlimited Supplies of Labor," *Manchester School of Economics and Social Studies*, 1954, 22 (2): 139-191.
④ 转引自罗锋、黄丽《人力资本因素对新生代农民工非农收入水平的影响——来自珠江三角洲的经验证据》,《中国农村观察》2011年第1期。
⑤ 李明欢:《当代西方国际移民理论再探讨》,《厦门大学学报》(哲学社会科学版)2010年第2期。
⑥ 潘泽泉:《中国农业转移人口市民化:理论争辩、经验比较与跨学科范式建构》,《中国农业大学学报》(社会科学版)2017年第1期。

的群体，反映出了人们之间的利益或资源占有的相互关系。这种理论认为，"中国社会长期以来一直存在城乡二元的社会结构，户籍制度又强化着城乡的分离状态，这种社会结构中深藏着不平等的基因"①。因此，这些研究关注城市融入的制度性问题，特别是户籍制度及其派生出的福利、教育、医疗、公共服务等制度性障碍。我们可将这些视为农民工、农业转移人口研究的"制度范式"。他们提出的解决方案是，改革现有的户籍制度和农村土地产权制度，建立城乡统一的劳动力市场与适合农民工、农业转移人口的社会保障制度，创建平等的就业机制。② 一些学者主张通过市民化来保障农民工/农业转移人口的权益。他们一般认为农民工/农业转移人口问题是在中国结构转型和体制转轨时期，基于特定制度设置而出现的过渡性社会问题，终将在中国社会的城市化、工业化与现代化中完成自身的历史使命。化解农民工、农业转移人口权益保障和城市融入等诸多矛盾和问题的根本进路在于农民工、农业转移人口转为市民，实现市民化。③ 有学者提出持续放开放宽城市落户条件，加强对外来人口密集地区支持力度，加大对农民工住房和随迁子女教育的保障水平，不断完善进城落户农民工农村"三权"维护与退出机制，切实满足农业转移人口在城市定居的美好愿望，最终实现人口有序流动。也有学者认为文化差异可以通过抑制社会网络、强化社会规范和降低社会信任间接阻碍农业转移人口的城市融入水平，主张加强地域文化理解、优化社会资本结构，加快推动农业转移人口全面融入城市。④

有学者以中国社会经济转型为背景，以农民工/农业转移人口市民化进程为主线，以长江三角洲区域的农民工/农业转移人口为主要研究对象，

---

① 江立华：《农民工的转型与政府的政策选择——基于城乡一体化背景的考察》，中国社会科学出版社，2014，第5页；李刘艳：《改革开放40年我国农民市民化的演进机理研究》，《经济体制改革》2019年第1期；梅建明、陈汉芳：《户籍制度对农业转移人口市民化的影响》，《中南民族大学学报》（人文社会科学版）2019年第5期。
② 丁静：《农业转移人口市民化政策运行的逻辑起点与理性回归》，《求实》2018年第6期；李刘艳：《改革开放40年我国农民市民化的演进机理研究》，《经济体制改革》2019年第1期。
③ 刘传江、徐建玲等：《中国农民工市民化进程研究》，人民出版社，2008。
④ 赵清军、何军：《文化差异会影响农业转移人口城市融入吗？——基于多层线性模型的实证研究》，《南京农业大学学报》（社会科学版）2023年第2期。

对相关问题进行了理论与实践相结合的分析探索，指出包括权益保障在内的诸多农业转移人口问题因我国社会经济的转型而产生，也将随着转型期的基本结束、我国进入一个成熟的现代经济与社会最终消失。① 政府、企业和个人不仅是推进城镇化的三个行为主体，三者之间的交互影响也导致农业转移人口社会融合问题的产生。② 也有学者强调应强化地方主体责任、加强政策协调配套。③ 二元结构松动、城市化建设以及统筹城乡发展是一种共时性层面上的国家战略布局。④ 农民工市民化权能是由经济、社会、文化和公共服务四个核心要素构成的有机体。经济权能是市民化的物质承载和发展基础，提供了农民工向城市社会整合的根本动力。社会权能直接支撑了农民工在城市社会场域中身份的生产，同时为其城市融入提供了社会资本条件。文化权能主要提供新市民社会价值和意义生产的方位标识，同时也是城市共同体意识产生和抵御社会分裂的黏合剂。公共服务权能由一系列均等化的居民福利权利的赋予实现，是市民地位和待遇的制度性确认，也是市民化进程中社会利益调节的结构性要素。⑤

2. 政策视角下农业转移人口的市民化研究

政策视角的研究通过对权益保障现状的定量与定性调查，对比现有的政策法规，提出一些完善农民工/农业转移人口权益保障体系的政策和对策建议。户籍制度设置一直被视为农民工权益区隔、融入城市和户籍城镇化的根源性制度障碍。⑥ 近年来，国内学者围绕户籍改革主要有两种分析路径，一种是从城市的角度提出加大福利和社会保障改革的力度，剥离户籍附着的福利，完善"居住证"功能。学者们认为户籍制度饱受诟病在于福利黏附，其

---

① 钱文荣、黄祖辉：《转型时期的中国农民工：长江三角洲十六城市农民工市民化问题调查》，中国社会科学出版社，2007。
② 宁越敏、杨传开：《新型城镇化背景下城市外来人口的社会融合》，《地理研究》2019年第1期。
③ 王跃：《中国加快农业转移人口市民化的实践、难题与对策》，《学习与探索》2018年第3期。
④ 文军、沈东：《"市民化连续体"：农业转移人口类型比较研究》，《社会科学战线》2016年第10期。
⑤ 熊景维、张冠兰：《农民工市民化权能：一个综合视角的理论》，《社会主义研究》2022年第4期。
⑥ 江立华等：《从浮萍到扎根：农业转移人口的市民化》，社会科学文献出版社，2019，第8~9页。

绪　论　融合之路

成为问题的根源是对福利粘附具有决定性作用的财政税收体制。[①] 减轻财政负担是地方政府推行利益剥离式户籍改革的动因。[②] 另一种是从农村的角度提出户籍制度必须与土地制度改革进行联动，逐步实现农村土地产权与户籍身份脱钩。[③] 一些研究指出目前的人口迁移机制是精英筛选与差别化市民资格准入机制，是各级政府基于城镇人口容量进行的秩序考量。[④] 针对新一轮户籍改革，一些研究指出其还存在地方政府各自为政，农民工落户政策异化为人才落户政策，新生代农民工聚集的城市公共服务供给压力大，公共服务、土地配套改革滞后等问题。[⑤] 针对农民工不愿在城市落户的原因，一些研究者认为，新生代农民工不愿在城市落户与当前该群体的一些固有特征相关，这一群体对将户口迁移到城市的迫切性也已经大为下降，[⑥] 而户籍改革的落户导向与新生代农民工的流向不一致。不平衡的发展现实下，经济吸纳效应导致农民工涌向发达的大城市或其他经济发达地区。[⑦] 这个视角下的研究通常都非常注重政府的作为，主张强化政府的责任，在推动农民工/农业转移人口在流入城市落户并在特大城市构建起以能力为导向的落户优先顺序的同时，推进农民工/农业转移人口市民化的重点由异地市民化向就地市民化转变，在大城市、中等城市将落户政策由有能力者优先向有意愿者优先转变，将市民化目标由户籍市民化向常住市民化转变。[⑧]

---

① 王瑜、张俊娜、温铁军：《新中国成立以来财税改革与户籍制度的三个10年变迁》，《中国农业大学学报》（社会科学版）2019年第5期。
② 邹一南：《户籍改革的路径误区与政策选择》，《经济学家》2018年第9期。
③ 陈鹏：《新一轮户籍制度改革：进展、问题及对策》，《行政管理改革》2018年第10期。
④ 王通：《脱嵌式社会流动：中国乡城流动人口市民化的制度逻辑》，《求实》2022年第3期。
⑤ 邹一南：《农民工市民化困境与新一轮户籍制度改革反思》，《江淮论坛》2020年第4期；欧阳慧、李智：《迈向2035年的我国户籍制度改革研究》，《经济纵横》2021年第9期。
⑥ 邹一南：《农民工落户悖论与市民化政策转型》，《中国农村经济》2021年第6期。
⑦ 张红霞、江立华：《农民工市民化与城镇化进程的共生与错位》，《华南农业大学学报》（社会科学版）2019年第1期。
⑧ 邹一南：《农民工落户悖论与市民化政策转型》，《中国农村经济》2021年第6期；陆益龙、郑绍杰：《"大流动"时代的人户分离与基层户籍管理困境——对定州农村个案的考察》，《江海学刊》2021年第1期；悦中山、王红艳、李树茁：《流动人口政策演变与农民工的社会融合》，《西安交通大学学报》（社会科学版）2023年第1期；龚维斌：《从历史维度看乡村振兴过程中的户籍制度改革》，《国家行政学院学报》2018年第3期；李爱民、年猛、戴明锋：《我国农业转移人口深度市民化研究》，《中国软科学》2022年第8期。

有学者提出应加强对农民工/农业转移人口的技能培训，并帮助其随迁子女以及其他家庭成员更快融入城市，消除城乡在住房、就业等公共服务和福利上的户籍差异，建构全国统一、城乡一体的社会保险政策体系。① 另外，社会公平感知的提高显著促进了农业转移人口市民化。②

从制度本身来探讨农业转移人口的社会保障权是另一大研究热点。中国农村社会保障制度建设的经济条件、人口条件已经具备，利益表达渠道的畅通、自组织的构建、政府公共决策的公平以及政府职能的合理定位，是目前中国社会保障制度建设的关键。一些研究者提出，政策制定者应当在公民权的视野下来认识、界定和处理农民工/农业转移人口问题，他们认为公民权的实质是"特定共同体间的承认与排斥的关系"，农民工本身"首先应该被放入各种具体的排斥（力量）和承认（力量）的关系中来审视考察"③，具体表现为本地居民与农业转移人口群体之间的资源分配问题，"且这一关系是在各种力量的博弈中不断变化发展着的"④，相对于城市居民，农民工/农业转移人口处于明显的弱势地位，这也解释了为何"地方政府在制定公共政策时会限定农民工/农业转移人口某些权利"。用公共选择理论来解释农业转移人口管理服务体制改革问题，可以看出地方政府是事实上的我国农民工/农业转移人口管理体制的制定者，是具有理性的"经济人"，他们也关心自己在政治活动中的成本和收益。因此，为追求交易中的利益最大化，地方政府主要根据农民工/农业转移人口对实现其目标的作用大小来决定对他们的态度，根据自身的农业转移人口管理理念来选择相应的农民工/农业转移人口管理体制。因此，农业转移人口管理体制的选择是各个利益相关者，尤其是政府主导下的各部门根据自身

---

① 崔宝玉、霍梦婷：《流动特征、政府服务与农业转移人口市民化意愿》，《农村经济》2019年第7期。
② 孙一平：《社会公平感知与农业转移人口市民化——基于2015年CGSS数据的研究》，《宏观经济研究》2019年第3期。
③ 王小章：《从"生存"到"承认"：公民权视野下的农民工问题》，《社会学研究》2009年第1期。
④ 潘鸿雁：《从"民工荒"透视城市流动人口管理与服务：问题与对策》，《天府新论》2011年第4期。

动机和目标进行博弈的结果。① 还有研究认为,城市社会管理系统是排斥农业转移人口的,仅在经济层面接纳。因此,政策设计要尊重农民工/农业转移人口意愿,政策选择要遵循城市发展规律,政策运行要兼顾相关主体利益。② 在实现政策工具价值理性与工具理性统一的基础上,形成政策工具与政策环境的互动耦合,善用创新型政策工具引领农民工/农业转移人口市民化发展,运用政策工具组合提升农业转移人口市民化水平。③ 比如针对农业转移人口市民化面临的就业、土地、资金等核心问题,构建"三位一体"协同政策方案。④ 加大住房消费金融支持力度,⑤ 构建农业转移人口多主体供给、多渠道保障、租购并举的住房实现机制,逐步消解住房排斥,助推全体人民"住有所居"目标的实现。⑥ 也有研究提出,应尽快提升农民工的基本公共服务均等化水平,对不同类型的农民工应分类施策,从而加快推进以人为核心的新型城镇化。⑦ 时期效应和世代效应显示社会融入并非遵循"经济-社会-文化-心理"层层递进的顺序,融入的层次呈现平行、多维的状态。随着国家不断出台有利于农业转移人口市民化的各项措施,农民工在经济收入、社会保障、社会参与、本地人认同水平方面均有较大幅度的提升,但在就业稳定预期和主观社会经济地位方面没有显著改善。新世代农民工的"高收入、高本地人认同"与"低稳定就业、低保障水平"之间的矛盾值得我们关注。⑧

---

① 肖周燕、郭开军、尹德挺:《我国流动人口管理体制改革的决定机制及路径选择》,《人口研究》2009年第6期。
② 丁静:《农业转移人口市民化政策运行的逻辑起点与理性回归》,《求实》2018年第6期。
③ 张军涛、马宁宁:《农业转移人口市民化的政策工具功效与优化路径》,《学术交流》2018年第7期。
④ 张国胜、许煜:《农业转移人口市民化与"三位一体"新型城镇化政策研究》,《云南社会科学》2021年第5期。
⑤ 杨婷怡、叶倩、雷宏振:《农业转移人口住房实现模式与住房消费行为》,《西北农林科技大学学报》(社会科学版)2021年第6期。
⑥ 吴宾、滕蕾:《农业转移人口住房排斥的生成逻辑及其消解策略》,《城市发展研究》2022年第6期。
⑦ 佟大建、金玉婷、宋亮:《农民工市民化:测度、现状与提升路径——基本公共服务均等化视角》,《经济学家》2022年第4期;郝演苏、周佳璇、张建伟:《医疗保险、市民化与农业转移人口消费》,《经济社会体制比较》2022年第1期。
⑧ 高海燕、朱迪:《新老世代农业转移人口市民化进程特点——基于年龄—时期—世代效应分析》,《中国社会科学院大学学报》2022年第11期。

3. 现代化视角下农业转移人口市民化研究

基于该视角的研究体现出一种动态的纵向性，从更为广阔的历史视野来定位、分析农业转移人口的市民化问题。不少学者认为农业转移人口问题是在中国结构转型和体制转轨时期，基于特定制度设置而产生的过渡性社会问题，政府应为农民工/农业转移人口提供公共产品与服务，解决之道在于实现农民工/农业转移人口的市民化。[1] 基于现代化视角的研究认为，农民从传统向现代、从乡土向城市、从封闭向开放转变的过程和变化以及由此所获得的现代性特征，强调农民工/农业转移人口与城市文明的整合和个体的现代化。[2] 有关社会分层的研究从农民工/农业转移人口在城市中的社会地位、社会功能、生活或生存方式、社会特征以及与其他群体之间的关系进行剖析，指出农民工/农业转移人口自身并不认为他们归属于城市，而认为他们是农村的社会群体。[3] 从城市化的角度看，城市规模与市民化意愿之间呈现正U型关系，农民工/农业转移人口市民化意愿呈现"两头大，中间小"的局面，农民工/农业转移人口市民化对大城市和小城市有较大的需求空间，中等规模城市则不明显。[4]

已有研究认为，农民工/农业转移人口市民化的制约因素有主体性障碍、制度性障碍、社会性障碍和经济性障碍。首先，主体性障碍主要表现为：一是素质障碍，即自身文化素质不高、职业技能缺乏，自我发展能力严重不足；二是文化障碍，即农民工/农业转移人口由于受到城市社会的歧视而产生自卑心理及对城市的"文化抗拒"，并形成自我封闭的

---

[1] 程新征：《农民工问题与政府作为》，《当代世界与社会主义》2008年第1期；钱文荣、黄祖辉：《转型时期的中国农民工：长江三角洲十六城市农民工市民化问题调查》，中国社会科学出版社，2007。

[2] 李培林：《流动民工的社会网络和社会地位》，《社会学研究》1996年第4期；周晓虹：《流动与城市体验对中国农民现代性的影响——北京"浙江村"与温州一个农村社区的考察》，《社会学研究》1998年第5期；江立华：《城市性与农民工的城市适应》，《社会科学研究》2003年第5期。

[3] 李强：《社会分层与社会空间领域的公平、公正》，《中国人民大学学报》2012年第1期；李艳艳：《居住空间阶层化与农村转移人口市民化路径研究》，《吉林大学社会科学学报》2017年第1期。

[4] 张文武、欧习、徐嘉婕：《城市规模、社会保障与农业转移人口市民化意愿》，《农业经济问题》2018年第9期。

"亚文化"圈,自觉选择与城市文化、价值观念、行为规范等隔离,[①] 缺乏对城市生活的认同感与归属感;三是认识障碍,即由于自身观念陈旧、"小农意识"浓厚,而与现代城市社会的思想观念、社会规范等方面产生脱节。

其次,制度性障碍突出表现在以下三个方面。一是城乡分割的户籍制度以及附着其后的教育、医疗、社会保障等差别化制度,使农民工/农业转移人口很难享有与城市市民平等的权利与福利,在事实上被排斥在城市社会福利保障体系之外,从而不得不继续以农村土地为保障,难以割断与农村土地的纽带关系。[②] 二是城乡割裂的二元劳动力市场,使得"'次属劳动力市场'和'首属劳动力市场'之间有一条难以逾越的制度性鸿沟"[③],迫使大多数农民工/农业转移人口不得不通过次属劳动力市场,进入那些劳动强度大、收入报酬低、工作稳定性差的非正规性和边缘性就业岗位,从而很难实现与城市主流社会的融合。三是僵化的农村土地承包制度和宅基地制度,前者缺乏流动性和经营权转让市场,后者缺乏合理的退出机制,使农民工/农业转移人口始终无法彻底脱离乡村土地到城镇生活,从而很难实现完全的市民化。对于土地制度的研究,当前学术界关注的重点是如何改革农村土地制度。韩立达、谢鑫认为应转化农民的土地承包权和宅基地使用权,从而增加农民工/农业转移人口的财产性收入,突破其市民化的私人成本障碍。[④] 安虎森、刘军辉认为,农村土地制度改革应该在农村设立退出机制、在城市设立进入机制并在城乡之间设立鼓励转移的激励机制。[⑤]

[①] 叶鹏飞:《探索农民工城市社会融合之路——基于社会交往"内卷化"的分析》,《城市发展研究》2012年第1期。

[②] 魏后凯、苏红键:《中国农业转移人口市民化进程研究》,《中国人口科学》2013年第5期;梅建明、陈汉芳:《户籍制度对农业转移人口市民化的影响》,《中南民族大学学报》(人文社会科学版)2019年第5期;王欧、王天夫:《多重制度脱嵌与新生代农民工的城市化困境——以新生代大龄单身男工为例》,《济南大学学报》(社会科学版)2021年第6期。

[③] 李斌:《中国劳动力市场结构:从"刚性"走向"渗透"》,《求实》2004年第1期;郑云:《中国农业转移人口市民化研究新进展》,《福建论坛》(人文社会科学版)2019年第11期。

[④] 韩立达、谢鑫:《变"权"为"利",突破农业转移人口市民化私人成本障碍》,《理论与改革》2015年第1期。

[⑤] 安虎森、刘军辉:《劳动力的钟摆式流动对区际发展差距的影响——基于新经济地理学理论的研究》,《财经研究》2014年第10期。

再次，社会性障碍主要来自以下三个方面。一是城市政府。由于长期以来形成的偏见，我国城市的农民工/农业转移人口管理政策，普遍存在重管理而轻服务、重义务而轻权益的取向，城市管理更多的是在现有框架下寻找减少人口流动负面效应的途径，在维护城市人口特权方面的努力远远大于给予农民工/农业转移人口以公平待遇的探索。[①] 这种管理上的错位，客观上加剧了农业转移人口边缘化的倾向。二是城市居民。城市居民对农民工/农业转移人口普遍持轻视和排斥心理，成为阻碍农业转移人口融入城市社会的又一重要原因。三是农民工/农业转移人口自身社会资本的匮乏。他们习惯于构建小范围的以地缘、血缘和亲缘为基础的社会关系网络，而与城市社会的联系较少。这种"同质性强、异质性差的社会资本很难为他们提供在城市中向上流动的机会"[②]。

最后，经济性障碍突出表现为农民工/农业转移人口市民化的成本巨大。一些学者认为目前农民工/农业转移人口市民化进展缓慢，表面上是户籍制度、就业制度、社会保障制度、城乡土地制度等二元体制改革的滞后，但根本原因还是改革这些制度需要付出高额的成本。[③] 农民工/农业转移人口市民化公共成本的有效分担是加快推进"以人为核心"新型城镇化的关键。[④]

关于中国农民工/农业转移人口市民化道路问题，辜胜阻等认为中国农民工/农业转移人口市民化必须采取二维路径，在部分转移人口通过差别化落户政策享受市民待遇的同时，大多数转移人口通过"居住证"制度

---

① 彭希哲：《推动人口合理流动，促进社会经济发展》，载柯兰君、李汉林主编《都市里的村民——中国大城市的流动人口》，中央编译出版社，2001；刘小年：《农民工市民化非均衡现象分析——社会交换的视角》，《农业经济问题》2018年第1期。

② 李培林：《流动民工的社会网络和社会地位》，《社会学研究》1996年第4期；李汉林、王琦：《关系强度作为一种社区组织方式——农民工研究的一种视角》，载柯兰君、李汉林主编《都市里的村民——中国大城市的流动人口》，中央编译出版社，2001。

③ 蔡昉、都阳、王美艳：《户籍制度与劳动力市场保护》，《经济研究》2001年第12期；魏义方、顾严：《农业转移人口市民化：为何地方政府不积极——基于农民工落户城镇的成本收益分析》，《宏观经济研究》2017年第8期。

④ 许光：《农业转移人口市民化公共成本测算及分担机制优化建议——基于江浙沪省域面板数据的横向比较》，《农村经济》2018年第9期；钟晓敏、童幼雏：《农业转移人口市民化成本分析：基于浙江省数据的估算》，《财经论丛》2019年第12期。

绪 论 融合之路

实现基本公共服务全覆盖。① 推进农业转移人口市民化不仅要"因城而异",针对不同城镇规模,实施差别化落户政策,而且要"因群而异"、存量优先,把"沉淀型"农民工/农业转移人口转化为城市居民,让那些有知识、有本领、有才能、有经济实力的农业转移人口优先积分入户。张翼将目前农民工/农业转移人口市民化的实现路径概括为农民工户籍地城镇化和农民工常住地城镇化两类。② 此外,也有学者认为中国要走符合自己国情的城镇化道路,采取"老地区+新地区+新社区"的模式实现农民"就地城镇化"。③

针对我国农民工/农业转移人口市民化中遇到的困难和障碍,学术界提出了大量建设性的对策。具体来说,主要是通过三种路径来推动我国农民工/农业转移人口市民化进程。一是制度的改革和创新途径。户籍制度改革是一个长期的过程,需要分阶段制定短期和长期目标,并围绕改革目标,按照"全覆盖、兜底线、均等化"的原则,逐步推进配套基本公共服务向未落户城镇常住人口覆盖。④ 市民化的有序推进需要提供机会均等、要素自由流动的制度动力。⑤ 重点是"围绕转移农民的农村退出、城市进入和城市融合三个环节进行制度改革和创新"⑥。在农村退出环节,需要解决的核心问题是农村土地征收制度、集体经营性建设用地入市制度、宅基地制度以及农村承包地"三权分置"制度的改革和创新。⑦ 在城市进入环节,需要解决的核心问题是户籍制度改革和城乡一体化的就业制度改革等。⑧

---

① 辜胜阻、李睿、曹誉波:《中国农民工市民化的二维路径选择——以户籍改革为视角》,《中国人口科学》2014年第5期。
② 张翼:《农民工"进城落户"意愿与中国近期城镇化道路的选择》,《中国人口科学》2011年第2期。
③ 厉以宁:《中国应走农民"就地城镇化"道路》,《农村工作通讯》2013年第21期。
④ 欧阳慧、李智:《迈向2035年的我国户籍制度改革研究》,《经济纵横》2021年第9期。
⑤ 罗元青、刘珺、胡民:《基于二元经济转换的整体视角探寻农业转移人口市民化动力》,《农村经济》2019年第8期。
⑥ 单菁菁:《农民工市民化研究综述:回顾、评析与展望》,《城市发展研究》2014年第1期。
⑦ 傅晨、陈漆日:《农业转移人口市民化背景下农村土地制度创新思考:一个退出权操作方案》,《广东社会科学》2017年第2期。
⑧ 柯兰君、李汉林主编《都市里的村民——中国大城市的流动人口》,中央编译出版社,2001。

在城市融合环节，需要解决的核心问题是转移人口的住房制度、社会保障制度以及公共服务均等化等方面的改革。[1] 当前推进城镇化的优选之路是"常住化城镇化"而非"户籍化城镇化"，必须淡化户籍区隔功能或撇开户籍，让生活在同一城市的人们，不会因为身份不同而遭受制度化歧视。[2] 促进城市化，不在于将农民工/农业转移人口户籍落在当地城市，而在于首先以居住地和就业地为基础配置社会保障与公共服务政策，使农民工/农业转移人口能够与城市户籍居民均等共享社会保障与公共服务。

二是能力建设途径。农业转移人口向市民转化除了外部"赋能"，自身也必须"增能"，将政府、企业、社会的外部"赋能"与农业转移人口的自身"增能"有机结合，全面加强农业转移人口的素质与能力建设。[3] 素质与能力建设包括现代素质的培养与积累、人力资本的投资与积累、社会资本的培育与积累等，目标是提升农民工/农业转移人口的就业竞争能力和城市适应能力。[4]

就业是民生之本，农民工/农业转移人口只有在城市有稳定的就业，才能有资格谈市民化。农业转移人口市民化不只是在身份意义上获得"城市户口"，更重要的是，他们能够依靠自身条件找到较好的工作，获得稳定可观的收入，摆脱对土地的依赖。因此，提升就业质量和劳动收入就是农民工/农业转移人口实现市民化的基础和前提。"产业结构优化程度越高，公共服务供给水平越高，半城镇化率越低，即越来越多的农业转移人口现实了市民化。"[5]

提升就业质量不能仅仅依靠政策保护和产业结构调整，还要从根本上提升农民工/农业转移人口的市场能力。已有大量研究证明了人力资本对

---

[1] 刘传江、徐建玲等：《中国农民工市民化进程研究》，人民出版社，2008。
[2] 张翼：《农民工"进城落户"意愿与中国近期城镇化道路的选择》，《中国人口科学》2011年第2期。
[3] 郑杭生：《农民市民化：当代中国社会学的重要研究主题》，《甘肃社会科学》2005年第4期。
[4] 单菁菁：《城市发展转型的缘起、内涵与态势》，《城市观察》2010年第3期。
[5] 朱高立、肖金成、邹伟：《产业发展、公共服务供给与农业转移人口市民化》，《统计与决策》2022年第14期。

绪　论　融合之路

农民工/农业转移人口实现经济融合的重要作用。① 受教育程度越高，接受过正规培训者，更有可能获得较高的收入，提高在劳动力市场上的融入程度，也更容易接受城市文化。因此，许多学者指出，只有通过加强农民工/农业转移人口及其子女的教育和培训，提高其市场能力，才能使他们获得在城市长久生存的能力。②

三是通过完善组织、提升服务促进农业转移人口市民化。其重点是"以社区为主体、以服务为导向建立城市流动人口管理新模式"③，将农业转移人口视为城市的一员，按照常住地原则将他们纳入社区的管理和服务，给予他们平等的待遇，保障他们的合法权益。同时，社区和社会组织应增加社区活动的多样性，积极开展多种多样的社区服务，提高他们的社区参与度，引导他们积极参与社区建设，通过参与式和自治化管理，提高他们的主人翁意识，增强对城市的认同感和归属感，促进社会融入。④ 有学者从社会参与、社会信任和社会交往三个方面分析了农民工/农业转移人口本地化的社会资本与社会融合的关系，发现本地化的社会资本对农民工/农业转移人口社会融合有显著影响。⑤ 有学者基于"扩展的临床视角"，从人与环境的双重改变入手，研究发现，企业社工干预有助于促进员工的企业融入，降低流失率。⑥ 还有学者研究数字化对农民工市民化的影响，认为数字化时代农民工市民化的乡城鸿沟演化成了乡城鸿沟和数字鸿沟的"双重鸿沟"。"原生性数字鸿沟"会引发"衍生性数字鸿沟"，进而形成

---

① 赵延东、王奋宇：《城乡流动人口的经济地位获得及决定因素》，《中国人口科学》2002年第4期；谢桂华：《中国流动人口的人力资本回报与社会融合》，《中国社会科学》2012年第4期。
② 韩长赋：《加快推进农业现代化努力实现"三化"同步发展》，《农业经济问题》2011年第11期；叶敬忠、王维：《改革开放四十年来的劳动力乡城流动与农村留守人口》，《农业经济问题》2018年第7期。
③ 胡苏云、赵敏：《流动人口社区服务型管理模式研究》，《中国人口科学》1997年第4期；崔宝玉、霍梦婷：《流动特征、政府服务与农业转移人口市民化意愿》，《农村经济》2019年第7期。
④ 彭希哲：《推动人口合理流动，促进社会经济发展》，载柯兰君、李汉林主编《都市里的村民——中国大城市的流动人口》，中央编译出版社，2001；徐延辉、邱啸：《社区弹性与农民工市民化》，《社会科学战线》2021年第8期。
⑤ 任远、陶力：《本地化的社会资本与促进流动人口的社会融合》，《人口研究》2012年第5期。
⑥ 郑广怀、刘焱：《"扩展的临床视角"下企业社会工作的干预策略》，《社会学研究》2011年第6期。

"数字化资本贫困"。"双重鸿沟"及"双重贫困"将对农民工市民化进程产生四个方面的阻尼效应,表现为劳动力就业市场上的分化效应、社会发展差异的强化效应、身份认同的排斥效应以及生活方式的固化效应。①

4. 社会建设视角下农业转移人口自身的自主性问题

在社会建设和社会管理方面,有学者以"社会学的马克思主义"为重要理论指导,主张用"包容性发展"理念构建一个具有弹性的社会结构,同时认为构建和谐社会"底层赋权"最重要。②

在新阶级形成方面,有学者从意识形态和文化角度论述了农民工阶级的形成,认为农民工因阶级话语的消逝及打工文化的形成成为一个新的阶级。③ 而潘毅等认为农业转移人口是未完成的阶级化。农民工作为一种阶级的外在条件早已成立,但这不代表他们从自在走到了自为,这需要一个相当漫长的历史过程。④ 有学者从"马克思模式"和"波兰尼模式"两个方面分别对"农民工"和原国有企业工人如何形成市场社会中的工人阶级进行了分析,⑤ 马克思主义视野下的阶级形成理论强调,农民工不完全的"无产阶级化"阻碍了工人阶级的形成。工人阶级的形成有赖于劳动者的"无产阶级化"。⑥ 也有学者认为:人为分离了劳动力生产与再生产的空间,通过让乡村接续城镇完成劳动力再生产大大降低了农业转移人口对于城镇

---

① 刘传江、刘思辰:《数字化时代农民工市民化的"双重鸿沟"与跨越》,《西安交通大学学报》(社会科学版) 2023 年第 1 期。
② 周文彰、梁伟、陆学艺、沈原、李路路:《"加强社会建设创新社会管理"大家谈》,《行政管理改革》2011 年第 3 期;沈原:《"构建和谐社会底层赋权"最重要》,《领导决策信息》2005 年第 1 期。
③ 刘建洲:《打工文化的兴起与农民工的阶级形成——基于卡茨尼尔森框架的分析》,《人文杂志》2011 年第 1 期;刘建洲:《农民工的抗争行动及其对阶级形成的意义——一个类型学的分析》,《青年研究》2011 年第 1 期。
④ 潘毅、卢晖临、张慧鹏:《阶级的形成:建筑工地上的劳动控制与建筑工人的集体抗争》,《开放时代》2010 年第 5 期;潘毅、卢晖临、严海蓉、陈佩华、萧裕均、蔡禾:《农民工:未完成的无产阶级化》,《开放时代》2009 年第 6 期;潘毅、陈敬慈:《阶级话语的消逝》,《开放时代》2008 年第 5 期。
⑤ 沈原:《社会转型与工人阶级的再形成》,《社会学研究》2006 年第 2 期。
⑥ 黄斌欢:《双重脱嵌与新生代农民工的阶级形成》,《社会学研究》2014 年第 2 期;Zhang, Q. F., Donaldson, J. A., "From Peasants to Farmers: Peasant Differentiation, Labor Regimes, and Land Rights Institutions in China's Agrarian Transition," *Politics & Society*, 2010, 38 (4): 458-489.

绪　论　融合之路

工业体系社会保障的心理预期，提高了这一群体对于城镇制度排斥的忍耐度，从而阻碍其形成工人阶级。①

在劳资关系和劳动关系研究方面，有学者则把市场条件下的劳资冲突与马克思所描述的冲突进行了比较，分析了市场条件下的社会结构、权力结构的变化，认为在变化了的情况下，中国尽管同样出现了劳方与资方在权力、收入维度上的分化，但是因中间阶层的出现而更多地呈现"层级谱系"特征，这一多阶层的共存在一定程度上缓解了马克思时代的"二元阶级对立"。② 还有学者从阶级的视角来看待农民工/农业转移人口问题，突出资本主义生产关系的"内在利益对立的结构性基础"，强调劳资之间不可避免的阶级冲突，主张"只有将处于失语、错位和扭曲的阶级话语拯救出来，才能够直面和回应产生利益对立、制造社会不公的结构性根源"③。农民工/农业转移人口作为劳动的主体，其劳动力的出现、使用与再生产在空间和社会意义上被割裂和拆分开来，他们的劳动力以工人的身份在城市被使用，却必须回到农村、以农民的身份得到再生产。④ 农民工/农业转移人口的半无产阶级化源于劳动力使用与再生产过程的分离，他们无法在城市进行劳动力的世代再生产，这让一些学者注意到农民工/农业转移人口在城市的居住方式对其身份与阶级塑造的影响。⑤ 资本通过控制农民工就业流动而达成最大限度地获取利润的目标，无须承担劳动者的再生产成本。这就从根本上导致了农民工市民化的悖论：不稳定就业有助于提高农民工个体的工资水平，但是不利于其家庭成员随迁。⑥

---

① 潘毅、卢晖临、严海蓉、陈佩华、萧裕均、蔡禾：《农民工：未完成的无产阶级化》，《开放时代》2009 年第 6 期；魏万青：《劳工宿舍：企业社会责任还是经济理性——一项基于珠三角企业的调查》，《社会》2011 年第 2 期；刘林平、郑广怀、孙中伟：《劳动权益与精神健康——基于对长三角和珠三角外来工的问卷调查》，《社会学研究》2011 年第 4 期。
② 许叶萍、石秀印：《工资决定：从统治-造反模式走向统合-协商模式——基于中国社会和历史的分析》，《经济社会体制比较》2010 年第 5 期。
③ 刘剑：《把阶级分析带回来——〈大工地：城市建筑工人的生存图景〉评述》，《开放时代》2011 年第 1 期。
④ 刘建洲：《无产阶级化历程：理论解释、历史经验及其启示》，《社会》2012 年第 2 期。
⑤ 宁夏、叶敬忠：《改革开放以来的农民工流动——一个政治经济学的国内研究综述》，《政治经济学评论》2016 年第 1 期。
⑥ 石智雷、刘思辰、赵颖：《不稳定就业与农民工市民化悖论：基于劳动过程的视角》，《社会》2022 年第 1 期。

有学者通过"话语范式"的研究为这个群体的城市融入提供新的理论视角，其学术价值在于重新关注到农业转移人口的话语权问题，认识到当今新生代农民工/农业转移人口话语权的缺乏会导致其他权利与权力的弱化，因而永远无法真正地融入城市社会生活。[1] 有学者将把农民工/农业转移人口的失语状态分为四种：自生性失语、信息贫乏性失语、制度缺陷性失语和文化垄断性失语。[2] 农民工/农业转移人口话语权建构与选择，是他们融入城市的基础。因此，要在政府层面解决话语权"支撑点"问题，在社会层面解决话语权"外环境"问题，在主体层面解决话语权"原动力"问题，在社区层面解决话语权"落脚点"问题，用制度与机制保障新生代农民工/农业转移人口的话语权实现。[3] 归还农民话语权的有效方式可通过"政府联合其他力量和农民一起打破原有社会话语结构，重构农民的话语场域，使农民获得应有的平等空间"[4]。

从农业转移人口自身的自主性看，他们的定居意愿是一种以家庭为本的"小农理性"决策，是在社会制度排斥之下综合家庭成员发展需求、家庭定居能力以及定居收益和成本的家庭空间安排，是一种跨区域的家庭生计策略。[5] 部分农民工采取了"一家两户"的入户策略，而这一选择是农民工在城乡推拉力共同作用下"保底竞优"的策略选择。[6] 研究发现以下四个影响农民工市民化意愿的因素。第一，自雇农民工比受雇农民工更倾向于举家迁移，这一现象在女性、新生代、未受过高等教育、跨省迁移和高收入的农民工身上表现得更为明显。积极扶持自雇就业等灵活就业形式可以有效促进农民工实现举家迁移。[7] 第二，个人特征（性别、年龄、受

---

[1] 邓玮：《话语赋权：新生代农民工城市融入的新路径》，《中国行政管理》2016年第3期；李庆瑞：《"制度-话语"视角下农业转移人口的治理变迁》，《华南农业大学学报》（社会科学版）2022年第5期。

[2] 陈成文、彭国胜：《在失衡的世界中失语——对农民工阶层话语权丧失的社会学分析》，《天府新论》2006年第5期。

[3] 徐建丽：《建构与选择：新生代农民工的话语权》，《中国劳动关系学院学报》2012年第6期。

[4] 李争鸣：《中国农民话语权的解构与重构》，《中国农业大学学报》（社会科学版）2012年第2期。

[5] 陶霞飞：《农业转移人口定居意愿的影响因素及机制》，《北京社会科学》2021年第8期。

[6] 王欧：《家庭化与新生代农民工生活方式转型》，《社会学研究》2022年第1期。

[7] 邹一南：《农民工自雇就业与举家迁移》，《经济经纬》2023年第1期。

教育程度、健康状况与本地方言掌握情况）和经济特征（老家有无土地与分红和有无集体利益分红）对农民工市民化意愿具有显著性影响，其中尤以本地方言掌握情况与老家有无土地与分红等因素影响最为显著。村庄区位特征（到乡镇政府/街道的距离）和农民工主观上的公平感对农民工市民化意愿也有显著性影响。[1] 第三，反映行动本身差异的指标（如有无工作、学历高低、职业能力强弱等）对农业转移人口的城里人身份认同没有统计显著性差异，而反映行动结果差异的指标（如城市生活方式的拥有、在城生活年限、是否有房有车等）则对城里人身份认同具有统计显著性差异。[2] 第四，新生关系网络和社会活动参与均对农民工城市定居意愿有显著正向影响。社会网络作为农民工联系迁入地居民的纽带，能够通过工资收入和身份认同两个方面间接提升农民工城市定居意愿。[3]

（三）总括性的评述

国内外农民工/农业转移人口市民化的研究和实践已经为我们的研究积累了丰富的实践经验和理论资源，但是仍有许多问题的研究需要进一步推进。

第一，农业转移人口及其市民化的基础数据和变化趋势缺乏深入研究。要解决农业转移人口市民化的服务管理问题，必须对他们的生活、就业、居住以及政治、文化、教育等方面的权益进行整体性的考察和探索。同时，农业转移人口的存量判断和增量预测是开展科学研究的基础，也是政府制定决策的依据。目前，虽然学界对农业转移人口问题进行了多学科、多视角和多层面的分析与研究，但多数研究仅基于区域性的调查样本，对于我国宏观层面农业转移人口问题缺乏全面系统的认识和清晰的判

---

[1] 朱纪广、张佳琪、李小建、孟德友、杨慧敏：《中国农民工市民化意愿及影响因素》，《经济地理》2020年第8期；罗峰、顾楚丹：《日常生活感受对农业转移人口市民化意愿的影响——基于全国范围内3721份调研数据》，《调研世界》2020年第6期；刘金凤、魏后凯：《方言距离如何影响农民工的永久迁移意愿——基于社会融入的视角》，《中国农村观察》2022年第1期。

[2] 李斌、张贵生：《农业转移人口身份认同的分化逻辑》，《社会学研究》2019年第3期。

[3] 张连刚、史晓珂、彭志远：《社会网络何以提升农民工城市定居意愿》，《湖南农业大学学报》（社会科学版）2023年第1期。

断,政策指导意义不明显。尽管国家统计局自2008年起建立了农民工监测调查制度,自2015年起建立了农民工市民化调查制度,但缺少基于监测数据的深度挖掘,尤其是动态跟踪研究。同时,由于人口流动的界定在时间和空间角度存在很大的弹性,不同部门的农业转移人口统计口径存在不一致的现象;有关农业转移人口市民化水平现有测量指标体系的科学性和系统性值得商榷;对农业转移人口的大数据分析也明显不足。

第二,以现代性、城市性为中心展开的研究,表现出明显的城市中心主义倾向。这具体表现在以下三个方面。首先,在农业转移人口城市适应的研究中,对农业转移人口自身的市民化意愿讨论不足,导致无形中"被市民化"。实际上,这种预设和潜在的前提无法代表农业转移人口自身的真实意愿。虽然不少调查数据显示大多数农业转移人口,尤其是新生代农业转移人口倾向于定居城市而不是返乡,但从农业转移人口自身的实践来看,其市民化的行动并没有所表达的意愿那么普遍。随着城乡一体化发展的推进和乡村振兴战略的提出,农村基础设施获得不断完善、公共服务进一步覆盖、现代农业产业体系逐步形成、生态宜居目标逐渐实现,很多农业转移人口不愿意定居城市,部分人选择了返乡创业。显然,"许多研究者对农民工的这种表达和实践之间的张力并没有给予足够的重视"[1]。其次,在农业转移人口市民化研究中,存在"融入"和"融合"的争论。持前一种观点的学者一般将农业转移人口市民化视为一个转移人口以城市人为参照对象,不断调整自己行为方式和思维观念的单向融入过程;持后一种观点的学者则将农业转移人口市民化看作行动适应与结构变迁的双向融合过程。最后,没有区分不同类型农业转移人口具体多样的需求力度与向度。[2] 许多研究没有关注农业转移人口群体内部存在的代际、职业和地位差异,缺少对不同群体在需求维度的深入探讨。

第三,现有研究视角的缺陷。现有研究从宏观的结构和制度层面对当前农业转移人口市民化的困境与障碍、实现途径及对策进行了有益的探

---

[1] 江立华、谷玉良:《农民工市民化:向度与力度——基于对城市文化中心主义倾向的反思》,《中国特色社会主义研究》2013年第6期。
[2] 吴越菲:《农业转移人口的"选择性市民化":一项类型学考察》,《中国农业大学学报》(社会科学版)2016年第2期。

索，但对这些结构和制度因素通过何种机制得以运作、如何运行、发挥何种作用缺乏深层次的讨论。因此，在结构因素何以运作、怎样运作等问题上进行深入的理论挖掘，剖析政府行为和制度政策背后的深层次运作逻辑与机制而不是仅仅停留在对现状的简单描述之上，是今后研究的一个努力方向。城市化或市民化视角下对农业转移人口问题的分析思路和视野较前两种视角更为开阔，更具有历史眼光。它将农业转移人口诸多困境的形成"归因于城市化和现代化进程的代价，由此提出的解决途径便是加速中国的城市化和现代化进程"[①]。问题在于，将农业转移人口问题的出现归结为现代化进程的伴生物，是城市化的必然产物，这事实上就为农业转移人口合法权益缺失的当前提供了一种必然性的解释和论证，表现出明显的消极主义思想，没有看到中国人口流动存在的特殊性。同时，已有的研究不同程度地忽视了农业转移人口市民化过程的"模糊性、流变性、即时性和紧迫性"[②]。而农民与城里人、农民与商人的所有非理性与理性、传统性与现代性的差别实际上都是人为设定的，这种人为设定主要是服务于某种学术性常识的形成和研究范式的符号化，而不是服务于现实农业转移人口市民化问题的解决。而城乡"二元论"的理论预设和价值判断，认为城市比农村更文明、工业比农业更发达、市民比农民更幸福，这种惯性思维以及持续增加的自农村向城市的农业转移人口无疑也强化了农业转移人口市民化的强烈意愿和主动性的表象。

（四）研究展望

在我国经济不断发展、社会不断进步的背景下，农业转移人口产生了新诉求、萌生了新意愿，同时政府也在不断解决时代提出的新问题、面对时代提出的新课题。这一社会现实也给我们提出了新的研究课题。从农业转移人口自身的角度看，他们从农村向城市的流动，绝不是简单的空间地理学意义上的位移，而更多的是一次从思想观念到行为方式、从心理意愿到制度形态的全方位的转型与变迁。我们认为，在城乡一体化、乡村振兴

[①] 江立华：《乡村文化的衰落与留守儿童的困境》，《江海学刊》2011年第4期。
[②] 符平、江立华：《农民工城市适应研究局限与突破》，《调研世界》2007年第6期。

与新型城镇化推进过程中，有必要进一步深入而系统地研究如何服务和管理农业转移人口，促进这一群体共享社会发展成果。

1. 当代中国农业转移人口问题的理论解释和理论概括

成功的实践需要科学的理论作为指导，丰富的社会实践也为理论的创新提供了条件。当代中国农业转移人口服务管理中存在不少重大理论问题需要我们研究，一些新的实践经验需要我们总结和概括。如何保障农业转移人口的权益，为服务管理农业转移人口提供理论支持，并在实践中总结出新的理论进而更好地指导实践，是今后研究的重要问题之一。要努力回答在我国快速的城市化和工业化进程中如何确定农业转移人口的历史定位、在城乡日益开放和人口流动频繁的社会条件下如何加强对农业转移人口的管理和服务、新时代我国农业转移人口市民化的内在逻辑及其走向如何、如何促进农业转移人口的市民化进程等，在理论上回答这些问题能为加快实现党的二十大提出的"推进以人为核心的新型城镇化，加快农业转移人口市民化"的基本目标任务提供理论支持。

2. 构建基于时空约束背景下政府的主体性地位及农业转移人口的能动性

许多学者都将农业转移人口问题难以破解的根源归结于城乡二元的户籍制度。但是这一结构因素的化解不是一朝一夕的事情，而且城乡二元户籍制度的取消并不等于农业转移人口问题的迎刃而解。因此，在现有结构因素背景下探索农业转移人口市民化的可行性对策，需要我们具有广阔的历史视野、更高的政治站位和对社会现实的更准确定位，以农业转移人口为中心对其权益保障、稳定就业、城市融入及对策展开深入研究。基于此，对农业转移人口自身主体性和政府作为的挖掘而不是对社会结构因素的无效谴责就具有极大的研究空间。针对现有研究往往将农业转移人口置于受动的被服务和被管理地位，对农业转移人口的管理和服务保护举措也体现出一定的"给予式"或"强制式"的特征。下一步研究要针对农业转移人口的特点，提出帮助他们培养自我维权能力的具体举措和办法，进而使农业转移人口作为行动主体的权利诉求意愿和诉求能力得到展现、重视。我们认为政府在农业转移人口问题中实际上是处于一个主导性的地位上，如何让这一主导角色朝着正确的方向发挥服务管理农业转移人口的龙头作用，是下一步研究的重点与方向。

在研究中，我们也将充分注重农业转移人口自身行动策略的选择，把农业转移人口看作结构和网络的适应者，探讨和分析他们为了追求美好生活所采取的行动与策略，考察农业转移人口市民化的实践形态和具体路径，探讨农业转移人口市民化"行动"绕不开的行动中的"理性"这个基本的问题。我们将从空间视角出发，将生活在城市环境下的农业转移人口视为理性的行动主体。农业转移人口的"理性"具有多样性和建构性的特征，它可以体现为"生存理性"、"经济理性"或更具包容性的"社会理性"，同时，它又是一个经由农业转移人口自身的经历和实践而不断建构的对象。在此认知基础上，深入分析农业转移人口是如何发挥自身的能动性以应对城市的各种制度、政策和机会结构的。

3. 加强农业转移人口市民化的多向度研究

大多数学者认为"市民化"是指农业转移人口向城市居民转变的过程，是身份由农民转变成市民，自身素质进一步提高，生活方式和行为方式不断城市化的过程。也就是说将以城市市民为主的城市主流社会视为农业转移人口社会融合的唯一方向和标尺。现实中，大多数农业转移人口确实在为自身社会地位的提高、经济地位的改善付出艰辛的努力，也确实在城市适应中遇到了很大障碍。但正是这种农业转移人口市民化困境与农业转移人口的积极努力之间的张力给人以误解：农业转移人口必须市民化。"众多学者在关于农民工市民化的研究中有意无意地将农民工市民化不经调查和论证地作为研究的理论预设和潜在的假设前提。在这种假设的基础上，他们试图回答的是，农民工市民化过程是基于怎样的一种道路或怎样的一种模式，为什么是这样的道路或模式，此等道路或模式说明了什么，有何意义？需要指出的是，这样的研究及其所建构的理论模式存在本体性的缺陷——把为解释实践而构建的模型当作实践的根由，从理论来推理实践，人为地设定'应然-必然'之关系，采取化简方式来达到预期的解释目标。"[①] 因此，要加强对新时代农业转移人口市民化的规模、方向、增量、结构、趋势和效应的研究，并在此基础上，依据理性选择理论将生活在城市的农业转移人口视为

---

① 江立华、谷玉良：《农民工市民化：向度与力度——基于对城市文化中心主义倾向的反思》，《中国特色社会主义研究》2013年第6期。

理性的行动主体，深入分析农业转移人口发挥自身能动性以应对城市的各种制度、政策和机会结构的可能性和途径；充分应用信息技术剖析农业转移人口的内部分化及不同群体的市民化现状与需求差异；等等。以上这些问题是下一步研究的重要内容。

农业转移人口是一个规模庞大的群体，我们需要改变以往对于农业转移人口整体、笼统分析的思路，对不同农业转移人口群体进行专题研究，以此分析农业转移人口市民化中遇到的具体障碍是什么？未能共享社会发展成果和"机会缺失"的深层次结构性原因是什么？如何用制度正义确保农业转移人口市民化的机会均等，构建市民化的实践路径？

4. 加强对相关制度安排的全面梳理与评估研究

农业转移人口市民化是中国式现代化进程中一个正在进行的伟大实践，为此学界要"结合当前的宏观背景，采取多学科交叉、多视角结合的方法，系统研究经济社会发展变化对农民工文化、教育、就业、家庭等方面的影响，并以此为基础，对当前各领域与农民工密切相关的制度安排进行全面梳理与评估"[①]。截至2021年，我国常住人口和户籍人口两个城镇化率还存在大约18个百分点的差距，2亿多农业转移人口尚未完全融入城市，急需完善农业转移人口市民化配套政策体系，有序推进其全面融入城市，形成工农互惠、城乡融合的新型工农城乡关系，让农业转移人口"愿落户、能落户、敢落户"。

在农村层面，要研究如何建立合理的农地、农房退出机制，引导农业转移人口有序、合理流动。在城市层面，要研究如何加强职业技能培训，构建全覆盖、多形式、分层次的培训体系，在农业转移人口培训、人力资本积累、产业结构升级和劳动力可持续就业之间建构良性循环；如何通过体制机制创新实现基本公共服务均等化；如何通过组织开展经常性群众文体活动和以参与、合作、互助为重点的居民活动，培育农业转移人口的现代文明观念、社区互助意识和居民自治精神，增强农业转移人口适应社会环境、参与社会生活、履行社会责任的能力和意识。在政策层面，要研究

---

① 单菁菁：《农民工市民化研究综述：回顾、评析与展望》，《城市发展研究》2014年第1期。

如何通过顶层设计，妥善协调好各主体的利益冲突问题，包括如何协调人口流出地和转入地之间的财政关系；如何建立合理的中央与地方的事权与财权匹配机制；如何避免各类优质社会资源过度集中于大城市，实现大中小城市的公共资源均衡配置；如何促进缩小城市间居民非户籍福利差异，改变人口向大城市过度集中的无序状态；如何处理国家、市场与社会各主体在农业转移人口市民化中的关系，怎样利用市场手段和社会力量来促进农业转移人口的市民化。从个体层面，要直面农业转移人口内部分化较大的现实，研究不同群体诉求的多样性与统一性问题；研究如何处理制度、政策与农业转移人口的能动性和积极性的问题，即如何处理"赋权"与"自我增权"之间的关系问题。

三　核心概念与理论视角

（一）核心概念

1. 农业转移人口概念

对于流动于城乡之间的这个群体，人们给予了不同的称谓，在政府文件、大众传媒、学界术语和百姓口语中使用的名称多达数十种，如"流动人口""外来人口""流入人口""外来流动人口""暂住人口""外来务工人口""盲流""打工者""打工仔""打工妹""自发迁移人口""流迁人口""暂时迁移人口""农民工""民工""进城务工人员""进城务工就业农民""城市新移民"等。

20世纪90年代初期，国家政策法规正式使用"农民工"一词，明确了城市中全民所有制和集体所有制企业中的城市户口"工人"与"农民工"的区别。《国务院关于解决农民工问题的若干意见》认为，农民工是指"户籍仍在农村，主要从事非农产业，有的在农闲季节外出务工、亦工亦农，流动性强，有的长期在城市就业，已成为产业工人的重要组成部分"。[①] 王春光认为，应该从职业、制度身份、劳动关系和地域四个层面认

---

① 《国务院关于解决农民工问题的若干意见》（国发〔2006〕5号），https://www.gov.cn/zhuanti/2015-06/13/content_2878968.htm。

识和界定农民工。① 国务院研究室课题组指出,"农民工"是我国经济社会转型时期的特殊概念,是指户籍身份还是农民、有承包土地,但主要从事非农生产、以工资为主要收入来源的人员。

"农业转移人口"这一称谓最早可追溯到 2009 年 12 月召开的中央经济工作会议,会议提出,"要把解决符合条件的农业转移人口逐步在城镇就业和落户作为推进城镇化的重要任务……"② 随后,"推进农业转移人口市民化"在中共中央和国务院有关文件以及国家一些领导讲话中多次出现,成为中央和地方各级政府的一项重要工作。2012 年 11 月召开的中国共产党第十八次全国代表大会明确提出,"加快改革户籍制度,有序推进农业转移人口市民化,努力实现城镇基本公共服务常住人口全覆盖"③。2017 年习近平总书记在党的十九大报告中指出:过去 5 年,我国城镇化率年均提高 1.2 个百分点,8000 多万农业转移人口成为城镇居民,下一步要"以城市群为主体构建大中小城市和小城镇协调发展的城镇格局,加快农业转移人口市民化"④。

目前关于农业转移人口内涵的研究不多,从文字上看,"农业转移人口"中的"农业"是指包括农业、林业、牧业、渔业在内的第一产业,配上"人口"表明这一群体的户籍身份是农业人口;"转移"表明该群体在地理空间上的变动,即由农村转移到城镇,且既有就地的流动转移,也有跨县跨省的异地转移。一般地说,农业转移人口这一概念的内涵比农民工概念的内涵丰富,既有农业转移劳动力,又包含农村非劳动适龄人口。

从狭义来看,农业转移人口是对"农民工"概念的简单替代。只是"农业转移人口"较为中性,关注的重点在于农业人口从农村向城镇转移,

---

① 王春光:《农民工:一个正在崛起的新工人阶层》,《学习与探索》2005 年第 1 期。
② 《中央经济工作会议:放宽中小城市和城镇户籍限制》,http://news.cctv.com/china/20091207/104252.shtml。
③ 《胡锦涛在中国共产党第十八次全国代表大会上的报告》,http://cpc.people.com.cn/n/2012/1118/c64094-19612151.html。
④ 《习近平:决胜全面建成小康社会 夺取新时代中国特色社会主义伟大胜利——在中国共产党第十九次全国代表大会上的报告》,http://www.gov.cn/zhuanti/2017-10/27/content_5234876.htm。

在城镇居住、生活和就业,逐步成为城镇居民的过程;"农民工"这一称谓则关注的是进城务工经商人员的身份和职业,带有一定的歧视色彩。从广义上看,农业转移人口有两类人群:一是从农村转移到城镇的群体,既包括进城务工经商人员,也包括随迁家属,还包括失地农民;二是仍然在农村居住,但已从事非农业生产活动的群体。

2. 市民化

从社会学的意义上讲,市民并不仅仅是指具有城市户籍的居民,更是具有公民身份的居民。马歇尔认为,公民身份是赋予共同体正式成员的一种地位,成员被赋予这种地位后,他们之间在权利与义务关系上相互平等,最为重要的三种权利即为公民权利、政治权利与社会权利。[①]

在中国,"市民"首先是一个身份概念。建立对"市民"这一制度性身份的自我认同和对流入城市的地域认同,也是农业转移人口市民化的深层条件。在城市的农业转移人口,并未被看作具有市民身份的主体,他们在制度上未被赋予与市民相同基本权益,[②] 在生活和社会行动层面被排斥在城市的主流生活、交往圈和文化活动之外,在社会认同上被有意无意地贬损甚至妖魔化。

国外有学者认为,市民权(citizenship)包含权利(rights)和身份认同(identity)两个组成要素,其中权利是市民权的地位,是市民权的法律层面,而身份认同是市民权的感受,是市民权的心理层面,是法律地位之外的另一种归属政治共同体的方式(Lehning B. Percy 和 Derek Heater 的观点)。[③] 这启发我们,农业转移人口要实现市民化不仅要获得"市民"这一制度性身份,而且要形成对这一身份的自我认同。另外,"我是此地人"的地域归宿意识也是农业转移人口真正融入流入城市的深层心理标准。

3. 农业转移人口市民化

市民化可分为狭义的界定和广义的界定。狭义范畴的市民化是指农村

[①] T. H. 马歇尔:《公民身份与社会阶级》,载郭忠华、刘训练编《公民身份与社会阶级》,江苏人民出版社,2007。
[②] 苏黛瑞:《在中国城市中争取公民权》,王春光、单丽卿译,浙江人民出版社,2009。
[③] 转引自陈映芳《"农民工":制度安排与身份认同》,《社会学研究》2005年第3期。

转移劳动力获得与城市居民相同的合法身份和社会权利的过程,具体包括居留权、选举权、受教育权、社会福利保障权等。① 广义范畴的市民化一般指由于工业化和城市化的推动,传统农民在身份、地位、价值观念、社会权利以及生产生活方式等各个方面向城市居民全面转化,以实现城市文明的社会变迁过程,包括农民生产方式和职业身份的转变(非农化),居住生活空间的转移(城镇化),文化素质、生活方式及行为方式等社会文化属性的变化(市民化),以及各种社会关系的重构(结构化)、城市社会生活再适应的过程(再社会化)。② 伴随市民化问题研究的进一步深入,关于市民化内涵的解读更多偏向广义的市民化概念,即把市民化定性为多维市民化(urbanization of multidimensional)。

学者们对于这一概念的分歧主要在于对"转化"内容的理解。比如,有学者认为农业转移人口市民化包括四个层面的含义:"一是职业由次属的、非正规劳动力市场上的农业转移人口转变成首属的、正规的劳动力市场上的非农产业工人;二是社会身份由农民转变成市民;三是农业转移人口自身素质的进一步提高和市民化;四是农业转移人口意识形态、生活方式和行为方式的城市化"③。有的学者认为市民化的内涵包括获得作为城市居民的身份和权利,以及市民意识的普及。④ 有的学者认为农业转移人口市民化是作为一种职业的"农民"和作为一种社会身份的"农民"在向市民转变的进程中发展出相应的能力,学习并获得市民的基本资格,适应城市并具备一个市民基本素质的过程,包括职业身份的变换(非农化),居住地域的转移(城市化)以及生活方式、角色意识、思想观念和行为模式的变迁(市民化)三个方面,需要转化户口性质、居住地域、所从事产

---

① 文军:《农民市民化:从农民到市民的角色转型》,《华东师范大学学报》(哲学社会科学版)2004年第3期;陈映芳:《征地农民的市民化——上海市的调查》,《华东师范大学学报》(哲学社会科学版)2003年第3期。
② 刘传江、程建林:《第二代农民工市民化:现状分析与进程测度》,《人口研究》2008年第5期;杨菊华:《中国流动人口的社会融入研究》,《中国社会科学》2015年第2期。
③ 刘传江、徐建玲:《第二代农民工及其市民化研究》,《中国人口·资源与环境》2007年第1期。
④ 陈映芳:《征地农民的市民化——上海市的调查》,《华东师范大学学报》(哲学社会科学版)2003年第3期。

业、农民生活观念、思维方式、行为习惯和社会组织形态等。① 有的学者认为市民化是客观与主观、个体与群体多面向的合体，具有公民资格、市民权利、行为模式和价值取向四个维度。② 也有学者认为农业转移人口市民化内含四个维度的转化：一是职业市民化，即由在城市非正规就业的农业转移人口转变为正规就业的非农产业劳动者；二是地域市民化，即居住空间由农村社区迁移到城市社区（地理意义上的地域市民化），并融入城市社区（社会意义上的地域市民化）；三是身份市民化，即由农村户口转变为城市户口，获得作为城市居民的身份和权利，成为城市权利主体；四是价值观念市民化，即获得现代市民意识，实现自身在生活理念、思维方式、行为习惯等方面的由乡村性到现代性的转变，融入城市社会，实现与城市的社会整合与文化融合。③

从宏观层面看，农业转移人口的市民化是社会制度、经济结构等对农业转移人口的逐步吸纳过程。由于城乡二元经济、社会结构的差异，在市民化的过程中，脱离了农村社会场域的农业转移人口不可避免将受城市社会制度和结构的影响。在"嵌入"城市社会、经济结构的过程中，他们/她们将逐渐习得和内化城市生活方式，适应城市社会。从这个角度来看，农业转移人口的市民化似乎是一个单向的"融入"过程。市民化意味着农业转移人口要形成城市化的生活方式、行为方式和价值观念。城市不仅是一个人口密集、高楼林立的地域空间，还代表着一种特别的生活方式和文化心理。美国芝加哥学派的巨擘沃思认为，"城市性（urbanism）是指一种生活方式，城市具有其有别于乡村的一整套社会与文化特质"④。社会学关于现代化的经典理论就以理想类型的方式界定了农民与市民在社会属性、文化特征上的差异。对农业转移人口而言，即使他们的经济生活达到了一

---

① 郑杭生：《农民市民化：当代中国社会学的重要研究主题》，《甘肃社会科学》2005 年第 4 期；高峰：《苏南地区外来农民工市民化长效机制的构建》，《城市发展研究》2006 年第 4 期；赵立新：《城市农民工市民化问题研究》，《人口学刊》2006 年第 4 期。
② 杨菊华：《农业转移人口市民化的维度建构与模式探讨》，《江苏行政学院学报》2018 年第 4 期。
③ 冷向明、赵德兴：《中国农民工市民化的阶段特性与政策转型研究》，《政治学研究》2013 年第 1 期。
④ Wirth, L., "Urbanism as a Way of Life," American Journal of Sociology, 1938, 44 (1): 1-24.

般市民的水平甚或更高，但如果他们仍然保持原有的乡土文化特性，也会显得与城市社会格格不入。只有形成了城市化的生活方式、文化心理，农业转移人口才能获得"市民"这一身份之精神根本。

从微观个体层面看，农业转移人口的城市融合具有双向性。农业转移人口在进入城市社会之后，他们在文化融合上面临两个基本问题：一个是农业转移人口是否愿意保持自己家乡的文化；另一个是农业转移人口是否愿意适应城市的现代工业文化，逐渐习得现代工业社会所具有的文化特征以及这种文化特征所规定的行为方式。农业转移人口的身份认同具有复杂性和多维性，具体表现为二重性，即许多农业转移人口既对城市表示认同，也对农村表示认同。[①]

事实上，农业转移人口的市民化不必要，也不可能完全摒弃其原有文化和生活方式，两种文化和生活方式并不存在根本的不可调和的冲突和矛盾，在文化上是可以实现共存的。其实，这两种取向的争论焦点在于农业转移人口市民化的过程中对城市性或者说城市文化和生活方式应该持什么样的再社会化态度：是继续社会化还是重新社会化？继续社会化强调的是在原有社会化内容的基础上学习和接纳新的社会化内容，原有社会化内容和新的社会化内容并不存在根本的冲突。而重新社会化在某种程度上更加强调从一种社会化内容转向另一种截然不同的、新的社会化内容。从前后社会化内容的接续和习得的关系上来说，二者是截然分离的。

通过修改贝尼的模型，我们提出了农业转移人口文化融合的双向模型，如表0-1所示。通过农业转移人口在两个方向上的不同态度的组合，一共产生四种融合策略：融合、同化、分离和边缘化。

表0-1 农业转移人口文化融合的双向模型

项目		是否愿意保持自己家乡的生活习惯	
		是	否
是否愿意适应城市的现代工业文化	是	融合	同化
	否	分离	边缘化

[①] 郭星华、李飞：《漂泊与寻根：农民工社会认同的二重性》，《人口研究》2009年第6期。

绪　论　融合之路

农业转移人口市民化实际上是一种行动适应与结构变迁密切互构的过程。即面对结构性制约，农业转移人口的适应行动不仅具有受动性，而且具有巨大的能动性和创造性；不仅再生产着原有的结构环境，也逐步推动着结构的变迁，拓展着他们在城市的生存空间。而变迁了的结构又成为农业转移人口适应行动的新环境。而且，正如吉登斯所言，"不应将结构等同于制约。相反，结构总是同时具有制约性和使动性"[①]。

综上所述，我们认为，农业转移人口市民化是指由农民工及其家庭成员，以及失地农民、"洗脚上楼"村民、城市近郊非农人口等构成的农业转移人口获得市民身份和权利，形成城市化的生活方式和文化心理，并建立对市民身份的自我认同和社会适应的过程。创建城市接纳农村人口自愿迁入的制度是农业转移人口市民化至关重要的先决条件。在政府层面，是通过制度安排回应农业转移人口进入城市的意愿，保护他们的公民权益；在社区层面，是老居民接纳新成员，帮助他们从文化上融入社区和城市；在农业转移人口层面，则是通过自身的努力，实现生活方式的变迁，从农民变为市民。

（二）理论视角——空间理论

社会学领域对空间的社会性探索始于迪尔凯姆（又译作涂尔干）和马克思。马克思是将空间的社会性从资本主义生产方式的角度进行有针对性分析的先驱。迪尔凯姆意识到空间划分的社会差异性，[②] 在《宗教生活的基本形式》一书中提出空间是社会构造物、具有社会性的思想。齐美尔（又译为西美尔）认为空间具有五种基本属性：空间的排他性、空间的分割性、社会互动的空间局部化、邻近/距离、空间的变化性。总体上说，在早期社会学理论中，"空间"是缺席的，至少是非动态的。[③] 空间"被当作僵死的、刻板的、非辩证的和静止的东西"[④]。仅仅将空间视为社会关系

---

① 安东尼·吉登斯：《社会的构成》，李康、李猛译，生活·读书·新知三联书店，1998，第89~90页。
② 爱弥尔·涂尔干：《宗教生活的基本形式》，渠东、汲喆译，上海人民出版社，1999，第22页。
③ 厄里：《关于时间与空间的社会学》，载布赖恩·特纳编《社会理论指南》，李康译，上海人民出版社，2003，第505页。
④ Foucault, M., "Question of Geography," In C. Gordon (ed.), *Power/Knowledge: Selected Interviews and Other Writing 1972-1977*. NewYork: Pantheon, 1980, p.70.

与社会过程运行的处所,这样就抹杀了空间地理学想象力。[①]

随着现代学科交叉的发展,空间地理学的知识融合导致"空间"逐渐在社会理论中浮现出来,并且从静态观向动态观转变。注重身体在空间中的位移以及人与人之间的交互性关系,是空间社会学理论的一大特点。彼得·桑德斯说:"空间是在人类主体有意识的活动中产生的。"[②] 可见,空间的动态性就在于人际交往对空间的形塑,尤其是在这一过程中所形成的各种社会关系。

芝加哥学派的城市生态学采用的基本方法就是在生态过程和文化分析的基础上,增加了空间向度的分析,着重探讨了人类组织形式和行为与空间区位之间的关联,如空间隔离形成的不同社区面貌和生活形态,以及不同的道德面貌等。芝加哥学派的城市生态学也体现了空间向度与城市生态的文化生成,体现在城市空间生态过程的城市扩张分化的动力机制、城市空间向度的同心圆模式、城市空间的隔离问题以及空间隔离所形成的不同社区面貌和生活样态。他们创立的都市研究范式——对城市的社会和空间形态模型化,现在已为所有都市社会学的研究者们熟悉。

社会学家戈夫曼则使用"前台""后台""局外区域"等一系列概念为我们勾勒了一种社会学的空间视角,其重要之处就在于它探讨了空间区域的制度化特征与行动者的情境互动之间的内在联系,从而探讨了社会结构如何在区域化的空间建构中凭借责任的约束和利益的诱惑来建构起行动者的角色特征。[③]

此后,新城市社会学家们以马克思主义的理论和方法为基础,借鉴马克思主义的分析方法和视角对城市空间构建的过程加以研究。他们关注城市发展过程中的空间、资本和阶级的交织,并以空间为主要变量考察当代社会城市空间安排的结构化过程。

列斐伏尔以"空间"为主要的阐释线索,开始了将社会性、历史性以及空间性联系在一起、建立二元辩证法的努力。列斐伏尔认为:"空间是

[①] Edward, S., *Postmodern Geographies: The Reassertion of Space in Critical Social Theory*. London: Verso, 1989.

[②] Saunders, P., *Social Theory and the Urban Question*. Hutchinson, 1984, p. 165.

[③] 欧文·戈夫曼:《日常生活的自我呈现》,冯钢译,北京大学出版社,2016,第93~118页。

绪　论　融合之路

社会的产物。"空间就是被社会关系所建构、所运作、所实践方能彰显其存在。列斐伏尔特别关注带有社会取向的"空间性"的获得即"空间的生产"问题。在列斐伏尔的空间分析概念中，他界定了空间生产的三个重要面向：空间的实践（spatial practices）、空间的表征（representation of space）和表征的空间（representational spaces）。社会中空间的实践预设空间的使用原则；空间的表征则透过科学知识累积及意识形态传播而形塑；表征的空间则经由"文化"上各种象征性论述的穿透而呈现不同空间类型的递嬗变化（空间的历史）——显示出不同社会建构的演变，使得空间的定义深深纠结在社会再生产的过程中。通过对空间的实践、空间的表征以及表征的空间三个向度的分析，列斐伏尔（Henry Lefebvre）"重构了中心和边缘的关系"。他认为空间既是社会活动的结果/具体化/产物，又是社会活动的手段/预设/生产者。① 就此明确指出了空间的社会关系特征。空间是一种社会关系吗？列斐伏尔说："当然是，不过它内含于财产关系之中，也关联于形塑这块土地的生产力，空间里弥漫着社会关系。"②

曼纽尔·卡斯特认为："空间是一个物质产物，相关于其他物质产物——包括人类——而牵涉于'历史地'决定的社会之中，而这些社会关系赋予空间形式、功能和社会意义。"曼纽尔·卡斯特把人类创造的空间形式——城市看作"社会的表现"，把空间看作"结晶化的时间"。社会生活的时空历程，界定了社会行为与关系是如何被物质地建构与具体化的。③ 但是与列斐伏尔和哈维以"生产"为切入点不同，他是以"消费"为切入点开始了自己的城市社会空间研究之路。

大卫·哈维认为，"时间与空间的客观概念必然通过物质实践与过程生产出来，这些实践与过程再生产了社会生活……因此，在一般层次上，我们必须从社会实践的观点来界定空间是什么"④。爱德华·索亚利用空间

---

① 亨利·列斐伏尔：《空间的生产》，刘怀玉等译，商务印书馆，2021，第41页。
② 亨利·列斐伏尔：《空间政治学的反思》，载包亚明主编《现代性与空间的生产》，上海教育出版社，2003，第61页。
③ 曼纽尔·卡斯特：《网络社会的崛起》，夏铸九、王志弘等译，社会科学文献出版社，2001，第504页。
④ Harvey, D., *The Condition of Postmodinity: An Enquiry into the Origins of Cultural Change*. Cambridge, MA: Blackwell, 1990.

的三维辩证法把空间划分为第一空间、第二空间和第三空间。① 第一空间是指空间形象具象的物质性，是"真实"的空间，是一套物质化的空间性实践，强调空间中的物体。第二空间是指一种思想性或观念性领域，是一种想象的"构想性空间"，是一种"思维的图示"，在那里存在一种主体性想象和"构想性的社会现实"，是一种"空间中的思想"。第三空间是一种真实又想象化的存在，既是结构化的个体的位置，又是集体经验的结果，这里的空间具有空间性、社会性、历史性。② 第三空间鼓励人们用不同方式去思考空间的意义底蕴，思考地点、方位、方位性景观、环境家园、城市及人文地理等相关概念，力求抓住在观念、事件、外观和意义的事实上不断变化位移着的社会背景，第三空间试图探讨人类生活的历史性、社会性和空间性的"三维辩证法"。这样，空间性的维度将会在历史性和社会性的传统联姻中注入新的思考和解释模式，这将有助于我们在经验研究中思考历史、社会和空间的共时性、物质性及相互依赖性。

在结构化理论看来，社会科学研究的主要领域既不是行动着的经验，也不是任何形式的社会总体的存在，而是在时空向度上得到有序安排的各种社会实践，吉登斯在建构他的结构化理论时，把时空看作社会现实的建构性因素，他强调："社会系统的时空构成恰恰是社会理论的核心。"吉登斯通过建立一系列有关空间的概念系统来阐述其结构化理论，如"在场"、"在场可得性"、"不在场"、"共同在场"、"区域化"、"场景"、"中心与边缘区域"以及"情境"等，"关注共同在场情境下的互动系统如何在大规模的时空范围中伸展开来，来考察所谓'微观'与'宏观'之间的关系问题"，也关注"在跨越空间和时间的日常接触中，行动者经常不断地运用场景的性质来构成的这些日常接触"③。布迪厄认为，以往的空间研究，强调空间现象有它的结构和逻辑，但这种意义事实上是由人去建构的，所以必须透过人的理解，才有它真正的意义。布迪厄以"场域"和"社会空

---

① Soja, E. W., *Third Space: Journeys to Los Angeles and Other Real-and-Imagined Places*. Oxford (UK), Cambridge, Massachusetts (USA), Blackwell, 1996, pp. 8–10.
② 包亚明主编《后大都市与文化研究》，上海教育出版社，2005。
③ 安东尼·吉登斯：《社会的构成》，李康、李猛译，生活·读书·新知三联书店，1998，第63页。

间"来替代"社会"这一具有空泛本质的概念,把社会理解为"各个相对自主的'游戏'领域的聚合,这种聚合不可能被压制在一种普遍的社会总体逻辑之下",这是一个社会建构的、在实践中运作的、具有差异性的、游戏和竞争的空间,"在这样的空间里,行动者根据他们在空间里占据的位置进行争夺,以求改变或力图维持其空间的范围或形式"①。

福柯则强调空间对于个人的单向的生产作用,物理性的空间以一种隐秘的权力机制持久地匿名地规训着将个体锻造成一个新的主体形式。他认为,在现代都市生活的人们,处于一个同时性(simultaneity)和并置性(juxtaposition)的时代,人们所经历和感觉的世界,是一个点与点之间互相联结、团与团之间互相缠绕的人工建构的网络空间,而不是传统社会中那种经过长期演化而自然形成的物质存在。在福柯看来,空间、知识和权力问题乃是建构历史的核心问题。但福柯并没有像列斐伏尔那样将资本主义的社会空间作为一个专门论题来加以广泛讨论,福柯仅仅将视角集中于现代空间中的权力——知识与身体和主体性的关系,以及这一关系对于资本主义社会的生产和统治所具有的意义,即"福柯的空间思想只是隐含于他对现代身体或者说现代主体性的研究之中,空间是他进行研究的一个重要视角和维度,但却不是他所关注的主要对象本身"②。

以列斐伏尔、索雅、卡斯特、哈维、詹姆逊等为代表的西方学者在空间研究中的学术努力直接促成了近两个世纪以来有关空间的第一次重大的学术转向,使之成为社会科学研究的一种新的视角、一种新的理论转向、一种新的叙事或有效理解社会的范式。农业转移人口的居住空间及其特征,不仅反映其市民化的进程和状态,也是影响其市民化的重要因素。本书根据其内涵及属性将空间分为物理空间、社会空间与意义空间三个维度。物理空间指的是地理学意义上的空间,即农业转移人口的居住区位、社区类型等。社会空间指的是基于特定地缘性和社会关系纽带所形成的社会场域,强调特定空间内的农业转移人口与城市本地居民的社会关系、社会结构及社会治理等。意义空间,指的是农业转移人口的空间认知、空间

---

① 皮埃尔·布迪厄、华康德:《实践与反思——反思社会学导引》,李猛、李康译,中央编译出版社,1998,第17页。

② 郑震:《空间:一个社会学的概念》,《社会学研究》2010年第5期。

体验和对于空间的归属感与认同感。

一般来说，由于主体能动性使然，在日常生活中，人们会逐渐将自己的特性施加给周围的空间，并尽可能改变和调整环境，以使周围的空间环境满足自己的需要，并体现自己的价值。然而，存在一种双向空间辩证法，即人们在创造和改变空间的同时，人类的实践和行为也被空间以各种方式所影响。从空间视角审视农业转移人口市民化，首先要厘清空间环境与农业转移人口市民化的理论关系，具体分析物理空间、社会空间和意义空间不同维度与农业转移人口市民化的关系；其次要厘清农业转移人口市民化不同维度如价值观念、社会交往、身份认同、生活方式等，在空间层面的具体表现形式；最后要厘清空间变化对农业转移人口市民化的影响，包括空间改造和空间治理促进农业转移人口的空间适应，加速其市民化进程，以及空间衰落与边缘化阻碍农业转移人口的社会融合与市民化。

四 总体思路与研究框架

(一) 研究对象

本书研究对象是农业转移人口。农业转移人口市民化狭义上被定义为"农业转移人口在身份上获得与城市居民相同的合法身份与社会权利的过程"，广义上则包括农业转移人口的价值观、身份认同等主观因素和农业转移人口的生产、生活方式的转化。由于农业转移人口指涉对象的复杂和多样，在一项研究中难以同时回应所有类型。因此，本书首先将通过上学、参军、工作和婚姻以及失地农民等社会流动方式完成市民化的农业转移人口排除在本次研究范围之外，主要集中关注与城市化进程密切相关的农民工。在农民工群体中，又主要选择了进城务工者、建筑业农民工、易地扶贫搬迁人口、外卖骑手等几个群体进行专题研究。

本书从两个层面理解农业转移人口市民化，首先是市民权，即与国家和政府相关的制度化、技术化的市民化进程，涉及户籍城镇化以及身份与权利的同等化；其次是与人的城镇化相关的社会文化层面的转型过程,即完成市民意识、市民生活方式以及文化样态的角色转型。从农村转移到城镇的人口,在经历职业转变和城乡流动迁移的同时,获得户籍、转换身份,平等享受城镇居民同等的教育、文化、就业、社保等各种福利和政治权利的过程。概括这个过程,主要包括以下内容:"转移就业—素质提升—身份转换—均享服务—文化交融—城市融合"。

(二) 总体框架

当前中国快速的经济发展以及工业化、城市化、农业现代化的进程使"城乡二元化的社会"走向"城乡一体的社会"成为主导的社会想象。农业转移人口市民化是每个国家通往现代化的必由之路,这通常被视为一种具有正当性的、不可抗拒的发展走向。但是中国与其他国家农业转移人口市民化具有不同的经验和问题,超越了国外乡城迁移理论所能解释的范畴。国外迁移研究中的迁移主要被操作为前往异地工作、生活或定居。而中国语境下,在城乡二元体制下,农业转移人口市民化是一个系统工程,涉及土地制度、产业发展、就业服务、社会保障、教育等诸多领域,也可以说是一场深刻而全面的社会变革,涉及经济、政治、文化、社会、生态文明等诸多方面,需要合理的制度安排和各方面的相互配合。如果各领域政策不配套,各方面改革措施相互牵扯,不能形成城镇化的体制机制,农业转移人口的市民化就很难有效推进,即使勉强推进,也会产生很多问题。

农业转移人口在城镇落户、实现市民化是中国城镇化的重要任务,但是获得市民身份只是农业转移人口市民化的"形式",其内容则是在宏观制度层面的公共服务均等化、中观层面的社区融合以及在微观层面的稳定就业。

本书利用普查数据、流动人口监测数据和课题组的问卷调查数据,综合考虑人口特征、地理位置、经济发展水平、政策体系等因素,选取典型大中小城市,基于空间视角,对进城务工者、易地搬迁人口、建筑业农民工、外卖骑手等4个不同类型群体的农业转移人口市民化进行专项调查。主要研究内容由以下几个部分组成。

1. 农业转移人口进城：历史回顾

改革开放 40 多年来农业转移人口向城市流动及其市民化可以分为四个阶段，通过系统梳理流动的历程，分析政府对农业转移人口管理理念、管理体制从防范控制、保障权益到市民化推进的演变，可以更好地把握农业转移人口市民化的趋势和方向。

2. 农业转移人口进城：时空演变

引入地理信息系统和时空分析方法，利用第五次全国人口普查（以下简称"五普"）和第六次全国人口普查（以下简称"六普"）分区县数据探讨 2000 年和 2010 年中国区县农村流出人口与城镇迁入人口的时空演变，探究农业人口转移趋向与城镇化发展战略的契合关系。研究发现，一方面，农村有大量的人口向城镇持续、稳定地迁移，且不存在明显的空间集聚特征，在全国范围内这是一个普遍的趋势。另一方面，虽然城镇人口净流入的区县从东部地区向中西部扩散，但城镇常住人口的空间分布不仅空间集聚性提高，集聚区域向津京冀、东部省份和广东省收缩，并且继续维持高度集中的特点。非农村户籍人口在部分区县有所增长，至 2010 年 10 万人以上规模城市绝大多数为人口净流入地区，其人口的增长主要来自暂住人口而非户籍人口。常住人口规模越大的城市，暂住人口所占的比例越大。值得注意的是，百万级以上城市下辖区内的人口迁移水平在 2010 年已大幅下降，这些城市对周边地区的人口虹吸效应已经减弱，外地人口成为常住人口的重要来源。

3. 空间区隔与农业转移人口的空间权益

城市空间的持续扩张与农业转移人口的城市迁移是现代化进程中最为突出的两大图景。立足中国城镇化进程，通过将农业转移人口问题置于总体性城乡空间秩序与空间再生产的体系中进行考察，分析这一群体空间区隔与权益剥夺的现状，并从空间生产的逻辑中透视农业转移人口空间权益区隔与结构化的机理。研究发现，城乡空间分工的制度壁垒导致了农业转移人口社会身份结构化，空间再生产的资本逻辑加剧了农业转移人口的空间区隔，城市空间扩张与规划的权力介入强化了农业转移人口的弱势地位。因此，要以共享城市空间为理念，以空间正义为核心，提高空间权益的开放性，增进农业转移人口的城市权益。

4. 混合居住与进城务工者的社区融合

农业转移人口与市民共同居住在同一社区，是混合居住的重要实践形式。研究发现，混合居住的城市社区在人口重组与社区转型过程中容易出现社区解组织化、新老居民利益关系紧张难协调、居民交往多重离散、人口质量下降导致居民参与社区治理能力和积极性不足等问题，从而导致混合社区公共性式微，混合社区处于公共政策制定与落实难、社区治理参与不足、多元合作治理流于形式等治理困境。重构混合社区公共性，必须建立新老居民共同参与的内生型社区组织、通过引入新居民创新自助型社区服务与治理模式、建立修身学堂和多元文化融合平台以激发混合社区"地方性共识"的再生产。

5. 空间再造与易地搬迁人口的社会适应

易地扶贫搬迁是一种空间变动，从空间理论审视搬迁人口的社会适应能为我们提供一个新的视角。通过对 D 县政企协作易地扶贫搬迁的个案和 X 县的易地扶贫搬迁实践的案例进行研究，从物理、社会和意义三个维度呈现空间再造特征，总结空间再造逻辑。同时，分析了多维空间变动对搬迁居民生活方式、社会交往和情感认同的影响，建构出"空间变动-社会适应"的复杂解释机制，搬迁居民因其群体特性在空间耦合上呈现"剧变参差空间中社会适应的分异"的特点，内部驱动的空间再造可以实现更高水平的社会适应。

6. "孤岛"政治与建筑业农民工的市民化

以劳动过程的理论视角考察建筑工地"包工头-农民工"的关系可以看出，建筑工地以围栏、防护墙等建构出一个物理空间的"孤岛"，而更为重要的是，"孤岛"的隐喻指出生活、工作在建筑工地之上的农民工面临乡土和打工城市中社会关系网络的双重脱嵌。"孤岛"为农民工与包工头之间的博弈建构了一个壁垒，使得两者同时存在"控制-抗争"与"庇护-依附"的关系状态。在控制-抗争的互动模式中，包工头一般是通过隐形的共识性契约和赠予恩惠，来获得对工人控制和管理的合法性，而农民工在争夺利益、反抗剥夺时则更多诉诸充满乡土文化特质的人情法则与关系网络。包工头对农民工的庇护是一种维持工地劳动力数量的有效手段，而农民工对包工头的依附，则是一种基于生存理性的考量。工地形塑了包工头与农民工之间"共生""依附"的双重关系模式，而外部的国家、市场力量无法对工地场域内部的互动关系模式施加直接影响。

7. 新型劳动时间控制与外卖骑手的自由

与传统的工厂劳动时间不同，外卖平台依据行业特性设置了新的时间规则，建构了新型劳动时间控制模式。平台通过为劳动者营造灵活的工作时间和宽松的工作场域吸引向往自由的劳动者加入，但却在技术手段的辅助下，以时间为单位和节点，对骑手的劳动过程实施了严密而细致的记录和监控，形成平台和消费者等多元的控制主体。同时，通过抢单和等单的工作机制控制骑手潜在的经验、思想和感受，塑造"准时""快速"的劳动时间感，引导骑手甘愿成为"全天候工人"，并在劳动时间内主动地工作。最终，骑手在追求自由的过程中被平台束缚，无奈而主动地配合到其时间控制中，平台则以自由之名获得并"掩饰"了利润。

（三）研究思路

在中国城镇化的历史进程中，中国社会形态发生了由传统的"乡土中国"到现代的"城市（镇）中国"的巨大变迁，因此，城镇化及其相关问题也成为当代中国社会学的重要研究主题。社会学等相关学科对于该问题的理解可以分为两个面向：国家层面的城镇化和个体层面的市民化。从前者的角度来看，城镇化主要意味着农业人口的转移和城市面积的扩张等。"十三五"期间农业转移人口市民化成效显著，户籍制度改革取得历史性突破，1亿农业转移人口和其他常住人口在城镇落户的目标顺利实现，"居住证"制度全面实施，基本公共服务覆盖范围和均等化水平显著提高。在这点上，中国已经取得了举世瞩目的成就，根据历年《国民经济和社会发展统计公报》及第五次、第七次全国人口普查相关数据，中国的城镇人口从2000年的4.56亿增加到2020年的9.02亿（人口比重从36.1%增加到63.89%），户籍人口城镇化率提高到45.4%。据历年的《中国城市统计年鉴》相关数据，2021年我国有直辖市4个、副省级城市15个，地级市293个，县级市394个。全国地级以上城市的市辖区面积从2000年的38.57万平方公里增加到2020年的95.2万平方公里，其中城市的建成面积从1.49万平方公里增加到2020年的6.07万平方公里。

对于社会个体而言，城镇化则更多地体现为一种市民化的进程。具体表现为农民等群体的"身份与职业"、"角色与思想"、"生活方式"与"行为模式"等方面向现代市民的转变，社会保障和公共服务的平等享有以及政治参与和利益代表的合法保障，等等。在具体研究中，不断有学者意识到这一进程不能简单地被理解为从农民到市民的起点和终点，而应注意到其蕴含的长期性和过程性。如果片面重视国家层面的城市化率、城市建设数量和面积的数字增长，忽视身处市民化进程中的个体日常生活层面，包括社会关系网络从乡土到城市、市民化模式从个人到家庭、社会价值观念从传统到现代等全方位转变，有可能导致"半城市化""虚城市化""逆城市化"等问题。因此，对于个体而言，日常生活的全面市民化才能真正体现其本质。

日常生活的市民化意味着市民化过程的长期性和复杂性。因此，在现有的城乡二元结构中，在户籍限制基本放开的情况下，大量城市农业转移人口的市民化进程如何推进，需要基于农业转移人口的不同群体以及市民化的日常生活交往活动确定。本书是问题导向型研究，在乡村振兴和城乡一体化战略背景下，秉持"共建共治共享"原则，以农业转移人口市民化意愿与政策支持需求为逻辑起点，以加快推进农业转移人口市民化为落脚点。

首先，抓住"城乡一体化发展""公共服务均等化"的主线。市民化的核心是实现所有社会成员权利的平等享有、现代文明的共享以及城乡一体化的发展。本书坚持以人民为中心的发展思想，探讨让农业转移人口共享改革发展成果、不断增强获得感和幸福感的路径。同时，把农业转移人口市民化看成一个动态的持续发展的过程，即其权利的落实和保障以及相应的管理和服务的到位本身是一个随着时代的发展而不断有新问题浮现出来的过程，本书从"人的城镇化"理念出发，探讨建构中国特色农业转移人口市民化的进路。

其次，将加快农业转移人口市民化问题置于可持续生计发展框架中系统探讨。市民化本身构成了一个多元的复杂系统，并且与城乡关系的整体环境相关联。面对庞大的农业人口的城市转移，需要改变以往对于农业转移人口整体、笼统分析的思路，对不同农业转移人口群体进行专题研究，以此分析农业转移人口未能共享社会发展成果和"机会缺失"的深层次结构性原因是什么，以及如何用制度正义确保农业转移人口市民化的机会均等，构建市民化的实践路径。

最后，在强调宏观层面的制度、结构影响的同时，注重研究农业转移人口如何发挥其主体性和能动性，分析他们为了维持生存或者追求美好生活所采取的行动与策略。同时，研究他们自身可以通过怎样的途径和方式，参与到加速自身市民化的进程中。

本书总的目标是回答农业转移人口市民化服务实践以及理论研究方面已经做了什么，还需要做什么，理论研究的重点是什么等问题。在充分保留文化传统和尊重其生活习惯的基础上，尽量减少各利益群体的调适成本和时间，提高市民化的满意度。

（四）技术路线与研究方法

为保证研究的顺利进行，本书拟采取以下技术路线。

首先通过对地方性政策文件等内容的整理和梳理，对收集上来的二手资料做细致的文献分析，回答目前农业转移人口市民化机制当中"有什么"以及"缺什么"的问题。其次将理论研究与实证调查结果相结合，提出公共服务均等化、城乡一体化发展的战略目标要求，从就业、生活和居住三大基本需求出发，构建多元化的综合性政策体系和管理体制机制。具体研究中注重典型案例的调查和分析，力图将我们的研究成果应用于实际，指导农业转移人口市民化的创新性实践。

根据文献计量法评价的结果：农业转移人口市民化研究所涉及的主要学科分布在社会学与统计学、经济学、人才学与劳动科学等学科上，主要研究方法为社会学方法、统计学方法、计量经济学方法等。一部分文献主要依据社会学方法，包括理论分析、现实难点分析、重要问题探讨、市民化制度路径以及政策建议等。随着研究问题的深入，学界对于宏观统计数据或微观调研数据更为青睐，即市民化研究从定性分析转向数理统计分析和计量分析，同时学者对于数据来源、数据质量和数据代表性的要求也更为苛刻。因此，本书在研究方法上，采用的是以访谈法为主，辅以其他定性研究方法的方式。

绪　论　融合之路

　　访谈法：本书是一个基于个案的专题田野调查。通过对不同地点的调查，把研究问题放置在时空背景中进行考察。具体调查方法以访谈法为主，对150位不同类型群体的农业转移人口进行深入访谈。这一方面是由于研究内容涉及主观情感认知和具体劳动过程，采用质性研究方法易于获得深入、细致的材料；另一方面则与研究对象分布相对分散、小众的特点有关，采用个案访谈的方式相对灵活。考虑到受访者理解、配合程度的差异性，笔者在与访谈对象的交流过程中主要采用半结构式访谈的方法。访谈内容既包含需受访者回答的关键问题，也包括受访者自由阐述的开放式问题，还包括部分依访谈对象特性而增加的问题，如一些依访谈进展判断出的具有深挖价值的问题。调查遵循以下两个基本原则。首先，要拓宽理解"社会"的眼界，从农业转移人口的工作和生活细节入手，自下而上地洞悉他们的日常生活，以见微知著的方式去探寻这些群体的整体特征。其次，注重调查对象的自我讲述，挖掘隐藏在时间"褶皱"之中的关键信息，它们通常能够反映出"具体而微"的劳动关系与权力结构。

　　参与式观察：只有深入劳动现场之中，才能真正发现问题，才能实现对理论的切实体会、深入理解。本书将日常生活放在超地方和历史性情境中来加以考察，从原有的理论出发，通过参与式观察，深入农业转移人口的实际生活当中，一方面，以人本位的思想细致了解和发现他们在现实生活中所面临的处境及问题；另一方面，从微观境遇出发，思考和探索目前政府部门及相关管理机构在提供农业转移人口市民化服务管理方面存在的细节问题及政策性偏差，通过对典型个案的分析，为学术研究提供翔实的研究性资料，并且为政府部门提供真实生动的民间表述和意见表达。

第一章

农业转移人口进城的历史回顾

改革开放以来,快速的工业化、城市化和市场化加速了城乡关系的变动,数以万计的农业转移人口在不断放松束缚的制度变革中开始跨越城乡的边界,带动人口的空间再分布和身份的再定位。这些走出乡村的劳动者以旺盛的精力和巨大的创造力,为我国的工业化、城镇化、现代化提供了源源不断的动力。回顾农业转移人口向城市流动40多年的历程,梳理农业转移人口政策的"融合之路",能帮助我们提出促进农业转移人口市民化的新构想。

一 农业转移人口向城市流动的历程

(一)"离土不离乡"时期(1984~1991年)

1. 流动的历程

改革开放以前形成的城乡二元社会制度是我国城乡人口流动的基本制度背景。我国的城乡二元社会制度形成于20世纪50年代。其基本特征:一是城乡分治,即为城市居民提供就业、粮食供应、社会保障、教育等方面的一系列优越待遇,而农村居民则几乎不享受任何福利待遇;二是城乡隔离,即通过户籍制度、粮油统购统销制度和人民公社制度等,严格限制农村人口向城市流动和迁移。

1979年以来,随着重工业优先发展战略退出历史舞台,以市场化为取向的经济改革的推行,我国限制"乡—城"人口流动的城乡隔离制度开始松动。首先是人民公社制度走向终结，家庭联产承包责任制在农村普遍实施，使农民获得了生产经营自主权，这为农村劳动力进城就业提供了可能。其次是农产品统购统销制度逐步废除，商品性粮食的供应量不断增加，使得农民进城后不再会因为无法获得口粮而无法生存，消除了农村人口向城市流动的一大障碍。最后是户籍制度逐步松动，国家逐渐放松了对农民进城和流动的限制。同时，农村经济体制改革促进了农业劳动生产率的迅猛提高，导致原先隐藏于集体经济制度的农村剩余劳动力得以显现出来并急剧增加，急需向非农产业和城市转移。

随着乡镇企业的异军突起，农村经济结构发生了重大改变，国家开始提倡农民"离土不离乡，进厂不进城"，并逐步放宽了对农民进城的限制（尤其在小城镇）。1984年，国家启动了城市经济体制改革，城市第二、第三产业迅速发展，对劳动力产生了巨大需求。特别是在东南沿海地区，得益于国家的对外开放政策，"三资"企业和"三来一补"企业迅速发展，对劳动力产生了旺盛的需求。同时，城市经济体制改革开始后，国家放宽了对个体经济、私营经济发展的限制，体制外就业空间得以迅速发育和扩大。这些经济变革大大增加了城市所能提供的就业机会，为农村人口大量涌入城市就业提供了必不可少的经济条件。在此背景下，国家开始逐步放松对农村人口进城的限制，使得大量农民在无城市户籍的情况下进入城市就业。为此，1985年7月，公安部颁布了《关于城镇暂住人口管理的暂行规定》，决定对农村进城人口实行"暂住证""寄住证"制度，允许暂住人口在城镇居留。[①] 但与城乡户籍身份相联系的就业、社会保障、教育和居住等方面的城乡分治政策在很大程度上得到了延续。此后这一群体规模日益庞大。农民开始利用已有的改革环境，去冲击城乡隔绝的旧体制和传统的工业化战略，形成年盛一年的农村劳动力异地转移的所谓"民工潮"。据统计，1989年，全国农村外出务工劳动力达到了3000万人。[②]

2. *流动的特征*

这一时期，人口流动的特征主要表现在以下四个方面。

[①] 王海光：《当代中国户籍制度形成与沿革的宏观分析》，《中共党史研究》2003年第4期。
[②] 国务院研究室课题组编《中国农民工调研报告》，中国言实出版社，2006，第3页。

第一，呈现短距离的"离土不离乡"形式。以省内迁移为主，且主要集中在乡镇内。这主要是因为这一时期乡镇企业发展迅速，增速最快时年均增长率达30%。1984年末，乡镇企业有606万家，到1991年，乡镇企业数目达到1900多万家，就业人员0.96亿人，其中就地转移的农村劳动力占转移劳动力总数的60%，异地转移只占40%。[①]

第二，规模增长快。流动人口从1983年的535万人，上升到1992年的1.1亿人，后者大约是前者的21倍。1984~1988年，由于乡镇企业的迅速发展，中国农村劳动力转移数量大量增加，农村劳动力年平均转移率达到2.63%。1984~1988年，乡镇企业吸纳劳动力年均1084万人，乡镇企业职工总数由5208万人激增至9545万人，接近全民所有制单位职工人数（9984万人）。[②]

第三，转移方式以兼业为主。外出打工的农村劳动力绝大多数未放弃原有的承包土地，他们农忙时在家务农，农闲时外出务工。

第四，在人口特征上，男性所占比例明显高于女性，在省际迁移人口中尤为明显。迁移人口年龄多集中在15~30岁，该群体占总体的65%左右。流动的地域选择主要遵循"临近优先"原则。迁入地主要集中在东部沿海各省市，其中广东迁入人口占比最高。迁出地主要集中在四川、湖南、河北等地，其中四川流出人口占比最高。

改革开放以来外出务工的农业转移人口数量如表1-1所示。

表1-1 改革开放以来外出务工的农业转移人口数量

单位：万人

年份	国家统计局调查数据[①]	原农业部调查数据[②]	其他来源数据
1983			200[③]
1989			3000[③]
1993			6200[③]
1995	7000		

---

① 江立华：《农民工的转型与政府的政策选择——基于城乡一体化背景的考察》，中国社会科学出版社，2014，第37页。

② 刘志仁：《关于"民工潮"现象的深层思考——我国农村剩余劳动力流动的现状问题及其对策》，《中国行政管理》2003年第11期。

第一章　农业转移人口进城的历史回顾

续表

年份	国家统计局调查数据①	原农业部调查数据②	其他来源数据
1997			3890.3④
1998			4935.5④
1999			5203.6④
2000	7849		6133.4④
2001	8399	8961	
2002	10470	9430	
2003	11390	9820	
2004	11823	10260	
2005	12578	10824	
2006	13181⑤	11490	
2007		12600	
2008	14041		
2009	14533		
2010	15300		
2011	15863		
2012	16336		
2013	16610		
2014	16821		
2015	16884		
2016	16934		
2017	17185		
2018	17266		
2019	17425		
2020	16959		
2021	17172		

注：①国家统计局每年对全国31个省（区、市）的6.8万个农户和近7100个行政村进行抽样调查，调查口径为本年度在乡镇之外从业1个月以上的农村劳动力。2009年以后统计样本扩大；②原农业部每年通过全国农村固定观察点系统对30个省（区、市）的20084个农户进行两次调查，调查口径为本年度在乡镇之外从业3个月以上的农村劳动力；③该数据来源于《中国农民工调研报告》；④该数据来源原劳动和社会保障部的调查；⑤该数据系第二次全国农业普查数据，与当年抽样调查数据13212万人有0.2%的差异。

(二)"离土又离乡"时期(1992~2001年)

1. 流动的历程

1992年,以邓小平的"南方谈话"和党的"十四大"召开两大事件为标志,中国的改革开放和现代化建设迈入建设社会主义市场经济体制的新阶段。"四小龙"产业的转移,外企、外资的大举进入,东部地区乡镇企业的成功转型,使东南沿海地区经济快速发展,创造了丰富的劳动就业机会。同时,国有企业改革的全面推进,城市民营经济的迅速发展,特别是建筑业和饮食服务业等原来计划经济体制下发展相对薄弱的部门迅速崛起,对劳动力需求大量增加。因此,中西部农村剩余劳动力大量向东部城市和乡镇迁移。根据1995年全国1%人口抽样调查资料,1995年半年以上的跨乡、镇、街道的农业转移人口已经达到7073万人,其中从农村迁出的占60%。

20世纪90年代后期,受亚洲金融危机的影响,我国经济增速回落,就业容量下降。一方面城市人口就业问题逐渐突出,国有企业开始出现大量下岗人员,仅1999年和2000年就有1800万名失业和下岗职工,下岗人员再就业矛盾尖锐。另一方面乡镇企业吸纳就业增幅下降。有关资料显示,1984~1988年,乡镇企业平均每年吸纳农村剩余劳动力1084万人;而1989~1994年,平均每年只吸纳412万人。这种情况意味着,农民继续从农村非农产业的发展中获取就业和收入的难度已越来越大,因而不得不外出,寻找新的空间。[①]尽管国家采取了积极财政政策和新一轮户籍制度改革,"居住证"新政也打开了农业转移劳动力迁入城市居住之门。但在城乡分割体制未消除、经济就业吸纳能力有限的情况下,一些城市为安排国有企业下岗、失业人员就业,采取了更为严格的准入制度。种种原因导致中国农业劳动力转移在总规模不断扩大的同时,速度上出现逐步放慢的趋势。

2. 流动的特征

这一时期,农业劳动力转移主要表现为以下四个方面的特征。

---
① 陈彬文:《农村剩余劳动力转移与农业产业化》,《社会科学研究》1997年第6期。

第一章　农业转移人口进城的历史回顾

第一，外出务工经商取代乡镇企业就业，成为中国农业劳动力流动的主要方式。同上一阶段相比，本阶段劳动力转移不仅规模空前，数量增加到1亿多人，而且跨县及省际的流动比例大大提高，以"离土又离乡"形式为主。省际劳动力转移整体呈现由西向东阶梯状分布。根据国家统计局农村社会经济调查总队的数据，传统意义上的乡镇企业的稳定就业劳动力有所下降，2000年，全国农业劳动力转移人数为11340万人，其中农业转移劳动力在本乡内就业的比例为45.9%，在城镇就业的比例为65.8%。[1]而2000年第五次全国人口普查数据显示，离开户籍所在地半年以上的人口为1.2亿人，其中农业转移劳动力有八九千万人。

第二，农业劳动力转移速度呈现缓慢下降趋势。改革开放以来，我国农业劳动力转移经历了两个高潮期：一是1984~1988年，农村向城市转移劳动力的数量平均每年达到1100万人，年均增长23%；二是1992~1996年，年均新转移农村劳动力超过800万人，年均增长8%。1997年以来，农业转移劳动力数量的增长速度呈逐年下降趋势，1997~2003年平均每年新转移农村劳动力500万人左右，年均增长约4%。[2]

第三，在流向上，跨省迁入和迁出地集中度进一步提高，流入重心向东部沿海和新疆等地偏移。人口净流入呈现"离土又离乡"的特点，东南沿海占比为80%以上，开始形成京津冀、珠三角、长三角和新疆"四大迁入圈"，且浙江、上海和福建净流入人口占比加大。人口净迁出以四川、湖南、安徽、江西和河南为主，占比为70%以上。

第四，亿万农民从田间、乡村进入工厂、城市，用辛勤的劳动推动了工业化、城市化的快速发展。根据2000年第五次全国人口普查资料，农业转移劳动力在第二产业从业人员中占58%，其中在加工制造业从业人员中占68%，在建筑业从业人员中占80%，在第三产业从业人员中占52%。[3]

---

[1] 欧阳慧：《改革开放三十年我国农村劳动力转移政策演变路径》，《经济研究参考》2010年第23期。

[2] 阳俊雄：《当前我国农村劳动力转移面临的主要问题与对策建议》，《调研世界》2004年第5期。

[3] 《国务院研究室发布报告：我国农民工正发生3大转变》，http://www.gov.cn/jrzg/2006-04/16/content_255157_2.htm。

(三)"离土不回乡"时期(2002~2012年)

1. 流动的历程

2001年我国加入世界贸易组织(WTO)后,外贸出口迅猛增长,不仅为纺织、服装、玩具、皮革、家具等劳动密集型产业创造了新的发展机会,而且通过新一轮经济增长,也为服务业提供了新的发展机会,城市就业形势发生根本性的好转。[1]从2004年春天开始,沿海地区甚至一些中西部城市普遍都出现了严重的"民工荒"。各地纷纷取消了针对农业转移人口的各种就业歧视,这使得农业转移人口城市就业的经济和制度环境都大为改善。

从2007年开始,由于国际环境不景气,国内能源、原材料价格上涨,劳动力成本上升以及人民币升值等,珠三角和长三角地区的劳动密集型制造业开始面临一场前所未有的危机,许多企业出现了关停倒闭,一些台资、港资企业还迁往了越南、印尼等劳动力成本更低的国家。进入2008年,全球性金融危机的爆发给中国沿海地区的出口导向型产业带来更沉重的打击,更多的企业陷入了大幅减产、裁员或倒闭的境地。据人力资源和社会保障部课题组的数据,金融危机导致我国企业就业岗位大约减少8%,城镇失业率同比上升0.2个百分点,其中受影响最大的就是农业转移劳动力和城市困难群体。[2]引发了较大规模的农业转移劳动力返乡的"农民工返乡潮"。2010年以后,城市的就业形势很快好转,但是农业转移人口就业的地域结构、行业结构以及总体的供求关系都在发生深刻的调整。

2. 流动的特征

这一时期农业劳动力转移的主要特征有如下四个方面。

第一,从流向看,主要流入地和流出地泾渭分明。东部沿海和新疆等10个省(区、市)为主要流入地,长江以南中西部10个省(区、市)为

---

[1] 王德文、蔡昉、高文书:《全球化与中国国内劳动力流动:新趋势与政策含义》,载国务院研究室课题组编《中国农民工调研报告》,中国言实出版社,2006,第513页。

[2] 人力资源和社会保障部课题组:《中国就业应对国际金融危机研究报告》,《中国劳动》2009年第11期。

主要流出地。流入地开始有所分散,由广东珠三角向长三角和环渤海地区扩展,东部沿海二三线城市对人口吸引力加大。

第二,从流动群体的特征看,"80后""90后"新生代农业转移劳动力所占比重越来越大。他们与第一代相比发生了三大转变,一是受教育水平较高。《第二次全国农业普查报告》显示,农业转移劳动力初中文化程度占70.1%,高中文化程度占8.7%,分别比以前高出8.54个百分点和2个百分点。数据统计显示,初中及以下文化程度的农业转移劳动力由2005年的83.5%下降到2013年的76.3%,高中及以上文化程度的农业转移劳动力由2005年的16.5%上升到2013年的23.7%。其中新生代农业转移劳动力中高中及以上文化程度的占36.4%。[①] 同时,他们接受过职业培训的人员比例不断上升,年轻化、知识化、技能化趋势明显。二是丧失农业劳动技能。新生代农业转移劳动力外出务工平均年龄在降低,他们虽然在户籍上属于农民,但实际上离开学校之后很少参加农业劳动,无法胜任农业生产。三是家乡情结的弱化。新生代农业转移劳动力的思想观念、生活习惯、行为方式已趋于城市化。由此带来三个转变:"从'亦工亦农'向'全职非农'转变;由'城乡双向流动'向'融入城市'转变;由'寻求谋生'向'追求平等'转变"[②]。

第三,21世纪以来,农村劳动力供求关系进入重要转折期,农业转移劳动力数量增长稳中趋缓。2002~2008年,全国外出就业农业转移劳动力数量年均增长595万人,年均增长5%左右,低于20世纪90年代的平均增速(15%),进入稳定增长阶段。[③] 虽然总体上看,农村劳动力仍然富裕,但结构性供求矛盾开始突出,农村劳动力供求关系进入重要转折期,从长期"供过于求"转向"总量过剩、结构短缺",表现在劳动力市场上则外化为熟练技术工人和35岁之下普通工人的"双紧缺",其中普通工人尤为紧缺。

---

① 江立华:《农民工的转型与政府的政策选择——基于城乡一体化背景的考察》,中国社会科学出版社,2014,第42页。
② 《我国农民工工作"十二五"发展规划纲要研究》课题组、韩俊、汪志识、崔传义、何宇鹏:《中国农民工问题总体趋势:观测"十二五"》,《改革》2010年第8期。
③ 国务院发展研究中心课题组:《农民工市民化进程的总体态势与战略取向》,《改革》2011年第5期。

第四，从人口流向区域看，开始向纵深、均衡化方向发展。随着国家区域发展战略和产业结构的调整，西部大开发、中部崛起政策的深入实施，以及沿海地区劳动密集型产业向中西部转移，人口流向的区域进一步扩大。农业转移劳动力的就业地虽然仍以东部地区为主，但省内县市流动比例也明显增加。中西部地区省会城市对省内农业劳动力吸引力加大。

总之，从历史轨迹看，改革开放以来，我国产业结构的调整、经济的持续高速增长，特别是劳动密集型产业的迅速发展，为庞大的农业转移劳动力群体提供了城市就业的机会。而当宏观经济形势陷入低落时，农业转移劳动力的就业处境就会比较困难，有的被迫返回农村。

（四）全面推进市民化时期（2013年至今）

党的十八大以来，中央政府高度重视农业转移人口市民化问题。党的十八大报告正式提出，"加快改革户籍制度，有序推进农业转移人口市民化，努力实现城镇基本公共服务常住人口全覆盖"。党的十八届三中、四中、五中、六中全会就此提出多项改革举措，中央城镇化工作会议、中央城市工作会议做出了专门部署。2014年公布的《国家新型城镇化规划（2014—2020年）》，把有序推进农业转移人口市民化确定为今后一段时期我国新型城镇化建设四大战略任务之首。一系列聚焦农业转移人口市民化问题的政策文件陆续出台实施，如《国务院关于进一步推进户籍制度改革的意见》（国发〔2014〕25号）、《国务院关于深入推进新型城镇化建设的若干意见》（国发〔2016〕8号）、《国务院关于实施支持农业转移人口市民化若干财政政策的通知》（国发〔2016〕44号）、《国务院办公厅关于印发推动1亿非户籍人口在城市落户方案的通知》（国办发〔2016〕72号）、《国土资源部　发展改革委　公安部　人力资源社会保障部　住房城乡建设部关于印发〈关于建立城镇建设用地增加规模同吸纳农业转移人口落户数量挂钩机制的实施意见〉的通知》（国土资发〔2016〕123号）等，为推进农业转移人口市民化明确了路线图和工作指引。2017年，习近平总书记在党的十九大报告中指出："以城市群为主体构建大中小城市和小城镇协调发展的城镇格局，加快农业转移人口市民化"。① 2022 年，习近平总书记在党的二十大报告中强调，推进以人为核心的新型城镇化，加快农业转移人口市民化。② 以人为核心，道出了城镇化的根本；农业转移人口市民化，强调了新型城镇化从量到质的转变。人们从乡村走向城镇，根本上是为了追求美好生活。

"十三五"时期，中国城镇化水平持续快速提高。城市数量达 687 个，城市建成区面积达 6.1 万平方公里。③ 2020 年，我国常住人口城镇化率达 63.89%（见表 1-2），户籍人口城镇化率为 45.40%，分别比 2015 年末提升了 7.79 和 5.5 个百分点。城镇常住人口规模稳步提升，从 2015 年末的 7.71 亿人增加到 2020 年末的 9.02 亿人，④ 平均每年新增城镇人口约 2620 多万人。但户籍人口城镇化水平的增速呈现逐年下降的趋势。

表 1-2 "十三五"时期我国常住人口城镇化率

地区	常住人口城镇化率（%）					
	2015 年	2016 年	2017 年	2018 年	2019 年	2020 年
全国	56.10	57.35	58.52	59.58	60.60	63.89
东部地区	64.75	65.94	66.95	67.70	68.42	70.70
中部地区	51.24	52.77	54.29	55.57	56.77	59.00
西部地区	48.74	50.19	51.65	52.93	54.09	57.30
东部-中部（百分点）	13.51	13.17	12.66	12.13	11.65	11.70
东部-西部（百分点）	16.01	15.75	15.30	14.77	14.33	13.40

资料来源：根据各年度《中国统计年鉴》和国家统计局网站相关数据计算。

"十三五"时期，国家先后制定实施了京津冀、长三角、珠三角、哈长、辽中南、山西中部、山东半岛、中原、长江中游、海峡西岸、北部

---

① 《习近平：决胜全面建成小康社会 夺取新时代中国特色社会主义伟大胜利——在中国共产党第十九次全国代表大会上的报告》，https://www.gov.cn/zhuanti/2017-10/27/content_5234876.htm。
② 《习近平：高举中国特色社会主义伟大旗帜 为全面建设社会主义现代化国家而团结奋斗——在中国共产党第二十次全国代表大会上的报告》，https://www.gov.cn/xinwen/2022-10/25/content_5721685.htm。
③ 訾谦：《努力实现全体人民住有所居》，《光明日报》2021 年 9 月 1 日，第 10 版。
④ 《第七次全国人口普查公报（第七号）》，https://www.gov.cn/xinwen/2021-05/11/content_5605791.htm；《2015 年国民经济和社会发展统计公报》，https://www.gov.cn/xinwen/2016-02/29/content_5047274.htm。

湾、呼包鄂榆、宁夏沿黄、兰西、关中平原、成渝、黔中、滇中、天山北坡等19个城市群发展规划，划定了城市群范围、明确了发展重点，并建立相关协作机制，再加上新疆喀什和西藏拉萨城市圈，"19+2"的城市群格局基本形成并稳步发展。

2016年，国务院印发《关于实施支持农业转移人口市民化若干财政政策的通知》和《居住证暂行条例》（2015年国务院法制办公室发布，2016年1月1日实施），全国31个省（区、市）均出台了户籍制度改革实施意见，普遍放宽农业转移人口进城落户条件，进城农业转移人口在城镇定居意愿提高。随着顶层设计基本完成，户籍、财政、土地等配套支持政策逐步到位，改革成效初步显现。[①] 到2022年末，全国常住人口城镇化率达到65.22%，"居住证"制度稳步实施，基本公共服务覆盖范围和均等化水平显著提高。农业转移人口随迁子女平等接受教育的权利更有保障，2019年，1400多万农业转移人口随迁子女实现"两免一补"资金和生均公用经费可携带，接受义务教育的随迁子女达22.40万人，比2013年增长55倍。[②] 2021年，全国义务教育阶段随迁子女在公办学校就读、享受政府购买民办学校学位服务的占比达到90.90%。[③] 农业转移人口住房条件持续改善，截至2020年6月，包括农业转移人口在内的891万名稳定就业外来务工人员享受了公租房保障。[④] 农业转移人口购房比逐年提升，在城市的归属感持续增强。

但是，我们也要看到，推进农业转移人口市民化的任务依然艰巨。自2015年以来，我国户籍人口城镇化率与常住人口城镇化率的差距稳定在16.20个百分点左右，二者一直呈现等速推进态势，差距尚未缩小（见图1-1）。根据国家统计局公布的《2021年农民工监测调查报告》，2021年末，我国在城镇居住的进城农民工达到1.33亿人。大量农业转移人口虽然

[①] 魏后凯、李玏、年猛："'十四五'时期中国城镇化战略与政策"，《中共中央党校（国家行政学院）学报》2020年第4期。
[②] 《全国994位优秀农民工受到表彰》，https://m.gmw.cn/baijia/2021-01/07/34524000.html。
[③] 《9成义务教育随迁子女在公办校就读或享受政府购买民办学位》，https://www.moe.gov.cn/fbh/live/2022/54598/mtbd/202206/t20220622_639785.html。
[④] 《住房和城乡建设部农民工工作相关情况》，http://www.mohrss.gov.cn/wap/xw/rsxw/202101/t20210105_407195.html。

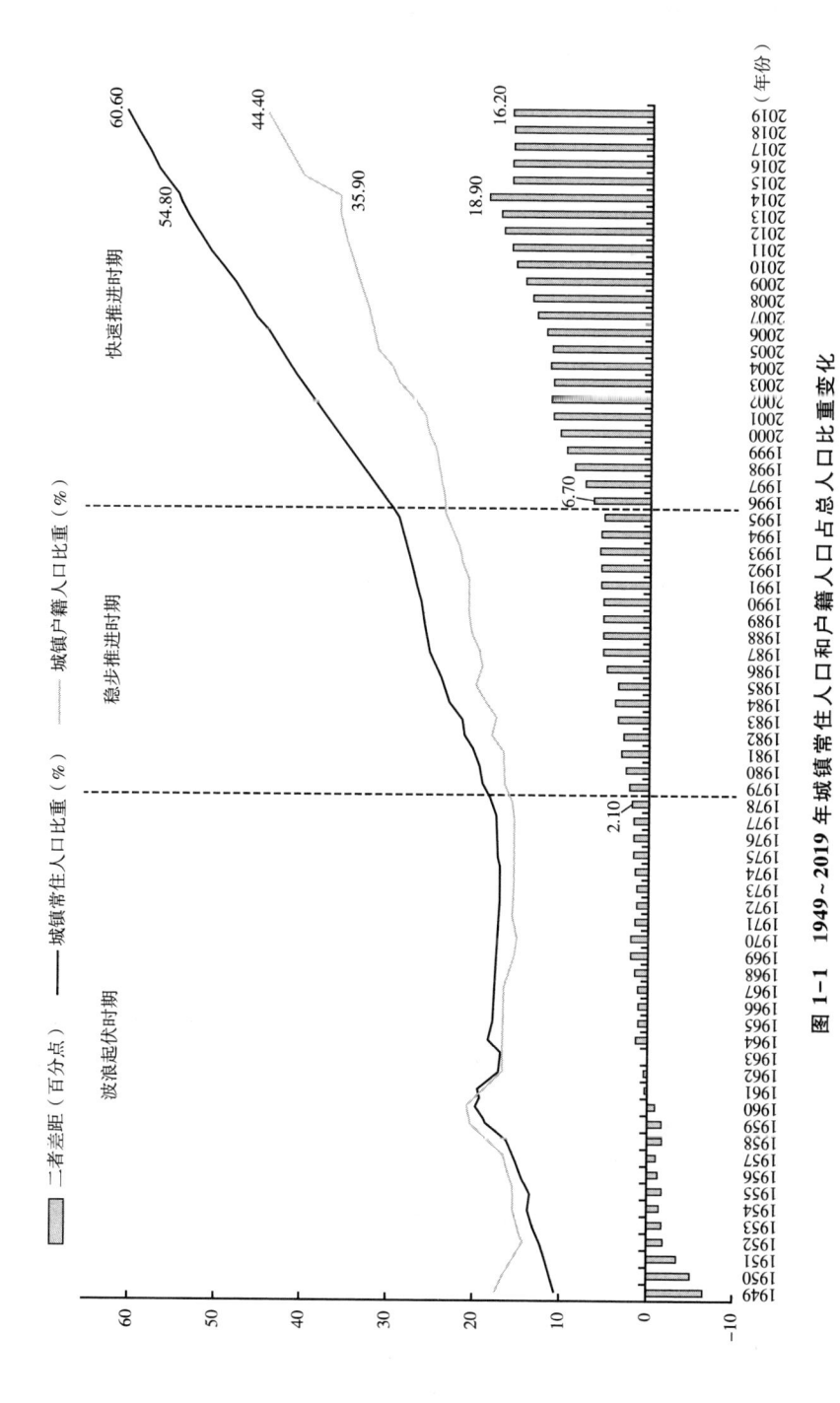

第一章　农业转移人口进城的历史回顾

图 1-1　1949~2019 年城镇常住人口和户籍人口占总人口比重变化

资料来源：根据《中国人口统计年鉴》和历年《国民经济与社会发展统计公报》绘制。

被统计为城镇常住人口,实际上却难以完全享受与城镇居民同等的待遇,城市内部二元结构还十分严重。

二 社会转型与政府的农业转移人口政策选择

改革开放以后,随着人口流动规模的不断扩大,政府开始关注农业转移人口问题,并强调对其进行管理。随着农业转移人口问题成为"总体性社会事实",对社会各个领域、各个层面产生辐射作用并造成广泛影响,政府管理的理念和方式方法也在不断发生变化。21世纪初以前在管理上大致可以分为以下两个时期。

(一) 防范型管理 (1978~2001年)

1978年以后,随着城市和农村经济体制改革不断深入,城乡严格分割的户籍、行政管辖政策有所松动,政府允许农民自理口粮进入城镇务工经商,商品要素市场也得到迅速发展,促进了农业转移劳动力队伍的壮大,"劳动力移民"问题开始引起社会的广泛关注,政府开始实施干预,严格禁止农业转移劳动力跨地域盲目流动。具体政策措施主要有以下几个方面。

一是积极动员准备外出异地流动的农民按照国家的积极政策,坚持就地转移就业。1980年8月全国劳动就业工作会议后,中共中央、国务院联合下发了《关于进一步做好城镇劳动就业工作的意见》,"一方面解开了对城镇职工流动的禁锢,一方面加强了对农村劳动力流动的限制"。1981年10月17日,中共中央、国务院又联合下发了《关于广开门路,搞活经济,解决城镇就业问题的若干决定》,"对农村多余劳动力通过发展多种经营和兴办社队企业,就地适当安置,不使其涌入城镇。对于农村人口、劳动力迁进城镇,应当按照政策从严掌握。农村人口迁入城镇的要严格履行审批手续,公安、粮食、劳动等部门要分工合作把好关,不要政出多门。要严格控制使用农村劳动力,继续清退来自农村的计划外用工"。[①] 二是到车

---

① 江立华:《农民工的转型与政府的政策选择——基于城乡一体化背景的考察》,中国社会科学出版社,2014,第44页。

站、码头等现场劝阻外出异地寻找工作的农民。二是在国有企事业单位清理临时工,对盲目流动的农民实行收容遣送。1981年12月30日,国务院下发了《关于严格控制农村劳动力进城做工和农业人口转为非农业人口的通知》,该通知要求,严格控制从农村招工;认真清理企业、事业单位使用的农村劳动力;加强户口和粮食管理。这些措施的实施通常采取铁路与地方政府条块结合、流入地与流出地政府结合以及跨地域合作的方式进行。①

1984年中央1号文件明确"允许务工、经商、办服务业的农民自理口粮到集镇落户"②。1984年10月,国务院发布《关于农民进入集镇落户问题的通知》,要求各地落实允许在集镇务工、经商、办服务业的农民和家属在集镇落户的政策。1985年中央1号文件《中共中央、国务院关于进一步活跃农村经济的十项政策》规定:允许农民进城开店设坊,兴办服务业,提供各种劳务。③ 这一政策上的松动是对自1958年以来严格限制农民进城的一次伟大突破,是农村劳动力流动政策变动的一个重要标志,它表明20多年的城乡人口流动就业管理制度开始松动。在此之后,在农民的流动问题上,国家开始实行有条件控制的基本政策。1987年,中共中央政治局通过《把农村改革引向深入》这一文件,进一步提出,"调整产业结构,促进农业劳动力转移"④。

1985年以后,在农民的流动问题上,国家开始实行有条件控制的基本政策。

一是设置流动门槛。对可以允许农业转移人口跨地域流动就业的地区、行业与时间做出规定,禁止农业转移人口在政策范围外盲目流动,如大城市、轻松与体面的劳务(如电梯操作工)以及春节前后的1个月左右

---

① 《国务院办公厅关于严格控制民工外出的紧急通知》(1989年3月2日),《民政部、公安部关于进一步做好控制民工盲目外流的通知》(1989年4月10日),《国务院批转人口普查领导小组、公安部关于在第四次全国人口普查前进行户口整顿工作报告的通知》(1989年12月8日)。转引自宋洪远等编著《改革以来中国农业和农村经济政策的演变》,中国经济出版社,2000,第366页;劳动和社会保障部2000年2月13日发布的《关于切实做好春节后控制民工盲目外出的紧急通知》。
② 中共中央文献研究室编《十一届三中全会以来重要文献选读》,人民出版社,1987,第811页。
③ 中共中央文献研究室编《十一届三中全会以来重要文献选读》,人民出版社,1987,第811页。
④ 国家工商行政管理局个体经济司:《个体工产业政策法规汇编》,经济科学出版社,1987,第459页。

是基本不欢迎农民工的。① 此外，在政策执行中，各地还有具体的招工条件限制，如要求流动人员具有初中及以上的文化程度、身体健康，且必须是适龄劳动人口。

二是规范流动行为。1985年7月13日，公安部颁布了《关于城镇暂住人口管理的暂行规定》，加强对农业转移人口的管理，规定对农业转移人口实行"暂住证""寄住证"制度，允许暂住人口在城镇居留，这些规定对《中华人民共和国户口登记条例》中关于超过三个月以上的暂住人口要办理迁移手续或动员其返回常住地的条款做了实质性的变动。在实践中各地还制定了具体的措施，主要是对农业转移人口的流动行为进行包括"暂住证""婚育证""外出务工证""身份证"等在内的证件管理。② 对证件不全者或无证人员，采取罚款、补办证件或强制遣送等措施。

三是控制盲目流动。1990年4月先后出台了《国务院关于做好劳动就业工作的通知》及国家计委等部门的《关于"农转非"政策管理工作分工意见的报告》等政策规定，提出对农村富余劳动力，要引导他们"离土不离乡"，就地消化和转移，防止出现大量农村劳动力盲目进城找活干的局面；对农村劳动力进城务工，要实行有效控制，严格管理；要建立"临时务工许可证"和就业登记制度。10月，国务院下发了《关于严格控制"农转非"过快增长的通知》，该通知指出，要加强对"农转非"的宏观管理，使其增长的速度和规模与国民经济的发展相适应。把"农转非"纳入国民经济与社会发展计划，实行计划管理要严格执行国家规定的各项"农转非"政策。

在邓小平南方谈话的推动下，中国的经济体制改革重上轨道。随着外出务工逐步取代乡镇企业就业（就近转移），成为农村劳动力转移的主流方式，在市场力量和农民工等多种因素的共同作用下，国家对农村劳动力转移的政策发生了积极的变化，已"从控制盲目流动过渡到力求利用经济、法律和行政手段将农民流动纳入行政规范管理阶段"③。其总的特点是

---

① 魏津生、盛朗、陶鹰主编《中国流动人口研究》，人民出版社，2002，第144页。
② 温锐、游海华：《劳动力的流动与农村社会经济变迁》，中国社会科学出版社，2001，第296页。
③ 江立华：《农民工的转型与政府的政策选择——基于城乡一体化背景的考察》，中国社会科学出版社，2014，第50页。

第一章　农业转移人口进城的历史回顾

"积极鼓励、规范流动"。政策的基本点如下。

第一，承认流动、接受流动。1993年11月3日，劳动部下发了《关于印发〈再就业工程〉和〈农村劳动力跨地区流动有序化——"城乡协调就业计划"第一期工程〉的通知》，提出要实现主要输入、输出地区间的农村劳动力流动就业有序化，即输出有组织，输入有管理，流动有服务，调控有手段，应急有措施。同年11月，党的十四届三中全会通过了《中共中央关于建立社会主义市场经济体制若干问题的决定》，该决定指出，允许农民进入小城镇务工经商，发展农村第三产业，同时要发展劳动力市场，鼓励剩余劳动力转移并在地区间有序流动。1997年6月，国务院批转公安部《小城镇户籍管理制度改革试点方案》，根据此方案，已在小城镇就业、居住、并符合一定条件的农村人口，可以在小城镇办理城镇常住户口。1998年8月，国务院批转公安部《关于当前户籍管理中几个突出问题的意见》，主要规定：实行婴儿落户随父随母志愿的政策；放宽解决夫妻分居问题的户口政策；投靠子女的老人可以在城市落户；在城市投资、兴办实业、购买商品房的公民及其共同居住的直系亲属，符合一定条件可以落户。2000年1月10日，劳动和社会保障部办公厅下发了《关于印发做好农村富余劳动力流动就业工作的意见》，提出要促进劳务输出产业化，发展和促进跨地区的劳务协作，开展流动就业专项监察，保障流动就业者合法权益。国务院清理和取缔了不少对外来人口的收费项目。2001年3月，国务院正式批准公安部《关于推进小城镇户籍管理制度改革的意见》，规定已在小城镇就业和居住，并符合一定条件的农村人口，可以在小城镇办理城镇常住户口。

第二，流动的方式上"反对无序失控的流动，要求多部门携手，采取多方面措施，加以引导、调控"[1]。1994年11月17日，劳动部颁布《农村劳动力跨省流动就业管理暂行规定》，这是我国第一个关于农村劳动力跨地区流动就业的规范性文件，提出了"实施以就业证卡管理为中心的农村劳动力跨地区流动就业制度"[2]。一些沿海地区的城市政府还相继实行人口

---

[1] 江立华：《农民工的转型与政府的政策选择——基于城乡一体化背景的考察》，中国社会科学出版社，2014，第51页。
[2] 陈锡文、韩俊：《促进农村富余劳动力有序转移》，《开放导报》2002年第6期。

总量控制、行业和工种限制的地方政策。1995年9月，中共中央办公厅、国务院办公厅联合转发了《中央社会治安综合治理委员会关于加强流动人口管理工作的意见》，对流动人口管制工作进行全面部署。该意见指出，要促进农村剩余劳动力就地就近转移；提高流动的组织化、有序化程度；实行统一的流动人口"就业证"和"暂住证"制度；整顿劳动力市场。同年，在厦门召开的全国流动人口管理工作会议确定了"因势利导，宏观控制，加强管理，兴利除弊"的人口流动指导思想。1997年11月25日，国务院办公厅转发了劳动部等部门《关于进一步做好组织民工有序流动工作的意见》，提出鼓励和引导农村剩余劳动力就地就近转移；加强劳动力市场建设，把民工流动的管理服务工作纳入经常化、制度化轨道；把组织民工有序流动工作落到实处。2001年3月15日，第九届全国人民代表大会第四次会议批准通过了《中华人民共和国国民经济和社会发展第十个五年计划纲要》，提出了"打破城乡分割体制，逐步建立市场经济体制下的新型城乡关系。改革城镇户籍制度，形成城乡人口有序流动的机制。取消对农村劳动力进入城镇就业的不合理限制，引导农村富余劳动力在城乡、地区间的有序流动"。

第三，流动的方向上，提倡就地、就近和小城镇流动。[①] 从1992年开始，社会各界关于户籍制度改革的呼声日益强烈，如1992年第七届全国人民代表大会第五次会议上，32名人大代表联名向大会提交了《关于改革"农转非"政策的议案》；1993年的第八届全国人民代表大会第一次会议上也有多位人大代表提出了类似的改革议案。[②] 此后，二元户籍制度的改革工作在我国缓慢推开，户籍制度的逐步松动，降低了农民进城的门槛，有利于农民的自由流动，农民大规模进城务工经商的时代到来了。《国务院批转公安部小城镇户籍管理制度改革试点方案和关于完善农村户籍管理制度意见的通知》允许已经在小城镇就业、居住并符合一定条件的农村人口在小城镇办理城镇常住户口，以促进农村剩余劳动力就近、有序地向小

[①] 卢迈、赵树凯、白南生：《中国农村劳动力流动的回顾与展望》，载马洪、王梦奎主编《中国发展研究——国务院发展研究中心研究报告选2002版》，中国发展出版社，2002，第554~572页。

[②] 殷志静、郁奇虹：《中国户籍制度改革》，中国政法大学出版社，1996，第55~60页。

城镇转移。经批准在小城镇落户的人员,与当地原有居民享有同等待遇。2001年3月,国务院批转了公安部《关于推进小城镇户籍管理制度改革的意见》,规定在县级市市区、县人民政府驻地镇及建制镇,只要有"合法固定的住所、稳定的职业或生活来源的人员及与其共同居住生活的直系亲属,均可根据本人意愿办理城镇常住户口";要求各地区和部门要通过改革小城镇户籍管理制度,引导农村人口向小城镇有序转移,加快农村富余劳动力的转移。① 同年,清理整顿对农民工的收费,除证书工本费外,行政事业性收费一律取消。

这一阶段的农民工政策如表1-3所示。

表1-3 这一阶段的农民工政策

发布时间	文件名称	政策要点
1979年6月	《国务院批转公安部、粮食部关于严格控制农业人口转为非农业人口的意见的报告》(国发〔1979〕162号)	继续贯彻从严控制城镇人口的方针,对于干部、职工在农村的家属子女,应当说服他们继续待在农村,各级公安机要切实加强对农业人口迁入城镇的控制工作,粮食部门要坚决制止不按政策规定把集体所有制单位的农业人口就地转为非农业人口,对于不符合城镇入户条件或不应转为非农业人口的要限期把户口、粮食关系退回去
1980年8月	《中共中央、国务院关于进一步做好城镇劳动就业工作的意见》	对农业剩余劳动力,要采取发展社队企业和城乡联办企业等办法加以吸收,并逐步建设新的小城镇。要控制农业人口盲目流入大中城市,控制吃商品粮人口的增加。要压缩、清退来自农村的计划外用工。确需从农村中招工的,要从严控制,须经省(区、市)人民政府批准
1980年9月	《关于解决部分专业技术干部的农村家属迁往城镇由国家供应粮食问题的规定》[〔80〕公发(治)146号]	对于高级专业技术干部,年龄在40岁以上、工龄在20年以上的中级专业技术干部,有重大发明创造、在科研技术以及专业工作上有特殊贡献的专业技术干部在农村的家属给予"农转非"照顾,不占公安部正常审批的控制指标

---

① 《国务院批转公安部关于推进小城镇户籍管理制度改革意见的通知》,http://www.gov.cn/zhengce/content/2016-09/22/content_5110816.htm。

续表

发布时间	文件名称	政策要点
1981年10月	《关于广开门路,搞活经济,解决城镇就业问题的若干决定》(中发〔1981〕42号文件)	对农村多余劳动力通过发展多种经营和兴办社队企业,就地适当安置,不使其涌入城镇。对于农村人口、劳动力迁进城镇,应当按照政策从严掌握。农村人口迁入城镇的要严格履行审批手续,公安、粮食、劳动等部门要分工合作把好关,不要政出多门。要严格控制使用农村劳动力,继续清退来自农村的计划外用工
1981年12月	《国务院关于严格控制农村劳动力进城做工和农业人口转为非农业人口的通知》(国发〔1981〕181号)	严格控制从农村招工;认真清理企业、事业单位使用的农村劳动力;加强户口和粮食管理
1983年4月	《国务院关于城镇劳动者合作经营的若干规定》(国发〔1983〕64号文件)	为了建设小集镇,农村户口的人员也可以申请在集镇从事合作经营,但不得改变其农村户籍,国家不供应口粮
1984年1月	《中共中央关于1984年农村工作的通知》	允许务工、经商、办服务业的农民自理口粮到集镇落户
1984年10月	《国务院关于农民进入集镇落户问题的通知》(国发〔1984〕141号)	农民进入集镇务工、经商、办服务业,对促进集镇的发展,繁荣城乡经济,具有重要的作用,对此应积极支持
1985年1月	《中共中央、国务院关于进一步活跃农村经济的十项政策》	要扩大城乡经济交往……允许农民进城开店设坊,兴办服务业,提供各种劳务,城市要在用地和服务设施方面提供便利条件
1985年7月	《公安部关于城镇暂住人口管理的暂行规定》(〔1985〕公发47号)	留宿暂住人口的单位和居民,要严格执行户口登记条例的规定,做到来人登记、走人注销,公安派出所应进行严密管理
1986年7月	《国营企业招用工人暂行规定》(国发〔1986〕77号)	企业招用工人,应当公布招工简章,符合报考条件的城镇行业人员和国家允许从农村招用的人员,均可报考
1988年7月	《劳动部、国务院贫困地区经济开发领导小组关于加强贫困地区劳动力资源开发工作的通知》(劳力字〔1988〕2号)	将大力组织劳务输出,作为贫困地区劳动力资源开发的重点。按照"东西联合,城乡结合,定点挂钩,长期协作"的原则,组织劳动力跨地区流动。沿海经济发达地区、大中城市的劳动部门要有计划地从贫困地区吸收劳动力,要动员和组织国营企业招用一部分贫困地区的劳动力;鼓励和支持大中型企业与贫困地区建立挂钩联系,共同创办劳务基地,发展长期劳务合作

第一章 农业转移人口进城的历史回顾

续表

发布时间	文件名称	政策要点
1989年3月	《国务院办公厅关于严格控制民工外出的紧急通知》	各地政府采取有效措施严格控制当地农民工外出
1989年4月	《民政部、公安部关于进一步做好控制民工盲目外流的通知》（民电〔1989〕124号）	要求国务院转告四川省、江苏省、浙江省、河南省、山东省人民政府继续做好外流民工的劝阻工作，采取有效措施，严格控制当地民工盲目外流
1989年10月	《国务院关于严格控制"农转非"过快增长的通知》（国办发〔1989〕76号）	加强对"农转非"的宏观管理，把"农转非"纳入国民经济与社会发展计划，实行计划管理，要严格执行国家规定的各项"农转非"政策；对"农转非"实行计划指标与政策规定相结合的控制办法
1990年4月	《国务院关于做好劳动就业工作的通知》（国发〔1990〕28号）	对农村富余劳动力，要引导他们"离土不离乡"，发展林牧副渔业，办好乡镇企业，开展服务业，搞好农村建设，就地消化和转移，防止出现大量农村劳动力盲目进城找活干的局面。对农村劳动力进城务工，要运用法律、行政、经济手段实行有效控制，严格管理。确定一个时期内城市使用农村劳动力的规划，由劳动部门本着从严的精神负责统一审批，并建立"临时务工许可证"和就业登记制度，加强对单位用工的监督检查。对现有计划外用工，要按照国家政策做好清退工作，重点清退来自农村的计划外用工。要严格控制"农转非"过快增长，把"农转非"纳入国民经济与社会发展规划，实行计划指标管理，认真按照国家有关政策规定审批。对自行规定政策或放宽条件、扩大"农转非"范围的，要进行清理整顿
1990年7月	《国务院办公厅转发国家计委等部门关于"农转非"政策管理工作分工意见报告的通知》（国办发〔1990〕45号）	要求国务院各行业主管部门按照1989年10月31日的通知精神，负责对涉及本行业的"农转非"政策问题进行把关，并提出了对劳动部、人事部、财政部、国家计委、公安部、商业部等各部门在"农转非"政策中的分工工作要求
1991年2月	《国务院办公厅关于劝阻民工盲目去广东的通知》（国办发明电〔1991〕7号）	各级人民政府要从严或暂停办理民工外出务工手续。回乡过节民工，如没有签订续聘合同，要劝阻其不要再盲目进粤寻找工作。返回工作岗位履约的民工，不要盲目带人到广东。对大量南下在途的民工，有关地区各级人民政府要组织力量，切实采取措施，就地进行劝阻，并及时通报广东省人民政府

续表

发布时间	文件名称	政策要点
1991年7月	《全民所有制企业招用农民合同制工人的规定》(国务院令第87号)	企业招用农民工应当遵循就地就近和选择群众生活困难、劳动力富余的地区招收的原则,需要跨省、自治区、直辖市招收的,须经有关各方的省级劳动行政主管部门批准。农民工在企业工作期间,与所在企业其他职工享有同等的权利。农民工不转户粮关系。企业招用农民工,应该直接与农民工本人签订劳动合同
1991年10月	《民政部关于进一步做好劝阻劝返外流灾民工作的通知》(民事函〔1991〕322号)	灾民流出区和灾民流入区,要综合运用行政、经济和法律手段,做好防止灾民外流和劝阻劝返外流灾民工作,把灾民外流给社会带来的影响减少到最低限度。对灾区外流灾民,当地一律不得发给救灾款物;对乱开证明、纵容外流的,所属上级部门应追究其责任。要把长期盲流同外流灾民区别开来,对前者,应坚决收容遣送;对后者应讲究方式方法,以免激化矛盾
1993年11月	《劳动部关于印发〈再就业工程〉和〈农村劳动力跨地区流动有序化——"城乡协调就业计划"第一期工程〉的通知》(劳部发〔1993〕290号)	要实现主要输入、输出地区间的农村劳动力流动就业有序化,即输出有组织,输入有管理,流动有服务,调控有手段,应急有措施。应建立针对农村劳动力流动就业的用工管理、监察、权益保障、管理服务基本制度,发展各种服务组织,完善信息网络和监测手段,强化区域协作和部门配合
1993年11月	《中共中央关于建立社会主义市场经济体制若干问题的决定》	明确规定要鼓励和引导农村剩余劳动力逐步向非农产业转移和在地区间有序流动
1993年12月	《劳动部关于建立社会主义市场经济体制时期劳动体制改革总体设想》(劳部发〔1993〕411号)	提出培育和发展劳动力市场的目标模式,是建立竞争公平、运行有序、调控有力、服务完善的现代劳动力市场。竞争公平,要打破统包统配的就业政策,破除妨碍劳动力在不同所有制之间流动的身份界限,劳动者自主择业、自主流动,企业自主用人,劳动力供求主体之间通过公平竞争、双向选择确立劳动关系
1994年11月	《农村劳动力跨省流动就业管理暂行规定》(劳部发〔1994〕458号)	被用人单位跨省招收的农村劳动者,外出之前,须持"身份证"和其他必要的证明,在本人户口所在地的劳动就业服务机构进行登记并领取外出人员就业登记卡;到达用人单位后,须凭跨省就业登记卡领取当地劳动部门颁发的"外来人员就业证";证、卡合一生效,简称"流动就业证",作为流动就业的有效证件

第一章　农业转移人口进城的历史回顾

续表

发布时间	文件名称	政策要点
1995年9月	《中共中央办公厅、国务院办公厅关于转发〈中央社会治安综合治理委员会关于加强流动人口管理工作的意见〉的通知》（国计生政〔1995〕第26号）	提出作为流动人口主体的农村剩余劳动力的流动，在很大程度上仍然处于盲目无序状态，要控制流动规模，促进农村剩余劳动力就地就近转移；实行统一的流动人口就业证和暂住证制度。农民工要有政府部门办的"外出人员就业登记卡""外出人员就业证"，证、卡合一，加上"暂住证"作为流动就业的有效证件。对外来人员聚居区，及时进行清理整顿。积极做好盲流人员的遣送安置工作
1997年6月	《国务院批转公安部小城镇户籍管理制度改革试点方案和关于完善农村户籍管理制度意见的通知》（国发〔1997〕20号）	应当适时进行户籍管理制度改革，允许已经在小城镇就业、居住并符合一定条件的农村人口在小城镇办理城镇常住户口，以促进农村剩余劳动力就近、有序地向小城镇转移。经批准在小城镇落户的人员，与当地原有居民享有同等待遇。当地人民政府及有关部门、单位应当同对待当地原有居民一样，对他们的入学、就业、粮油供应、社会保障等一视同仁。对在小城镇落户的人员，各地方、各部门均不得收取城镇增容费或者类似增容费的费用
1997年11月	《国务院办公厅转发劳动部等部门关于进一步做好组织民工有序流动工作意见的通知》（国办发〔1997〕42号）	加快劳动力市场建设，建立健全劳动力市场规则，明确劳动力供求双方、中介服务以及市场管理的行为规范。劳动部门要按照统一、开放、竞争、有序的原则，制定劳动力市场发展规划，会同有关部门切实加强对劳务中介服务组织的管理和指导，通过加强法律、行政、社会舆论监督等手段强化市场监管，坚决打击市场欺诈、非法职业介绍、牟取暴利等违法行为，维护劳动力市场的正常秩序
1998年10月	《国务院办公厅转发劳动保障等部门关于做好灾区农村劳动力就地安置和组织民工有序流动工作意见的通知》（国办发〔1998〕138号）	对灾区农村劳动力应以就地安置为主，在此前提下，引导有序流动；应开展有计划、有组织的劳务输出：制订劳务输出计划，劝阻劝返，加强市场管理；优先招收灾区劳动力；动态预测和通报
2000年1月	《劳动和社会保障部办公厅关于印发做好农村富余劳动力流动就业工作意见的通知》（劳社厅发〔2000〕3号）	促进劳务输出产业化；发展和促进跨地区的劳务协作；开展流动就业专项监察，保障流动就业者合法权益

续表

发布时间	文件名称	政策要点
2000年7月	《劳动和社会保障部、国家发展计划委员会、农业部、科技部等七部门关于进一步开展农村劳动力开发就业试点工作的通知》（劳社部发〔2000〕15号）	试行城乡统筹就业，大力组织转移培训，推进西部开发就业，鼓励扶持返乡创业。提出了改革城乡分割体制的基本思路，取消了一些对农民进城就业的不合理限制，并且开始积极主动地实施对迁移农民的职业培训
2001年3月	《中华人民共和国国民经济和社会发展第十个五年计划纲要》	提高城镇化水平，转移农村人口。打破城乡分割体制，逐步建立市场经济体制下的新型城乡关系，改革城镇户籍制度，形成城乡人口有序流动的机制，取消对农村劳动力进入城镇就业的不合理限制，引导农村富余劳动力在城乡、地区间有序流动。坚持城乡统筹的改革方向，推动城乡劳动力市场逐步一体化
2001年3月	《国务院批准公安部关于推进小城镇户籍管理制度改革意见的通知》（国发〔2001〕6号）	凡在小城镇有合法固定的住所、稳定的职业或生活来源的人员及其共同居住生活的直系亲属，均可根据本人意愿办理城镇常住户口。各地区和部门要通过改革小城镇户籍管理制度，引导农村人口向小城镇有序转移，加快农村富余劳动力的转移，带动农村经济和社会全面发展，促进小城镇健康发展，加快我国城镇化进程
2001年5月	《国家计委关于印发国民经济和社会发展第十个五年计划城镇化发展重点专项规划的通知》（计规划〔2001〕708号）	既要促进人口向城镇有序转移，又要防止人口过度聚集的"城市病"……要形成人口和生产要素在城乡间有序流动的机制，实现城乡经济社会共同进步。打破垄断和地区保护，除个别特大城市外，要改革城乡分割的就业制度，取消各地区针对农民和外地人口制定的限制性就业政策。积极开展面向城镇迁入人口的各类社会服务。高度重视为迁入人口提供创业、就业、生活等方面的条件。中心城市要建立劳动力市场信息网络，提供求职和用人等方面的就业服务。在住房、子女教育、医疗等方面，对进城务工的农民提供普遍服务。加强实施城镇化战略意义的舆论宣传，在城市中形成接纳新市民的社会氛围，促进进城农民与城市社会的融合
2001年11月	《国家计委、财政部关于全面清理整顿外出或外来务工人员收费的通知》（计价格〔2001〕2220号）	除证书工本费外，暂住费、暂住（流动）人口管理费、计划生育管理费、城市增容费、劳动力调节费、外出务工经商人员管理服务费、外地（外省）建筑（施工）企业管理费等行政事业性收费一律取消。证书工本费收费标准每证最高不得超过5元

(二) 保障权益 (2002~2012年)

进入21世纪以后，国家开始从城乡统筹发展的高度来思考农业转移劳动力的就业问题，就业政策发生了积极变化。这些变化有两个主要特点：一是突出强调城乡统筹就业；二是积极推进相关方面的配套改革。其目的就是为劳动力移民在就业、保障、户籍、教育、住房、卫生、小城镇建设等多个方面提供制度性保障。自2001年10月1日起，我国开始以2万多个小城镇为重点推行户籍制度改革，实施范围主要限于县级市市区、县人民政府驻地镇及其他乡镇所在地，而且必须是在上述范围内有"合法固定住所"和"稳定职业或生活来源"的人员及其共同居住生活的直系亲属，才可根据本人意愿办理城镇常住户口。各级相继推出各项配套改革措施，保障农业转移劳动力在小城镇就业、社会保障、户籍管理、子女教育、住房和医疗卫生等方面的合法权益。这标志着制约中国农民向城市移民的，有近50年之久历史的户籍制度开始走向解体。与此同时，石家庄市在全国省会城市中率先宣布全面"拆除"户籍"藩篱"，紧接着，许多大中城市纷纷效仿。

在流动人口的管理与服务方面，党的十六大以后发生了质的变化。2002年，党的十六大报告明确提出："农村富余劳动力向非农产业和城镇转移，是工业化和现代化的必然趋势。"[①] 这表明国家对农业转移人口的认识发生了明显变化、政府的社会政策开始调整。强调要坚持以人为本的科学发展观，实行城乡统筹，保护农业转移人口的利益，逐步解决农民入城的问题。[②]

2003年1月，国务院办公厅下发《国务院办公厅关于做好农民进城务工就业管理和服务工作的通知》（国办发〔2003〕1号），要求各省（区、市）对待农民工应与本市居民一视同仁，取消种种带有歧视性的规定，将农民工纳入保险范围；明确流入地政府负责农民工子女受义务教育工作，以全日制公办中小学为主；明确各级财政在财政支出中安排专项经费扶持农民工培训工作。2004年中央一号文件《中共中央国务

---

① 《全面建设小康社会，开创中国特色社会主义事业新局面（5）》，http://www.chinanews.com/2002-11-17/26/244509.html。
② 《中共中央国务院关于促进农民增加收入若干政策的意见》，http://www.gov.cn/test/2005-07/04/content_11870.htm。

院关于促进农民增加收入若干政策的意见》中再次强调："进城就业的农民工已经成为产业工人的重要组成部分。"① 这是政府首次承认农民工的工人属性和重要地位。在农民工子女教育问题上，文件明确规定：流入地政府负责其子女接受义务教育工作，以全日制公办中小学为主；要减免有关费用，做到收费与当地学生一视同仁；要切实把农业转移人口子女教育纳入正常的财政预算，已经落实的要完善政策，没有落实的要加快落实；等等。

2006年1月，国务院下发了《国务院关于解决农民工问题的若干意见》，这是中央在经过十几年的探索和经验积累基础上，落实科学发展观，统筹城乡发展、解决"三农"问题、保障农民工权益的又一重大举措，形成了较为完整的农民工工作政策体系。要求对农民工"公平对待，一视同仁""消除对农民进城务工的歧视性规定和体制性障碍""建立城乡统一、平等竞争的劳动力市场……为城乡劳动者提供平等的就业机会和服务"。坚持分类指导、稳步推进，优先解决工伤保险和大病医疗保障问题，逐步解决养老保障问题。② 此后，政府出台了一系列政策，农业转移人口及其相关问题已经进入政策议程，维护农业转移人口权益的法律和政策陆续出台。这一时期的政策要点包含以下四个方面。

第一，重视城乡劳动力市场一体化的建设，取消对农民进城就业的各种不合理限制，建立城乡统一的劳动力市场和平等的就业制度。清理和取消各种针对农民进城就业的歧视性规定和不合理限制，清理对企业使用农民工的行政审批和行政收费，不得以解决城镇劳动力就业为由清退和排斥农民工。统筹城乡就业，改革城乡分割的就业管理体制，建立城乡统一、平等竞争的劳动力市场，逐步形成市场经济条件下促进农村富余劳动力转移就业的机制，为城乡劳动者提供平等的就业机会和服务。2005年，劳动和社会保障部发出《关于废止〈农村劳动力跨省流动就业管理暂行规定〉及有关配套文件的通知》，正式废除"流动人口就业证"制度。

---

① 《中共中央国务院关于促进农民增加收入若干政策的意见》，http://www.gov.cn/test/2005-07/04/content_11870.htm。
② 《国务院关于解决农民工问题的若干意见》，http://www.gov.cn/zhuanti/2015-06/13/content_2878968.htm。

第一章　农业转移人口进城的历史回顾

第二，构建农民工社会保障，解决权益保障问题。2009年12月，人力资源和社会保障部、卫生部、财政部发布的《流动就业人员基本医疗保障关系转移接续暂行办法》规定，所有用人单位必须及时为农民工办理工伤保险手续，未参加工伤保险的农民工发生工伤，由用人单位按照工伤保险规定的标准支付费用；重点解决农民工进城务工期间的医疗保障问题，主要由用人单位缴费。加强培训和职业教育，提高农民工就业能力和素质。2005年，《国务院关于进一步加强就业再就业工作的通知》提出，公共就业服务机构对进城求职的农村劳动者要提供免费的职业介绍服务和一次性职业培训补贴。2009年5月，人力资源和社会保障部、财政部发布的《关于进一步规范农村劳动者转移就业技能培训工作的通知》提出，实施分类培训，对进城求职的农村劳动者、返乡农民工进行1~6个月的实用技能培训。健全劳动合同制，规范用人单位工资支付行为，确保农民工工资按时足额发放。加大对拖欠农民工工资用人单位的处罚力度。改变农民工工资偏低、同工不同酬的状况。执行国家职业安全和劳动保护规程及标准。

第三，城乡公共服务平等惠及农民工。2012年1月，民政部发布的《关于促进农民工融入城市社区的意见》提出，构建以社区为载体的农民工服务管理平台。完善以社区服务站为主体的社区综合服务管理平台，健全覆盖农民工的社区服务和管理体系。按照共建共享原则，把农民工纳入城市公共服务体系，让农民工在就业服务、培训、子女教育、居住、疫病防治等方面共享公共服务。

第四，深化户籍制度改革，"为在城市已有稳定职业和住所的进城务工人员创造条件使之逐步转化为城市居民"[①]。20世纪90年代中期以来，国家逐步放开了农村人口在小城镇落户的限制，一些大中城市也纷纷开始尝试对户籍制度进行改革。2004年，中央一号文件《中共中央国务院关于促进农民增加收入若干政策的意见》提出，要推进大中城市户籍制度改革，放宽农民进城就业和定居的条件。2008年底，"中央进一步要求各级

---

① 江立华：《农民工的转型与政府的政策选择——基于城乡一体化背景的考察》，中国社会科学出版社，2014，第59页。

政府加速了户籍制度改革,如在一些省份改变两种户口、居民权利不平等的状况,解除农村剩余劳动力向城市转移的深层制度约束,促进进城农民工融入城市并向市民身份转变。对农民工中的劳动模范、先进工作者和高级技工、技师以及其他有突出贡献者,应优先准予落户"[1]。但"对于大部分进城农民工而言,迈入城市户籍的门槛还是很高的,农民工把户籍迁入城市所占比例很小"[2]。

这一阶段的农民工政策如表1-4所示。

表1-4 这一阶段的农民工政策

发布时间	文件名称	政策要点
2002年1月	《中共中央 国务院关于做好2002年农业和农村工作的意见》	对农民进城务工"公平对待,合理引导,完善管理,搞好服务"
2003年1月	《国务院办公厅关于做好农民进城务工就业管理和服务工作的通知》(国办发〔2003〕1号)	要求各地提高认识,强化政策引导,取消对农民进城就业的不合理限制,切实解决拖欠和克扣农民工工资问题,改善农民工生产生活条件,做好培训工作,多渠道安排农民工子女就学
2003年4月	《工伤保险条例》	从2004年1月1日起开始实施,该条例首次将农民工纳入保险范围
2003年9月	《国务院办公厅转发教育部等部门关于进一步做好进城务工就业农民子女义务教育工作意见的通知》(国办发〔2003〕78号)	建立完善保障进城务工就业农民子女接受义务教育的工作制度和机制。明确进城务工就业农民流入地政府负责进城务工就业农民子女受义务教育工作,以全日制公办中小学为主
2003年9月	《关于切实解决建筑业企业拖欠农民工工资问题的通知》(劳社部发〔2003〕27号)	认真开展清查工作,严厉打击拖欠和克扣农民工工资行为;加强对建设、开发项目的监管,确保建筑业企业农民工工资来源;加强对农民工劳动合同的管理,指导企业依法与农民工签订劳动合同;大力发展建筑劳务分包企业,规范用工行为;建立健全农民工工资支付监控制度;建立企业工资支付信用制度;完善工作机制,疏通处理渠道

---

[1] 江立华:《农民工的转型与政府的政策选择——基于城乡一体化背景的考察》,中国社会科学出版社,2014,第59页。
[2] 王飞、刘文海:《部分地方户籍制度改革情况调查报告》,载国务院研究室课题组编《中国农民工调研报告》,中国言实出版社,2006,第272页。

第一章 农业转移人口进城的历史回顾

续表

发布时间	文件名称	政策要点
2003年9月	《国务院办公厅转发农业部等部门2003—2010年全国农民工培训规划的通知》（国办发〔2003〕79号）	坚持公平对待、合理引导、完善管理、搞好服务的原则和多予、少取、放活的方针，坚持面向工业化、面向现代化、面向城镇化的方向，以转移就业前的引导性培训和职业技能培训为重点，综合运用财政扶持政策和竞争、激励手段，进一步调动农民工个人、用人单位、教育培训机构、行业的积极性，多渠道、多层次、多形式地开展农民工培训工作，逐步形成政府统筹、行业组织、重点依托各类教育培训机构和用人单位开展培训的工作格局。通知提出了加强培训组织领导；加大农民工培训资金投入，明确中央和地方各级财政在财政支出中安排专项经费扶持农民工培训工作；制定农民工培训激励政策，推行劳动预备制度，实行就业准入制度；加强农民工培训服务工作
2003年10月	《中共中央关于完善社会主义市场经济体制若干问题的决定》	要改善农村富余劳动力转移就业的环境，逐步统一城乡劳动力市场，加强引导和管理，形成城乡劳动者平等就业制度
2003年11月	《国务院办公厅关于切实解决建设领域拖欠工程款问题的通知》（国办发〔2003〕94号）	自2004年起，用3年时间基本解决建设领域拖欠工程款以及拖欠农民工工资问题
2003年12月	《中共中央 国务院关于促进农民增加收入若干政策的意见》	保障进城就业农民的合法权益。进一步清理和取消针对农民进城就业的歧视性规定和不合理收费，简化农民跨地区就业和进城务工的各种手续，防止变换手法向进城就业农民及用工单位乱收费。进城就业的农民工已经成为产业工人的重要组成部分，为城市创造了财富、提供了税收。城市政府要切实把对进城农民工的职业培训、子女教育、劳动保障及其他服务和管理经费，纳入正常的财政预算，已经落实的要完善政策，没有落实的要加快落实。对及时兑现进城就业农民工资、改善劳动条件、解决子女入学等问题，各地区和有关部门要采取更得力的措施。健全有关法律法规，依法保障进城就业农民的各项权益。推进大中城市户籍制度改革，放宽农民进城就业和定居的条件

续表

发布时间	文件名称	政策要点
2004年5月	《财政部、农业部关于印发〈农村劳动力转移培训财政补助资金管理办法(试行)〉的通知》(财农〔2004〕38号)	国家设立的对农村劳动力转移就业开展短期非农职业技能培训的专项资金,用于对受培训农民的学费补助,或对培训机构因降低收费标准而给予的补助
2004年11月	《司法部、建设部关于为解决建设领域拖欠工程款和农民工工资问题提供法律服务和法律援助的通知》(司发通〔2004〕159号)	支持、引导法律服务机构及人员为解决建设领域拖欠工程款和农民工工资提供及时有效的法律服务;法律援助机构要积极为解决建设领域拖欠工程款和农民工工资提供及时有效的法律援助
2004年12月	《文化部关于高度重视农民工文化生活,切实保障农民工文化权益的通知》(文市发〔2004〕51号)	深入研究农民工文化生活特点,探索和推广适合农民工的文化消费方式;调动文化经营单位和文艺工作者积极性,丰富农民工文化生活;严厉打击违法违规文化经营活动,净化农民工文化生活环境;会同有关部门,推动农民工用工单位自身文化建设
2004年12月	《国务院办公厅关于进一步做好改善农民进城就业环境工作的通知》(国办发〔2004〕92号)	取消针对农民进城就业等方面的歧视性规定及不合理限制;开展有组织的劳务输出;完善对农民进城就业的职业介绍服务;做好对农民工的咨询服务工作;加强对农民进城就业的培训工作;进一步解决拖欠农民工工资问题;加强劳动合同管理和劳动保障监察执法;积极处理农民工劳动争议案件;支持工会组织依法维护农民工的权益;做好农民工工伤保险工作;进一步健全完善劳动力市场
2004年12月	《劳动与社会保障部关于开展春风行动完善农民工就业服务的通知》(劳社部函〔2004〕280号)	向进城农村劳动者提供免费就业服务;加强和改善对民办职介机构的管理服务;净化劳动力市场,改善就业环境,促进进城求职农民得到及时有效的就业服务
2005年5月	《关于做好2005年农村劳动力转移培训阳光工程实施工作的通知》(农科教发〔2004〕4号)	按照"政府推动、学校主办、部门监管、农民受益"原则,以市场需求为导向,以农村劳动力转移就业前的短期职业技能培训为重点,通过财政补贴等收入,调动广大农民和培训机构的积极性,大力开展农民职业技能培训,提高农村劳动力素质和就业技能,促进农村劳动力合理有序流动
2005年11月	《国务院关于进一步加强就业再就业工作的通知》(国发〔2005〕36号)	公共就业服务机构对进城求职的农村劳动者要提供免费的职业介绍服务和一次性职业培训补贴

第一章　农业转移人口进城的历史回顾

续表

发布时间	文件名称	政策要点
2006年1月	《国务院关于解决农民工问题的若干意见》（国发〔2006〕5号）	要求各地政府、各直属机构，充分认识解决好农民工问题的重大意义，坚持以"公平对待，一视同仁；强化服务，完善管理；统筹规划，合理引导；因地制宜，分类指导；立足当前，着眼长远"的原则，抓紧解决农民工面临的突出问题，形成从根本上保障农民工权益的体制和制度。尤其是要统筹城乡发展，以人为本，认真解决涉及农民工利益的问题。对解决工资偏低和拖欠问题、依法规范劳动管理、搞好就业服务和培训、解决社会保障问题、提供相关公共服务、健全维护农民工权益的保障机制等，提出一系列政策
2006年3月	《中华人民共和国国民经济和社会发展第十一个五年规划纲要》	对临时进城务工人员，继续实行亦工亦农、城乡双向流动的政策，在劳动报酬、劳动时间、法定假日和安全保护等方面依法保障其合法权益；对在城市已有稳定职业和住所的进城务工人员，要创造条件使之逐步转化为城市居民，依法享有当地居民应有的权利，承担应尽的义务
2006年4月	《关于做好2006年农村劳动力转移培训阳光工程实施工作的通知》（农科教发〔2006〕1号）	农民培训补助经费由中央财政和地方财政共同负担，中央补助资金与各省（区、市）安排的补助资金捆绑使用。中央安排的补助资金对东、中、西地区实行区别对待，原则上东部地区按人均120～130元，中部地区按人均160～170元，西部地区按人均180～200元的标准进行补助
2006年5月	《关于开展农民工参加医疗保险专项扩面行动的通知》（劳社厅发〔2006〕11号）	以省会城市和大中城市为重点，以农民工比较集中的加工制造业、建筑业、采掘业和服务业等行业为重点，以与城镇用人单位建立劳动关系的农民工为重点，统筹规划，分类指导，分步实施，全面推进农民工参加医疗保险工作
2007年3月	《司法部关于做好2007年农民工法律服务和法律援助工作的通知》（司发通〔2007〕11号）	各级司法行政机关以贯彻落实党的十六届六中全会精神为指导，按照党中央、国务院关于解决"三农"问题的一系列重要指示要求，继续认真贯彻落实2006年国务院5号文件，努力为解决农民工突出问题提供服务

续表

发布时间	文件名称	政策要点
2007年8月	《中华人民共和国就业促进法》	实行城乡统筹的就业政策,建立健全城乡劳动者平等就业的制度。劳动力输出地和输入地的人民政府应当互相配合,改善农村劳动者进城就业的环境和条件。农村劳动者进城就业享有与城镇劳动者平等的劳动权利,不得对农村劳动者进城就业设置歧视性限制
2007年6月	《中华人民共和国劳动合同法》	规定建立劳动关系应当订立书面劳动合同,合同要有工作时间和休息休假、劳动报酬、社会保险等关系劳动者权利的条款;执法、监察部门必须履行职责,如果不履行职责,要承担相应的法律责任
2007年12月	《中华人民共和国劳动争议调解仲裁法》	用人单位承担更多举证责任。与争议事项有关的证据属于用人单位掌握管理的,用人单位应当提供,用人单位不提供的,应当承担不利后果。追索劳动报酬、工伤医疗费及因执行国家的劳动标准在工作时间、休息休假、社会保险等方面发生的争议,仲裁裁决为终局裁决。劳动争议仲裁不收费
2008年12月	《国务院办公厅关于切实做好当前农民工工作的通知》(国办发〔2008〕130号)	采取多种措施促进农民工就业,加强农民工技能培训和职业教育,大力支持农民工返乡创业和投身新农村建设,确保农民工工资按时足额发放,做好农民工社会保障和公共服务,切实保障返乡农民工土地承包权益
2008年12月	国务院常务会议	提出了6项促进农民工就业的措施,包括:积极扶持劳动密集型企业,稳定农民工就业;加强农民工就业能力培训;扶持有条件、有能力的农民工返乡创业;确保农民工工资按时足额发放;做好农民工社会保障和公共服务;切实保障返乡农民工的上地承包权益。同时,各级政府加速户籍制度改革,解除农村剩余劳动力向城市转移的深层制度约束,促进进城农民工融入城市并向市民身份转变
2009年2月	《国务院关于做好当前经济形势下就业工作的通知》(国发〔2009〕4号)	做好农民工流动就业工作,吸纳农民工等群体参加政府投资和重大建设项目,推进产业结构升级与扶持就业创业相协调,大力发展中小企业,充分发挥服务业吸纳就业的优势,最大限度拓宽农村劳动力就业渠道。鼓励农民联合创办经济实体,拓展农村劳动力就地就近就业空间

第一章　农业转移人口进城的历史回顾

续表

发布时间	文件名称	政策要点
2009年5月	《人力资源和社会保障部、财政部关于进一步规范农村劳动者转移就业技能培训工作的通知》(人社部发〔2009〕48号)	实施分类培训,对进城求职的农村劳动者、返乡农民工进行1~6月的实用技能培训,公开认定定点培训机构,规范资金使用管理,强化培训过程监督,完善保障措施
2009年12月	《中共中央　国务院关于加大统筹城乡发展力度进一步夯实农业农村发展基础的若干意见》	推进城镇化发展的制度创新,深化户籍制度改革,多渠道多形式改善农民工居住条件,着力解决新生代农民工问题,统筹研究农业转移人口进城落户后城乡出现的新情况新问题
2009年12月	《人力资源和社会保障部卫生部财政部关于印发流动就业人员基本医疗保障关系转移接续暂行办法的通知》(人社部发〔2009〕191号)	农村户籍人员在城镇单位就业并有稳定劳动关系的,由用人单位按照《社会保险登记管理暂行办法》的规定办理登记手续,参加就业地城镇职工基本医疗保险。其他流动就业的,可自愿选择参加户籍所在地新型农村合作医疗或就业地城镇基本医疗保险,并按照有关规定到户籍所在地新型农村合作医疗经办机构或就业地社会(医疗)保险经办机构办理登记手续
2010年1月	《国务院办公厅关于进一步做好农民工培训工作的指导意见》(国办发〔2010〕11号)	农民工培训统筹规划;建立规范的培训资金管理制度;发挥企业促进就业的作用。提高农民工技能水平和就业能力,促进农村劳动力向非农产业和城镇转移,推进城乡经济社会发展一体化进程
2010年7月	《国家中长期教育改革和发展规划纲要(2010—2020年)》	义务教育以流入地和公办学校为主来解决,就近就读、免除学校费、不收借读费,确保农民工子女平等接受义务教育等
2010年9月	《国务院办公厅关于发展家庭服务业的指导意见》(国办发〔2010〕43号)	坚持促进就业与维护权益相结合,努力吸纳更多劳动者尤其是农村富余劳动力转移就业,妥善处理好家庭服务机构、家庭与从业人员之间的关系,维护好从业人员合法权益。完善促进就业政策体系,鼓励农村富余劳动力、就业困难人员和高校毕业生到家庭服务业就业、创业
2010年10月	《中华人民共和国社会保险法》	明确规定进城务工的农村居民依照本法规定参加社会保险

77

续表

发布时间	文件名称	政策要点
2010年12月	《关于中央企业做好农民工工作的指导意见》（国资发〔2010〕192号）	明确提出切实增加农民工就业机会。要把推进农民工就业与中央企业劳动用工制度改革有机结合起来，推行市场化用工制度，为农民工提供公平竞争的就业途径。要通过依法订立劳动合同或劳务派遣协议等方式稳定农民工就业，不得歧视和非法清退、裁减农民工，并提出切实维护农民工合法权益、加强农民工技能培训、保障农民工民主权利等方面的措施
2011年2月	《关于开展2011年农民工劳动合同签订春暖行动的通知》（人社厅明电〔2011〕3号）	在推进劳动合同制度扩面上，重抓劳务派遣劳动者，重抓小企业和劳动密集型企业，重抓建筑业、制造业、住宿餐饮业和居民服务业，提高各类企业稳定就业农民工劳动合同签订率。在加强劳动合同管理上，指导服务企业围绕劳动合同签订、履行、变更、终止和解除等关键环节，建立健全规章制度，加强协商沟通，充分发挥劳动合同在推动企业依法用工、稳定就业岗位、规范工资支付、参加社会保险等方面的作用
2011年9月	《文化部　人力资源和社会保障部　中华全国总工会关于进一步加强农民工文化工作的意见》（文社文发〔2011〕45号）	到2015年，我国将形成相对完善的"政府主导、企业共建、社会参与"的农民工文化工作机制，建立相对稳定的农民工文化经费保障机制，农民工文化服务将切实纳入公共文化服务体系。提出了以公共文化服务体系建设为支撑，以城市基层社区、用工企业为重点，以社会力量为补充，加大政府对农民工文化工作的支持力度，逐步形成"政府主导、企业共建、社会参与"的农民工文化工作机制的总体思路，推动农民工文化工作的规范化、制度化和常态化，提出了"发挥公益性文化单位的骨干作用""推进重大农民工文化惠民工程建设"等具体措施

三　新型城镇化战略与市民化推进

随着城镇化的推进，解决农业转移人口工作生活困境，提供相关服务，不仅更为重要，而且更加紧迫。为此，党的十八大以来，中央提出到2020年实现约1亿农业转移人口落户城镇的目标，出台了推进户籍制度改革、实施"居住证"制度等举措。2013年，党的十八届三中全会指出："推进农业转移人口市民化，逐步把符合条件的农业转移人口转为城镇居民……稳步推进城镇基本公共服务常住人口全覆盖。"① 2014年3月，中共中央、国务院发布《国家新型城镇化规划（2014—2020年）》，把有序推进农业转移人口市民化作为重要工作，并从健全落户制度和政策、共享基本公共服务、建立合理成本分担机制等方面明确了任务。②《国务院关于进一步推进户籍制度改革的意见》（国发〔2014〕25号）提出全面放开建制镇和小城市落户限制、有序放开中等城市落户限制、合理确定大城市落户条件、严格控制特大城市人口规模的城镇化政策。③ 习近平总书记在党的十九大报告中指出："以城市群为主体构建大中小城市和小城镇协调发展的城镇格局，加快农业转移人口市民化。"④

为实现约1亿农业转移人口落户城镇的目标，国家逐步加大户籍制度改革力度，推动农业转移人口市民化进程。2014年，国家率先全面放开了建制镇和小城市的落户限制。截止到2016年4月底，除北京市、西藏自治区之外，我国共有29个省（区、市）出台了《关于进一步推进户籍制度改革的实施意见》。从整体来看，这些实施意见是将《国务院关于进一步推进户籍制度改革的意见》结合各地实际的细化。改革目标都不同程度地呼应了国务院的要求——稳步推进城镇基本公共服务常住人口全覆盖、加快构造城乡统一的户口登记制度等利益协调；但政策文件的重点仍然集中在城市的落户条件等方面，并给出了不同的落实限制条件和操作办法。

---

① 《三中全会〈决定〉解读：推进农业转移人口市民化》，http：//www.gov.cn/jrzg/2014-01/04/content_2559819.htm。
② 《国家新型城镇化规划（2014—2020年）》，http：//www.gov.cn/zhengce/2014-03/16/content_2640075.htm。
③ 《国务院关于进一步推进户籍制度改革的意见》，http：//www.gov.cn/zhengce/content/2014-07/30/content_8944.htm。
④ 《习近平：决胜全面建成小康社会 夺取新时代中国特色社会主义伟大胜利——在中国共产党第十九次全国代表大会上的报告》，http：//www.gov.cn/zhuanti/2017-10/27/content_5234876.htm。

中央在宏观层面上启动土地、财税、社会保障和户籍等方面的政策改革，以协调中央与地方、流出地与流入地在促进人本城市化中的分工与合作。地方政府层面则以落实"公共服务均等化"为抓手解决农村转移人口在流入地的生存与发展问题。

在城镇化方面，"十三五"时期，国家围绕推进新型城镇化出台了一系列规划和政策，完善了城镇化的顶层设计。这些规划包括：不断加大户籍制度改革力度，建立了城乡统一的户口登记制度和"居住证"制度；先后批复同意了长江中游、京津冀、成渝、长三角和粤港澳大湾区等跨省区城市群及一批省内城市群规划，推动城市群发展；出台了建立健全城乡融合发展体制机制的相关意见，协同推进新型城镇化与乡村振兴战略。中国户籍城镇化率2013年为35.93%，到2019年达到44.38%。[1]

在户籍改革方面，2016年发布的《推动1亿非户籍人口在城市落户方案》通过取消积分落户等限制，开始逐步降低城区常住人口300万人以下的大城市落户门槛。自2017年起，越来越多的城市认识到人口红利的重要性，西安、成都、武汉、南京等特大城市为争夺和吸引人才，纷纷实施了重点群体"零门槛"落户政策。至2019年12月，为进一步促进劳动力区域流动，中共中央办公厅、国务院办公厅再次发文，全面取消了城区常住人口300万以下城市的落户限制，并针对300万~500万的I型大城市，全面放开放宽落户条件，全面取消重点群体落户限制，户籍制度改革取得巨大成效。[2] 2021年户籍人口城镇化率提高到46.70%，"居住证"制度全面实施，基本公共服务覆盖范围和均等化水平显著提高，进城务工人员随迁子女在流入地公办学校或政府购买学位接受义务教育的比例达到90.90%，城镇基本公共卫生服务实现常住人口全覆盖。

全国部分省（区、市）户籍制度改革政策目标比较（至2020年）如表1-5所示。

---

[1] 《城镇化率44.38%：我国提前完成一亿人口落户目标》，https://www.gov.cn/xinwen/2020-10/07/content_5549654.htm。

[2] 《中共中央办公厅 国务院办公厅印发〈关于促进劳动力和人才社会性流动体制机制改革的意见〉》，https://www.gov.cn/gongbao/content_5467509.htm。

第一章 农业转移人口进城的历史回顾

表1-5 全国部分省(区、市)户籍制度改革政策目标比较(至2020年)

单位：人，%

省(区、市)	转移农业人口数	常住城镇化率	户籍城镇化率	设定落户限制的大城市
北 京				控制总人口2300万人以内
上 海				控制总人口2500万人以内
天 津		90		总人口1800万人
重 庆		65	50	主城区
四 川		54	38	成都
贵 州	300万	50	43	贵阳部分市辖区
云 南		50	38	昆明市城区
陕 西	1000万	62	52	西安市辖区
甘 肃	350万	50	38	
青 海	40万		50	西宁
新 疆		58	45	乌鲁木齐、克拉玛依
内蒙古	400万	65	53	呼和浩特、包头
广 西	600万	54	34.5	南宁、柳州、桂林、玉林
辽 宁	500万	72		沈阳、大连、鞍山、抚顺、本溪
吉 林	200万	60	54	长春、吉林
黑龙江		63	55	哈尔滨、大庆、齐齐哈尔
山 西	350万	60	43	太原、大同部分地区
安 徽		56	35	合肥等
江 西	600万	60		南昌及其他设区市中心城区
河 南	1100万	56	40	郑州等
湖 北	500万	61		武汉
湖 南	850万	58	35	长沙、株洲、湘潭等
河 北	1000万	60	45	
江 苏		72	67	南京等
福 建		67	48	福州、平潭综合实验区和厦门
山 东	120万/年	63	56.5	济南、青岛积分落户
广 东	1300万	73	50	广州、深圳、珠海、佛山、东莞、中山

在农民工就业与权益方面。国家聚焦农村转移就业劳动者，实施以就业技能培训、岗位技能提升培训和创业培训为主要内容的"春潮行动"；

推进新生代农民工职业技能提升计划，帮助农民工特别是新生代农民工提高专业技能和胜任岗位能力；对农民工等群体开展免费大规模职业技能培训行动。比如安徽提出建设技工强省方略，创新出台支持技工强省建设的10条措施，包括补贴经费安排增加85%，建立统筹城乡、标准统一的培训体系，着力发展现代技工教育等落地实策，实现人口红利向技能红利的转变。辽宁积极推进农民工创业培训，鼓励各乡镇成立各类劳务公司和中介机构，培养创业带头人，吸纳农村劳动力就地、就近就业，实现"一镇一业、一村一品、一村一技"，连片示范效应不断显现。2020年，人力资源和社会保障部又出台了《农民工稳就业职业技能培训计划》，深入实施职业技能提升行动，将职业技能培训作为促进农村转移劳动力就业、稳定农民工工作岗位、支持农民工返乡创业、助力贫困劳动力增收脱贫的重要抓手，面向广大农民工群体，开展大规模、广覆盖和多形式的职业技能培训，改善农民工就业结构，将农民工培育成重要的人力资源。

农民工就业权利保障不断完善。"十三五"期间，农民工参加城镇社会保险覆盖面持续扩大。截至2019年末，城镇职工养老保险、失业保险、工伤保险的农民工参保人数分别达到6155万人、4958万人、8616万人，[①]凸显了制度进步带来的成效。

农民工是经济转型升级的重要参与者，是"双循环"新发展格局的宝贵人力资源，是"中国制造"走向世界的"出品"者。随着各项政策的逐步落实，《"十四五"新型城镇化实施方案》坚持以人民为中心，继续把推进农业转移人口市民化作为新型城镇化的首要任务，以提高市民化质量为核心，存量优先、带动增量，从户籍制度改革、城镇基本公共服务均等化、提升市民化能力等方面统筹谋划，使城市市民化政策供给水平更适应转移人口市民化的需求变化，探索系统协同、供需互促的农业转移人口市民化新机制，使农业转移人口"进得来、留得住、有发展"，全面增强农业转移人口融入城市的能力。

这一阶段的农民工政策如表1-6所示。

---

① 《全国994位优秀农民工受到表彰　多个部委亮出农民工工作成绩单》，https：//www.gov.cn/xinwen/2021-01/07/content_5577571.htm。

第一章 农业转移人口进城的历史回顾

表1-6 这一阶段的农民工政策

发布时间	文件名称	政策要点
2011年12月23日	《民政部关于促进农民工融入城市社区的意见》（民发〔2011〕210号）	构建以社区为载体的农民工服务管理平台。以农民工需求为导向，整合延伸到社区的人口、就业、社保、民政、教育、卫生、文化以及综治、维稳、信访、法律服务等社会管理职能和服务资源，调整工作力量，完善以社区服务站为主体的社区综合服务管理平台，将农民工服务管理纳入其中。落实政策扎实做好农民工社区就业服务工作。切实保障农民工参与社区自治的权利。健全覆盖农民工的社区服务和管理体系。大力发展丰富多彩的社区文化生活
2012年2月23日	《国务院办公厅关于积极稳妥推进户籍管理制度改革的通知》（国办发〔2011〕9号）	继续坚定地推进户籍管理制度改革，落实放宽中小城市和小城镇落户条件的政策。引导非农产业和农村人口有序向中小城市和建制镇转移，逐步满足符合条件的农村人口落户需求，逐步实现城乡基本公共服务均等化。继续合理控制直辖市、副省级市和其他大城市人口规模，进一步完善并落实好现行城市落户政策
2012年3月22日	《国务院批转发展改革委关于2012年深化经济体制改革重点工作意见的通知》（国发〔2012〕12号）	深化户籍管理制度改革，因地制宜，稳步推进，把在城镇稳定就业和居住的农民工有序转变为城镇居民
2014年1月19日	《关于全面深化农村改革加快推进农业现代化的若干意见》	进城就业的农民工已经成为产业工人的重要组成部分；推进大中城市户籍制度改革，放宽农民进城就业和定居的条件。全面实行流动人口"居住证"制度，逐步推进"居住证"持有人享有与居住地居民相同的基本公共服务，保障农民工同工同酬
2014年3月16日	《国家新型城镇化规划（2014—2020年）》	按照尊重意愿、自主选择，因地制宜、分步推进，存量优先、带动增量的原则，以农业转移人口为重点，兼顾高校和职业技术院校毕业生、城镇间异地就业人员和城区城郊农业人口，统筹推进户籍制度改革和基本公共服务均等化
2014年7月30日	《国务院关于进一步推进户籍制度改革的意见》（国发〔2014〕25号）	进一步推进户籍制度改革，落实放宽户口迁移政策，建立城乡统一的户口登记制度 统筹户籍制度、改革和相关经济社会领域改革，合理引导农业人口有序向城镇转移，有序推进农业转移人口市民化

续表

发布时间	文件名称	政策要点
2014年9月30日	《国务院关于进一步做好为农民工服务工作的意见》（国发〔2014〕40号）	每年开展农民工职业技能培训2000万人次，农民工综合素质显著提高、劳动条件明显改善、工资基本无拖欠并稳定增长、参加社会保险全覆盖，引导约1亿人在中西部地区就近城镇化，努力实现1亿左右农业转移人口和其他常住人口在城镇落户，未落户的也能享受城镇基本公共服务
2015年2月1日	《中共中央国务院关于加大改革创新力度加快农业现代化建设的若干意见》	实施农民工职业技能提升计划。落实同工同酬政策，依法保障农民工劳动报酬权益。保障进城农民工及其随迁家属平等享受城镇基本公共服务，扩大城镇社会保险对农民工的覆盖面，完善随迁子女在当地接受义务教育和参加中高考相关政策，探索农民工享受城镇保障性住房的具体办法。加快户籍制度改革，建立"居住证"制度，分类推进农业转移人口在城镇落户并享有与当地居民同等待遇
2015年3月21日	《中共中央 国务院关于构建和谐劳动关系的意见》	保障职工特别是农民工按时足额领到工资报酬。努力实现农民工与城镇就业人员同工同酬。落实广大职工特别是农民工和劳务派遣工的社会保险权益。加强对企业实行劳动合同制度的监督、指导和服务，在用工季节性强、职工流动性大的行业推广简易劳动合同示范文本
2015年5月8日	《国务院批转发展改革委关于2015年深化经济体制改革重点工作意见的通知》（国发〔2015〕26号）	推进城镇化体制创新，统筹推进国家新型城镇化综合试点、中小城市综合改革试点和建制镇示范试点，以点带面，点面结合，推进新型城镇化实现新突破。抓紧实施户籍制度改革，落实放宽户口迁移政策，完善配套措施，建立城乡统一的户口登记制度。出台实施"居住证"管理办法，以居住证为载体提供相应基本公共服务。制定实施城镇建设用地增加规模与吸纳农业转移人口落户数量挂钩政策。研究提出中央对地方转移支付同农业转移人口市民化挂钩机制的指导意见
2015年6月17日	《国务院办公厅关于支持农民工等人员返乡创业的意见》（国办发〔2015〕47号）	促进产业转移带动返乡创业。推动输出地产业升级带动返乡创业。鼓励输出地资源嫁接输入地市场带动返乡创业。引导一二三产业融合发展带动返乡创业。支持新型农业经营主体发展带动返乡创业。健全基础设施和创业服务体系，包括加强基层服务平台和互联网创业线上线下基础设施建设。依托存量资源整合发展农民工返乡创业园。强化返乡农民工等人员创业培训工作。完善农民工等人员返乡创业公共服务。改善返乡创业市场中介服务。引导返乡创业与万众创新对接

第一章 农业转移人口进城的历史回顾

续表

发布时间	文件名称	政策要点
2015年11月26日	《居住证暂行条例》（国务院令第663号）	公民离开常住户口所在地，到其他城市居住半年以上，符合有合法稳定就业、合法稳定住所、连续就读条件之一的，可以依规定申领"居住证"。"居住证"持有人享受的各项基本公共服务和便利。具体包括以下三点。一是规定了"居住证"持有人享受劳动就业，参加社会保险，缴存、提取和使用住房公积金，义务教育，基本公共就业服务，基本公共卫生服务和计划生育服务，公共文化体育服务，法律援助和其他法律服务等基本公共服务，以及按照国家有关规定办理出入境证件，换领、补领居民身份证，机动车登记，申领机动车驾驶证，报名参加职业资格考试、申请授予职业资格，办理生育服务登记和其他计划生育证明材料等便利。二是建立了梯度赋权的机制。各级政府逐步扩大向"居住证"持有人提供公共服务和便利的范围、提高服务标准。三是建立了"居住证"持有人通过积分落户制度等方式申请登记常住户口的衔接通道，并明确了各类城市确定落户条件的标准
2016年1月19日	《国务院办公厅关于全面治理拖欠农民工工资问题的意见》（国办发〔2016〕1号）	健全源头预防、动态监管、失信惩戒相结合的制度保障体系，完善市场主体自律、政府依法监管、社会协同监督、司法联动惩处的工作体系。健全工资支付监控和保障制度，包括完善企业工资支付监控机制、完善工资保证金制度、建立健全农民工工资（劳务费）专用账户管理制度、落实清偿欠薪责任。推进企业工资支付诚信体系建设。加快培育建筑产业工人队伍，推进农民工组织化进程
2016年2月6日	《国务院关于深入推进新型城镇化建设的若干意见》（国发〔2016〕8号）	促进有能力在城镇稳定就业和生活的农业转移人口举家进城落户，并与城镇居民享有同等权利、履行同等义务。鼓励各地区进一步放宽落户条件，除极少数超大城市外，允许农业转移人口在就业地落户，优先解决农村学生升学和参军进入城镇的人口、在城镇就业居住5年以上和举家迁徙的农业转移人口以及新生代农民工落户问题。加快调整完善超大城市和特大城市落户政策，根据城市综合承载能力和功能定位，区分主城区、郊区、新区等区域，分类制定落户政策；以具有合法稳定就业和合法稳定住所（含租赁）、参加城镇社会保险年限、连续居住年限等为主要指标，建立完善积分落户制度，重点解决符合条件的普通劳动者的落户问题。

85

续表

发布时间	文件名称	政策要点
2016年2月6日	《国务院关于深入推进新型城镇化建设的若干意见》（国发〔2016〕8号）	全面实行"居住证"制度。推进城镇基本公共服务常住人口全覆盖。加快建立农业转移人口市民化激励机制。切实维护进城落户农民在农村的合法权益。实施财政转移支付同农业转移人口市民化挂钩政策，实施城镇建设用地增加规模与吸纳农业转移人口落户数量挂钩政策，中央预算内投资安排向吸纳农业转移人口落户数量较多的城镇倾斜
2016年3月17日	《文化部 国务院农民工工作领导小组办公室 全国总工会关于进一步做好为农民工文化服务工作的意见》（文公共发〔2016〕2号）	到2020年，全面实现农民工平等享受城镇基本公共文化服务，为农民工文化服务的内容和手段更加丰富，服务效能显著提升，政府、企业、社会共同参与为农民工文化服务的工作格局基本形成，农民工基本文化权益得到更好保障，农民工群体融入城镇的文化隔阂进一步消除，基本公共文化服务均等化水平稳步提高
2016年6月13日	《人力资源社会保障部办公厅农业部办公厅国务院扶贫办行政人事司共青团中央办公厅全国妇联办公厅关于实施农民工等人员返乡创业培训五年行动计划（2016—2020年）的通知》（人社厅发〔2016〕90号）	结合适合创业的绿色农产品经营、民族传统手工艺、乡村旅游、家庭农家乐或输入地市场与输出地资源能够有效对接的项目等，重点开展创业意识教育、创业项目指导等培训；对处于创业初期的人员，结合区域专业市场对企业发展需求，重点开展企业经营管理等培训；对已经成功创业的人员，重点开展发达地区产业组织形式、经营管理方式等培训，把小门面、小作坊等升级为特色店、连锁店、品牌店。各地依托电子商务进农村综合示范县建设、农村电子商务百万英才计划以及农村青年电商培育工程等，积极开展电子商务培训。推动农民工等人员借力"互联网+"信息技术开办和发展企业，利用互联网拓宽扩展产品销售渠道
2016年8月5日	《国务院关于实施支持农业转移人口市民化若干财政政策的通知》（国发〔2016〕44号）	强化经济发达地区为农业转移人口提供与当地户籍人口同等基本公共服务的职责；综合考虑户籍人口、持有"居住证"人口和常住人口等因素，完善转移支付制度，确保中西部财政困难地区财力不因政策调整而减少，促进基本公共服务均等化。中央和地方各级财政部门要根据不同时期农业转移人口数量规模、不同地区和城乡之间农业转移人口流动变化、大中小城市农业转移人口市民化成本差异等，对转移支付规模和结构进行动态调整。落实东部发达地区和大型、特大型城市的主体责任，引导其加大支出结构调整力度，依靠自有财力为农业转移人口提供与当地户籍人口同等的基本公共服务，中央财政根据其吸纳农业转移人口进城落户人数等因素适当给予奖励

第一章　农业转移人口进城的历史回顾

续表

发布时间	文件名称	政策要点
2016年8月5日	《国务院关于实施支持农业转移人口市民化若干财政政策的通知》(国发〔2016〕44号)	保障农业转移人口子女平等享有受教育权利。支持创新城乡基本医疗保险管理制度。支持完善统筹城乡的社会保障体系。加大对农业转移人口就业的支持力度。建立农业转移人口市民化奖励机制。按照市场配置资源和政府保障相结合的原则,鼓励农业转移人口通过市场购买或租赁住房,采取多种方式解决农业转移人口居住问题。维护进城落户农民土地承包权、宅基地使用权、集体收益分配权。加大对农业转移人口市民化的财政支持力度,并建立动态调整机制
2016年8月23日	《国务院农民工工作领导小组办公室关于加强为农民工服务宣传工作的意见》(国农工办发〔2016〕3号)	以有序推进农民工市民化为主题主线,坚持围绕中心、服务大局,把握导向、突出重点,遵循规律、创新形式,阐释党和国家有关为农民工服务的政策措施和工作部署,反映社会各界为农民工服务的先进经验和感人事迹,展示广大农民工为经济社会发展所做的巨大贡献和精神风貌,弘扬主旋律,传播正能量,进一步营造全社会关心关爱农民工群体、关注支持为农民工服务工作的良好舆论环境
2016年9月29日	《国土资源部　发展改革委　公安部　人力资源社会保障部　住房城乡建设部关于印发〈关于建立城镇建设用地增加规模同吸纳农业转移人口落户数量挂钩机制的实施意见〉的通知》(国土资发〔2016〕123号)	根据吸纳农业转移进城落户人口(指取得城镇户籍的进城农业人口,以下简称"进城落户人口")数量,合理确定城镇新增建设用地规模,保障其用地需求,促进城乡建设相协调、就业转移和人口集聚相统一。按照超大城市、特大城市、大中小城市和小城镇协调发展的要求,实行差别化进城落户人口城镇新增建设用地标准。根据《国家新型城镇化规划(2014—2020年)》提出的人均城镇建设用地控制目标,综合考虑人均城镇建设用地存量水平等因素,确定进城落户人口新增城镇建设用地标准为:现状人均城镇建设用地不超过100平方米的城镇,按照人均100平方米标准安排;在100~150平方米之间的城镇,按照人均80平方米标准安排;超过150平方米的城镇,按照人均50平方米标准安排。超大和特大城市的中心城区原则上不因吸纳农业转移人口安排新增建设用地

续表

发布时间	文件名称	政策要点
2016年10月11日	《国务院办公厅关于印发推动1亿非户籍人口在城市落户方案的通知》(国办发〔2016〕72号)	促进有能力在城镇稳定就业和生活的农业转移人口举家进城落户。户籍人口比重低的超大城市和特大城市,要进一步放宽外来人口落户指标控制,加快提高户籍人口城镇化率。大中城市均不得采取购买房屋、投资纳税等方式设置落户限制。城区常住人口300万人以下的城市不得采取积分落户方式。大城市落户条件中对参加城镇社会保险的年限要求不得超过5年,中等城市不得超过3年
2016年10月30日	《关于完善农村土地所有权承包权经营权分置办法的意见》(中办发〔2016〕67号)	明确严格保护承包权,强调维护好承包农户使用、流转承包地的各项权益,任何组织和个人都不能取代农民家庭的土地承包地位,任何组织和个人都不得强迫或者限制其流转土地。同时根据形势发展需要,又赋予承包农户在抵押担保等方面更充分的土地权能。要求加快放活土地经营权,赋予新的经营主体在流转土地上,享有占有、耕作并取得相应收益的权利,稳定经营预期,使其放心投入、培肥地力、完善农业基础设施,这样才能推动现代农业的发展
2017年1月23日	《国务院关于印发"十三五"推进基本公共服务均等化规划的通知》(国发〔2017〕9号)	以普惠性、保基本、均等化、可持续为方向,健全国家基本公共服务制度,完善服务项目和基本标准,强化公共资源投入保障,提高共建能力和共享水平,努力提升人民群众的获得感、公平感、安全感和幸福感
2017年2月6日	《国务院关于印发"十三五"促进就业规划的通知》(国发〔2017〕10号)	拓宽农村劳动力转移就业渠道。建立健全城乡劳动者平等就业制度,引导农村劳动力外出就业、就地就近就业。推进农村劳动力转移就业示范基地建设。加强部分行政村劳动力转移就业监测。促进农村贫困劳动力转移就业。建立健全劳务输出对接机制,提高劳务输出就业脱贫的组织化程度
2017年2月9日	《公安部部署深入扎实推进户籍制度改革》	坚持因地制宜、因城施策、一城一策,进一步细化户籍制度改革实施方案,制定出台更加积极、更加宽松的户口迁移政策,统筹配套更多领域、更大范围的具体改革措施。严格按照中央政策建立完善积分落户制度,科学合理设置分值,更多的惠及普通劳动者,凡城区常住人口300万人以下的城市不得实施积分落户制度,凡政策已明确可以直接落户的群体不要纳入积分落户政策范围。超大城市、特大城市要在严格控制人口总量的同时,根据城市经济社会发展需要,引导人口有出有进,优化结构布局,进一步提高户籍人口的比重

续表

发布时间	文件名称	政策要点
2017年4月8日	《司法部关于做好2017年农民工相关工作的通知》（司发通〔2017〕37号）	全面提高涉及农民工的法律服务和法律援助工作水平，积极预防化解涉及农民工的矛盾纠纷，努力促进农民工社会融合
2017年4月18日	《国务院批转国家发展改革委关于2017年深化经济体制改革重点工作意见的通知》（国发〔2017〕27号）	深化户籍制度改革，落实人地挂钩、支持农业转移人口市民化财政政策，实现户籍人口城镇化率提高1个百分点以上，加快"居住证"制度全覆盖。推动各地有序扩大城镇学位供给，加快建立以居住证为主要依据的随迁子女入学政策
2017年4月19日	《国务院关于做好当前和今后一段时期就业创业工作的意见》（国发〔2017〕28号）	健全城乡劳动者平等就业制度。农村转移劳动者在城镇常住并处于无业状态的，可在城镇常住地进行失业登记。公共就业服务机构要为其提供均等化公共就业服务和普惠性就业政策，并逐步使外来劳动者与当地户籍人口享有同等的就业扶持政策。加大对发展潜力大、吸纳农业转移人口多的县城和重点镇用地计划指标倾斜，大力发展特色县域经济、魅力小镇、乡村旅游和农村服务业，为农村劳动者就地就近转移就业创造空间。促进农民工返乡创业，大力发展农民合作社、种养大户、家庭农场、建筑业小微作业企业、"扶贫车间"等生产经营主体。适应新生代农民工就业创业特点，推进职业培训对新生代农民工全覆盖，创新培训内容和方式，多渠道、广领域拓宽就业创业渠道，引导新生代农民工以"互联网+"为代表的新产业、新业态就业创业。推动农村劳动力有序外出就业，对人力资源服务机构、劳务经纪人等市场主体开展有组织劳务输出的，给予就业创业服务补贴
2017年10月18日	《决胜全面建成小康社会 夺取新时代中国特色社会主义伟大胜利》	以城市群为主体构建大中小城市和小城镇协调发展的城镇格局，加快农业转移人口市民化
2017年12月5日	《关于对严重拖欠农民工工资用人单位及其有关人员开展联合惩戒的合作备忘录》（发改财金〔2017〕2058号）	人力资源社会保障部门通过全国信用信息共享平台、地方信用信息共享平台等推送存在严重拖欠农民工工资违法失信行为的用人单位及其有关人员信息，并通过人力资源社会保障部门门户网站、"信用中国"网站、国家企业信用信息公示系统向社会公布。依法依规对严重拖欠农民工工资用人单位及其有关人员实施联合惩戒。同时，建立惩戒效果定期通报机制

续表

发布时间	文件名称	政策要点
2017年12月12日	《国务院办公厅关于印发保障农民工工资支付工作考核办法的通知》（国办发〔2017〕96号）	考核工作由解决企业工资拖欠问题部际联席会议负责实施。考核工作为2017～2020年，每年开展一次。考核内容主要包括加强对保障农民工工资支付工作的组织领导、建立健全工资支付保障制度、治理欠薪特别是工程建设领域欠薪工作成效等情况
2018年1月2日	《中共中央 国务院关于实施乡村振兴战略的意见》	健全覆盖城乡的公共就业服务体系，大规模开展职业技能培训，促进农民工多渠道转移就业，提高就业质量。深化户籍制度改革，促进有条件、有意愿、在城镇有稳定就业和住所的农业转移人口在城镇有序落户，依法平等享受城镇公共服务
2018年5月8日	《国务院关于推行终身职业技能培训制度的意见》（国发〔2018〕11号）	深入实施农民工职业技能提升计划——"春潮行动"，将农村转移就业人员和新生代农民工培养成为高素质技能劳动者
2018年7月10日	十七部门《关于大力发展实体经济积极稳定和促进就业的指导意见》（发改就业〔2018〕1008号）	推进城镇基本公共服务常住人口全覆盖，补齐基础设施、公共服务等短板，不断增强城镇聚集产业、吸纳就业能力。实施特色小镇高质量发展工程，做大做强产业支撑，实现产镇融合、镇村融合，提升服务能力，促进农业转移人口就地就近城镇化。支持引导社会资本发展城乡融合典型项目，促进城乡要素资源跨界配置与产业发展有机融合，带动劳动者就地就近就业
2018年9月26日	《乡村振兴战略规划（2018—2022年）》	培育以企业为主导的农业产业技术创新战略联盟，加速资金、技术和服务扩散，带动和支持返乡创业人员依托相关产业链创业发展。健全城乡均等的公共就业服务体系，不断提升农村劳动者素质，拓展农民外出就业和就地就近就业空间，实现更高质量和更充分就业。引导农村劳动力外出就业，更加积极地支持就地就近就业。推进农村劳动力转移就业示范基地建设。加强劳务协作，积极开展有组织的劳务输出
2018年12月19~21日	中央经济工作会议	要推动城镇化发展，抓好已经在城镇就业的农业转移人口的落户工作，督促落实2020年1亿人落户目标，提高大城市精细化管理水平

续表

发布时间	文件名称	政策要点
2019年1月3日	《中共中央 国务院关于坚持农业农村优先发展做好"三农"工作的若干意见》	落实更加积极的就业政策,加强就业服务和职业技能培训,促进农村劳动力多渠道转移就业和增收。发展壮大县域经济,引导产业有序梯度转移,支持适宜产业向小城镇集聚发展,扶持发展吸纳就业能力强的乡村企业,支持企业在乡村兴办生产车间、就业基地,增加农民就地就近就业岗位。稳定农民工就业,保障工资及时足额发放。加快农业转移人口市民化,推进城镇基本公共服务常住人口全覆盖
2019年1月9日	《人力资源社会保障部关于印发〈新生代农民工职业技能提升计划(2019—2022年)〉的通知》(人社部发〔2019〕5号)	逐步形成就业导向、政策扶持、企业主导、社会参与的运行机制,健全培训需求调查、职业指导、分类培训、技能评价、就业服务协同联动的工作机制。到2022年末,努力实现新生代农民工职业技能培训"普遍、普及、普惠"的目标,即普遍组织新生代农民工参加职业技能培训,提高培训覆盖率;普及职业技能培训课程资源,提高培训可及性;普惠性补贴政策全面落实,提高各方主动参与培训的积极性
2019年4月15日	《中共中央 国务院关于建立健全城乡融合发展体制机制和政策体系的意见》	有力有序有效深化户籍制度改革,放开放宽除个别超大城市外的城市落户限制。加快实现城镇基本公共服务常住人口全覆盖。建立健全由政府、企业、个人共同参与的农业转移人口市民化成本分担机制,全面落实支持农业转移人口市民化的财政政策、城镇建设用地增加规模与吸纳农业转移人口落户数量挂钩政策,以及中央预算内投资安排向吸纳农业转移人口落户数量较多的城镇倾斜政策。维护进城落户农民土地承包权、宅基地使用权、集体收益分配权,支持引导其依法自愿有偿转让上述权益
2019年5月24日	《国务院办公厅关于印发职业技能提升行动方案(2019—2021年)的通知》(国办发〔2019〕24号)	持续实施农民工"春潮行动"、"求学圆梦行动"、新生代农民工职业技能提升计划和返乡创业培训计划以及劳动预备培训、就业技能培训、职业技能提升培训等专项培训,全面提升职业技能和就业创业能力
2019年6月28日	《国务院关于促进乡村产业振兴的指导意见》(国发〔2019〕12号)	实施乡村就业创业促进行动,引导农民工、大中专毕业生、退役军人、科技人员等返乡入乡人员和"田秀才""土专家""乡创客"创新创业

续表

发布时间	文件名称	政策要点
2019年8月15日	《国务院办公厅关于成立国务院根治拖欠农民工工资工作领导小组的通知》（国办函〔2019〕79号）	统筹协调全国根治拖欠农民工工资工作；研究审议根治拖欠农民工工资工作重大政策措施；督促检查根治拖欠农民工工资工作有关法律法规和政策措施的落实情况、各地区和各部门任务完成情况
2019年11月26日	《中共中央 国务院关于保持土地承包关系稳定并长久不变的意见》	维护进城农户土地承包权益，现阶段不得以退出土地承包权作为农户进城落户的条件。对承包农户进城落户的，引导支持其按照自愿有偿原则依法在本集体经济组织内转让土地承包权或将承包地退还集体经济组织，鼓励其多种形式流转承包地经营权
2019年12月24日	《国务院关于进一步做好稳就业工作的意见》（国发〔2019〕28号）	鼓励支持返乡创业，年度新增建设用地计划指标优先保障县以下返乡创业用地，支持建设一批农民工返乡创业园、农村创新创业和返乡创业孵化实训基地，建设一批县级农村电商服务中心、物流配送中心和乡镇运输服务站。实施返乡创业能力提升行动，加强返乡创业重点人群、贫困村创业致富带头人、农村电商人才等培训培育。对返乡农民工首次创业且正常经营1年以上的，有条件的地区可给予一次性创业补贴
2019年12月25日	《中共中央办公厅 国务院办公厅印发〈关于促进劳动力和人才社会性流动体制机制改革的意见〉》	以户籍制度和公共服务牵引区域流动。全面取消城区常住人口300万人以下的城市落户限制，全面放宽城区常住人口300万~500万人的大城市落户条件。完善城区常住人口500万人以上的超大特大城市积分落户政策，精简积分项目，确保社会保险缴纳年限和居住年限分数占主要比例。推进基本公共服务均等化，常住人口享有与户籍人口同等的教育、就业创业、社会保险、医疗卫生、住房保障等基本公共服务。稳妥有序探索推进门诊费用异地直接结算，提升就医费用报销便利程度。进一步发挥城镇化促进劳动力和人才社会性流动的作用，全面落实支持农业转移人口市民化的财政政策，推动城镇建设用地增加规模与吸纳农业转移人口落户数量挂钩，推动中央预算内投资安排向吸纳农业转移人口落户数量较多的城镇倾斜
2020年1月7日	《保障农民工工资支付条例》（2019年国务院令第724号）	农民工有按时足额获得工资的权利。任何单位和个人不得拖欠农民工工资

续表

发布时间	文件名称	政策要点
2020年3月26日	《农业农村部办公厅 人力资源和社会保障部办公厅关于印发〈扩大返乡留乡农民工就地就近就业规模实施方案〉的通知》（农办产〔2020〕2号）	回归农业稳定一批。工程项目吸纳一批。创新业态培育一批。扶持创业带动一批。公益岗位安置一批
2020年5月28日	《人力资源和社会保障部关于印发农民工稳就业职业技能培训计划的通知》（人社部函〔2020〕48号）	以企业为主，组织开展在岗和待岗农民工以工代训，实现以训稳岗。以输入地为主，组织转岗和失业农民工开展定向定岗培训，提升农民工就业能力。以输出地为主，组织返乡农民工开展就业创业培训，促进农民工就近就业创业
2020年8月6日	《人力资源和社会保障部 国家发展改革委等十五部门关于做好当前农民工就业创业工作的意见》（人社部发〔2020〕61号）	支持农民工通过临时性、非全日制、季节性、弹性工作等多种形式实现灵活就业，灵活就业支持政策对城镇户籍居民和农民工一视同仁。鼓励农民工从事个体经营，开办特色小店，符合条件的按规定给予税收优惠、场地支持等政策。支持农民工从事直播销售、网约配送等新就业形态增加收入。支持高质量建设一批返乡入乡创业园（基地）、集聚区，吸引农民工等就地就近创业就业
2021年6月28日	《人力资源和社会保障部 国家乡村振兴局关于印发〈国家乡村振兴重点帮扶地区职业技能提升工程实施方案〉的通知》（人社部发〔2021〕45号）	强化提升重点帮扶地区技工教育和职业培训供给能力，新建、改（扩）建100个左右技工院校和职业培训机构；建设100个左右高技能人才培训基地；建立100个左右技能大师工作室；开发100个左右专项职业能力考核规范；依托"就业创业和职业培训在线服务平台"征集遴选100个左右"互联网+技能帮扶"线上培训资源；累计开展职业技能培训不少于300万人次，培养5万名左右高级工以上高技能人才和乡村工匠
2021年8月17日	《人力资源和社会保障部 住房和城乡建设部 交通运输部 水利部 银保监会 铁路局 民航局关于印发〈工程建设领域农民工工资保证金规定〉的通知》（人社部发〔2021〕65号）	施工总承包单位应当在工程所在地的银行存储工资保证金或申请开立银行保函。工资保证金按工程施工合同额（或年度合同额）的一定比例存储，原则上不低于1%，不超过3%。施工总承包单位所承包工程发生拖欠农民工工资的，经人力资源社会保障行政部门依法做出责令限期清偿或先行清偿的行政处理决定，施工总承包单位到期拒不履行的，属地人力资源社会保障行政部门可以向经办银行出具《农民工工资保证金支付通知书》，书面通知有关施工总承包单位和经办银行。经办银行应在收到《农民工工资保证金支付通知书》5个工作日内，从工资保证金账户中将相应数额的款项以银行转账方式支付给被拖欠工资农民工本人

续表

发布时间	文件名称	政策要点
2021年11月10日	《拖欠农民工工资失信联合惩戒对象名单管理暂行办法》(人社部令第45号)	对克扣、无故拖欠农民工工资达到认定拒不支付劳动报酬罪数额标准的或因拖欠农民工工资违法行为引发群体性事件、极端事件造成严重不良社会影响的用人单位,依法责令限期支付工资,逾期未支付的,人力资源社会保障行政部门应当将该用人单位及其法定代表人或者主要负责人、直接负责的主管人员和其他直接责任人员列入失信联合惩戒名单
2021年11月26日	《人力资源和社会保障部 国家乡村振兴局关于加强国家乡村振兴重点帮扶县人力资源社会保障帮扶工作的意见》(人社部发〔2021〕94号)	"十四五"时期,保持重点帮扶县脱贫人口每年就业规模总体稳定,帮助有就业意愿的农村劳动力实现就业持续增收;强化提升技工教育和职业培训供给能力,实现脱贫家庭和防止返贫监测对象家庭有培训需求的劳动力都有机会参加职业培训、有就读技工院校意愿的"两后生"都有机会接受技工教育。西部地区要指导和支持重点帮扶县摸清本地脱贫劳动力、防止返贫监测对象外出务工意愿,做好组织发动、劳务输出。东部地区要畅通脱贫劳动力、防止返贫监测对象流入渠道,帮助脱贫劳动力方便就业、稳定就业、维护合法权益,将在本地务工的脱贫劳动力全部作为工作对象、纳入服务范围
2022年3月10日	《国家发展改革委关于印发〈2022年新型城镇化和城乡融合发展重点任务〉的通知》(发改规划〔2022〕371号)	坚持把推进农业转移人口市民化作为新型城镇化首要任务,重点针对存量未落户人口深化户籍制度改革,健全常住地提供基本公共服务制度,提高农业转移人口融入城市水平 各类城市要根据资源环境承载能力和经济社会发展实际需求,畅通在本地稳定就业生活的农业转移人口举家进城落户渠道。积极扩大公办学位资源,以流入地政府为主、公办学校为主,保障农民工随迁子女平等接受义务教育,落实以"居住证"为主要依据的随迁子女入学政策,优先将随迁子女占比较高的民办义务教育学校纳入政府购买学位范围。以新生代农民工为重点推动参保扩面,推动企业为农民工缴纳职工养老、医疗、工伤、失业、生育等社会保险费,合理引导灵活就业农民工按规定参加基本医疗保险和基本养老保险。推进异地就医跨省直接结算扩面,实现每县开通至少一家联网定点医疗机构开展门诊费用跨省直接结算。推进落实新就业形态就业人员职业伤害保障试点 稳定和扩大农民工就业岗位,拓宽灵活就业渠道,规范平台企业用工,建设一批规范化零工市场。大力开展适合农民工就业的技能培训和新职业新业态培训,深入实施"技能中国"行动,以实用性、针对性为导向,开展农民工补贴性培训600万人次以上

续表

发布时间	文件名称	政策要点
2022年5月6日	《中共中央办公厅 国务院办公厅印发〈关于推进以县城为重要载体的城镇化建设的意见〉》	全面落实取消县城落户限制政策，确保稳定就业生活的外来人口与本地农业转移人口落户一视同仁。确保新落户人口与县城居民享有同等公共服务，保障农民工等非户籍常住人口均等享有教育、医疗、住房保障等基本公共服务。以新生代农民工为重点推动社会保险参保扩面，全面落实企业为农民工缴纳职工养老、医疗、工伤、失业、生育等社会保险费的责任，合理引导灵活就业农民工按规定参加职工基本医疗保险和城镇职工基本养老保险。依法保障进城落户农民的农村土地承包权、宅基地使用权、集体收益分配权，支持其依法自愿有偿转让上述权益。建立健全省以下财政转移支付与农业转移人口市民化挂钩机制。建立健全省以下城镇建设用地增加规模与吸纳农业转移人口落户数量挂钩机制
2022年7月28日	《"十四五"新型城镇化实施方案》	坚持把推进农业转移人口市民化作为新型城镇化的首要任务，存量优先、带动增量，稳妥有序推进户籍制度改革，推动城镇基本公共服务均等化，健全配套政策体系，提高农业转移人口市民化质量 放开放宽除个别超大城市外的落户限制，试行以经常居住地登记户口制度。全面取消城区常住人口300万以下的城市落户限制，确保外地与本地农业转移人口进城落户标准一视同仁。全面放宽城区常住人口300万~500万人的Ⅰ型大城市落户条件。完善城区常住人口500万人以上的超大特大城市积分落户政策，精简积分项目，确保社会保险缴纳年限和居住年限分数占主要比例，鼓励取消年度落户名额限制。各城市因地制宜制定具体落户办法，促进在城镇稳定就业和生活的农业转移人口举家进城落户，并与城镇居民享有同等权利、履行同等义务。完善全国公开统一的户籍管理政务服务平台，提高户籍登记和迁移便利度。依法保障进城落户农民的农村土地承包权、宅基地使用权、集体收益分配权，健全农户"三权"市场化退出机制和配套政策
2022年10月16日	《高举中国特色社会主义伟大旗帜 为全面建设社会主义现代化国家而团结奋斗》	推进以人为核心的新型城镇化，加快农业转移人口市民化 保障进城落户农民合法土地权益，鼓励依法自愿有偿转让

续表

发布时间	文件名称	政策要点
2022年11月9日	《人力资源和社会保障部 国家发展改革委 财政部 农业农村部 国家乡村振兴局关于进一步支持农民工就业创业的实施意见》（人社部发〔2022〕76号）	支持稳定农民工就业岗位。全面落实社保费缓缴、稳岗返还、留工培训补助、社会保险补贴等政策，结合实际实行"免申即享""直补快办"，重点支持农民工就业集中的建筑业、制造业、服务业企业渡过难关，最大限度稳定农民工就业岗位。加速落地吸纳农民工就业数量较多、成效较好的项目，尽快发挥带动农民工就业作用 健全劳务协作机制。在东西部协作、对口支援和省内协作机制基础上，地理相邻、人员往来密切的省份可探索组建区域劳务协作联盟，推动区域内信息对接、培训联动，为农民工外出务工提供支持，根据需要提供"点对点"劳务输出。动态掌握农民工返乡情况，及时形成就业人员清单、失业人员清单和有意愿外出人员清单。健全跨区域就业服务机制，动员市场化服务机构参与，完善岗位收集、精准匹配、高效输出全流程服务，帮助有意愿外出的农民工再次外出
2022年11月9日	《人力资源和社会保障部 国家发展改革委 财政部 农业农村部 国家乡村振兴局关于进一步支持农民工就业创业的实施意见》（人社部发〔2022〕76号）	加快发展县域特色产业。结合推进以县城为重要载体的城镇化建设，鼓励新办环境友好型和劳动密集型企业，提升县域就业承载力，为农民工提供更多就近就业机会。构建现代农业产业体系，发展乡村特色产业、农村电商等新产业新业态，推进农村一二三产业融合发展，支持农民工家门口就业

第二章

农业转移人口进城的时空演变

农村人口的迁移方向与空间分布,包括空间集疏格局、迁移模式与变动态势。系统回顾农业转移人口的省际变动与空间集疏格局,包括总体特征与演化趋势,有助于分析迁移的影响因素,尤其是户籍政策的效应。

一 农业转移人口流动的总体特征

改革开放以来,农村人口向城市转移已经成为我国经济社会发展的大势。从农村人口转移的历时性变化看,农村人口转移大致经历3个阶段:第一阶段为1978~2001年,这一时期户籍制度对人口流动的严格限制逐步松动,但城乡二元户籍制度的长期存在使得农村人口转移的规模受限;第二阶段为2002~2012年,工业化对劳动力的需求急剧上升,户籍制度的壁垒在经济社会发展的驱动下被逐渐打破,这一阶段农村户籍人口缓慢减少,但农村常住人口持续快速下降,农村人口外流率增长到139.14%,年均增速为1.57%;第三阶段为2013年至今,是农业转移人口市民化阶段,农村常住人口稳步减少,农村户籍人口在农村转移人口市民化进程中快速下降。

从农村人口转移的结构性变化看,随着工业化和城镇化的发展以及户籍等相关制度限制的放松,向城市转移的农村人口不再限于适龄劳动力,儿童和老人也逐渐加入转移人口大军中。据《2014年全国农民工监测调查报告》,2010年有外出农民15335万人,其中举家外出农民工有3071万人,2014年外出农民工增长到16821万人,举家外出农民工增长到3578

万人，较 2010 年增长了 16.51%。① 据《2020 年全国农民工监测调查报告》，2020 年外出农民工 16959 万人，在外出农民工中，年末在城镇居住的进城农民工 13101 万人。② 近年来，随着户籍制度改革的不断深化，"居住证"制度的全面实行，举家迁移的农村人口数量持续增长。

农村人口向城市转移需要注意农业转移人口户籍转移无序化问题。受我国自然地理分异和不均衡发展等因素影响，农业人口从乡村流向城市、由落后地区流向发达地区的转移并不是一个均衡推进的过程，不仅存在地理空间上的东西、南北不均衡，在不同等级城市之间的非均衡性也非常突出。大致而言，农业转移人口倾向于向东部地区和大中城市流动，并存在过度集聚的情况。1978~2013 年，城镇常住人口从 1.7 亿人增加到 7.3 亿人，城镇化率从 17.9% 提升到 53.7%，年均提高 1.02 个百分点；城市数量从 193 个增加到 658 个，建制镇数量从 2173 个增加到 20113 个。③ 为此，在政策上《国家新型城镇化规划（2014—2020 年）》的指导性意见规定，以合法稳定就业和合法稳定住所（含租赁）等为前置条件，全面放开建制镇和小城市落户限制，有序放开城区人口 50 万~100 万人的城市落户限制，合理放开城区人口 100 万~300 万人的大城市落户限制，合理确定城区人口 300 万~500 万人的大城市落户条件，严格控制城区人口 500 万人以上的特大城市人口规模。④

根据第七次全国人口普查数据，2020 年，居住在城镇的人口为 901991162 人，占 63.89%（2020 年我国户籍人口城镇化率为 45.40%）；居住在乡村的人口为 509787562 人，占 36.11%。与 2010 年第六次全国人口普查相比，城镇人口增加 236415856 人，乡村人口减少 164361984 人，城镇人口比重上升 14.21 个百分点。我国常住人口的城镇化率比户籍人口

---

① 《统计局发布 2014 年全国农民工监测调查报告》，http：//www.gov.cn/xinwen/2015-04/29/content_2854930.htm。
② 《2020 年全国农民工监测调查报告》，http：//www.gov.cn/xinwen/2021-04/30/content_5604232.htm。
③ 《国家新型城镇化规划（2014—2020 年）》，https：//www.gov.cn/zhengce/2014-03/16/content_2640075.htm。
④ 《国家新型城镇化规划（2014—2020 年）》，https：//www.gov.cn/zhengce/2014-03/16/content_2640075.htm。

的城镇化率要高出18.49个百分点，人户分离人口达4.93亿人（见表2-1）。① 作为城镇化核心的人口城镇化并没有真正实现，农业转移人口没有享受城市居民的各种福利待遇，呈现一种"半城镇化"状态。

目前，我国统计部门公布的城镇化率基本上是简单的城镇人口占比，而不包括土地空间变化和人口市民化程度及相应的城镇居民待遇配置比。城镇化的特点为重土地城镇化，轻人口城镇化。长期以来，很多人都认为城镇化就是多征地、多建新城、多建开发区和工业园区……这导致我国城市规模迅速扩张，形成很多"空城"和"鬼城"。1996~2012年，我国建设用地年均增加724万亩，用于城镇化建设的土地年均增加达357万亩；2000~2011年，我国建成城镇面积增长76.40%，而城镇人口增长率却只有50.50%。农村人口减少1.33亿人，农村居民点用地却增加了203万公顷。② 很多地方政府过度依赖土地出让收入，"摊大饼"式建城，降低了土地利用效率，造成大量耕地资源浪费。

表2-1 2000~2022年常住人口城镇化率与户籍人口城镇化率的差距

单位：%

年份	常住人口城镇化率	户籍人口城镇化率
2000	3.22	21.38
2005	42.99	25.79
2010	49.95	33.51
2011	51.27	34.71
2012	52.57	35.33
2013	53.73	35.93
2014	54.77	36.63
2015	56.10	39.90
2016	57.35	41.20
2017	58.52	42.35

① 《国务院新闻办就第七次全国人口普查主要数据结果举行发布会》，http://www.gov.cn/xinwen/2021-05/11/content_5605842.htm。
② 参见《国家新型城镇化规划（2014—2020年）》，http://www.gov.cn/zhengce/2014-03/16/content_2640075.htm。

续表

年份	常住人口城镇化率	户籍人口城镇化率
2018	59.58	43.37
2019	60.60	44.38
2020	63.89	45.40
2021	64.72	46.70
2022	65.22	

资料来源：根据《中国统计年鉴》整理。

当前，农业转移人口已经成为流入地城镇人口的重要组成部分，成为经济发展不可或缺的重要力量，成为社会生活中不可忽视的重要群体。要加快实现农业转移人口和其他常住人口落户城镇，关键是通过改革和创新农业转移人口服务和管理体制，最大限度地挖掘人口红利，推进新型城镇化。为此有必要深入研究农村劳动力向城镇转移的宏观态势，探讨农村劳动力向城市转移的空间趋向。下文引入地理信息系统和时空分析方法，利用"五普"和"六普"分区县数据探讨2000年和2010年中国各地区及各级城市迁入人口的空间特征，探究农村劳动力转移趋向与城镇化发展战略的契合关系。

二 时空分析方法

（一）数据来源

本书分析所使用人口数据来源于《2000人口普查分县资料》[①]《中国2010年人口普查分县资料》[②]，行政边界和道路交通数据来源于国家基础地理信息中心，时间节点为2010年，全书未含港澳台数据。数据清理结果显示，2000年人口普查有2869个区县，2010年人口普查有2867个区县。

[①] 国务院人口普查办公室、国家统计局人口和社会科技统计司编《2000人口普查分县资料》，中国统计出版社，2003。

[②] 国务院人口普查办公室、国家统计局人口和就业统计司编《中国2010年人口普查分县资料》，中国统计出版社，2012。

第二章　农业转移人口进城的时空演变

由于存在区划调整和划分差异的状况，对上述三个来源的数据进行横向合并清理，获得有效区县样本2692个。

（二）变量测量

在2000年和2010年的人口普查分县数据中，迁移流动人口变量包括辖区内常住人口、户籍人口、非农村户籍人口比重（%）、城镇常住人口、农村常住人口，以及三类常住迁入人口，包括本县（市）/本市市区迁入人口，本省其他县（市）、市区迁入人口，外省迁入人口。

常住人口是指在经常居住地生活半年以上的人口，分为城镇常住人口和农村常住人口。户籍人口是指在所在行政区辖区内公安户籍管理部门登记户口的人口，分为农村户籍人口和非农村户籍人口，前者一般生活在农村，而后者通常生活在城镇。农村常住人口是指生活在农村半年以上的人口，城镇常住人口是指生活在城镇半年以上的人口。在三类常住迁入人口中，本县（市）/本市市区迁入人口指区县辖区内迁移的人口。本省其他县（市）、市区迁入人口，外省迁入人口分别是指省内其他县（市）或外省户籍人口迁入的人口。

由于所得数据为汇总数据，我们不能拆分数据对各种人口构成进行细致分析，因此我们根据实际情况做如下假定。计划经济体制时代形成的户籍制度，把人口分为农村户籍人口和非农村户籍人口，前者一般生活在农村，而后者通常生活在城镇。改革开放以后，人口流动的主要趋势是农村户籍人口向城镇流动，因此城镇常住人口通常包含非农村户籍人口和农村户籍人口。非农村户籍人口流向农村的情况很少，因此我们假定农村常住人口不包含非农村户籍人口，非农村户籍人口全部生活在城镇。从人口跨区域流动角度看，不发达地区农村户籍人口会流入发达地区的农村，使得这些农村同时存在本地农村户籍人口和外地农村户籍人口，例如在长三角和珠三角等乡镇经济发达的农村，还有部分农业生产规模较大或较发达地区的农村有其他地区的农村户籍人口迁入，如新疆和东北的农垦区。因此，本书假定农村常住人口包括本地农村户籍人口和外地迁入的农村户籍人口。

根据上述设定，我们把各类型人口的关系梳理如下：

一是，本区县常住人口＝本区县农村常住人口＋本区县城镇常住人口；

二是，本区县城镇常住人口＝本区县非农村户籍人口＋迁入人口；

三是，迁入人口＝本县（市）/本市市区迁入人口＋本省其他县（市）、市区迁入人口＋外省迁入人口；

四是，本区县农村常住人口＝本地农村户籍人口＋外地迁入农村户籍人口。

根据上述关系，我们操作化形成如下变量。

第一，农村人口迁移率＝农村户籍人口/农村常住人口×100%。

该比率如果小于100%，表示所在区县农村属于人口净流入；如果等于100%，则表示流入和流出持平；如果大于100%，则表示人口净流出。

第二，城镇人口迁移率＝城镇人口/非农村户籍人口×100%。

该比率如果小于100%，表示城镇人口净流出；如果等于100%，则表示流出与流出持平；如果大于100%，则表示人口净流入。

第三，城镇外来人口迁入率＝迁入人口/本区县城镇常住人口×100%。

该比率在0%~100%，值越大表明本区县内的迁入人口越多，也意味着农业转移人口落户的空间越大。

第四，城镇本县（市）人口迁入率＝本县（市）迁入人口/本区县城镇常住人口×100%。

该比率在0%~100%，值越大表明本县（市）迁入人口越多。一般而言区县内主要是农村人口向城镇迁移，所以该指标在一定程度上能反映辖区内的农村户籍人口在区县内的转移情况。

第五，城镇本省其他县（市）人口迁入率＝本省其他县（市）迁入人口/本区县城镇常住人口×100%。

第六，外省人口迁入率＝外省迁入人口/本区县城镇常住人口×100%。

以上两个比率取值在0%~100%，值越大表明外地迁入的人口比例越大。

第七，本区县迁入人口占迁入人口比率＝本县（市）或本市市区迁入人口/迁入人口×100%。

该比率在0%~100%，如果大于50%，说明本区县迁入人口主要是区县内跨区迁移；如果小于50%，则本区县迁入人口中区县外户籍人口居多。

为了获得不同规模的人口城市，本书把区县划分为区、县级市和县三类行政区，其中把地级及以上级别城市的"区"涉及的人口数据合并为对应城市的"市区"。由此我们获得了直辖市城市、省级城市、地级城市、县级市城市和县级城市。进一步，我们根据《国家新型城镇化规划（2014—2020年）》的规定，按照城镇常住人口规模分为10万人及以下、10万~50万人、50万~100万人、100万~300万人、300万~500万人及500万人以上，获得城镇常住人口规模等级变量。

（三）分析方法

分析方法包括统计比较分析和空间计量分析。具体而言，统计比较分析的内容包括纵向时间比较和横向空间比较。为了进行有效的比较，我们将对前述变量做进一步的类型划分。在空间分析方面，使用ArcGIS软件进行空间集聚与空间分异分析。空间集聚即具有某一属性的地理事物在特定地理空间上呈现集聚分布的现象；空间分异则指的是特定地理事物在空间的某一方向保持特征的相对一致性，而在另一方向上表现出明显的差异和有规律的变化。[1] 根据研究内容的需要，我们分别选取Global Moran's I（GMI）和Local Moran's I（LMI），使用Getis-Ord General G统计可度量高值或低值的聚类程度来剖析农村人口城镇转移的空间集聚和空间分异特征。此外，基尼系数（Gini系数）亦被用于度量农业人口城镇转移的不均衡特征。[2]

三 宏观态势与空间趋向

（一）县域农业人口的城镇转移

我国的农村人口主要分布在胡焕庸线以东，其中华北平原、长江中下

---

[1] 王劲峰、廖一兰、刘鑫编著《空间数据分析教程》，科学出版社，2010。
[2] 刘春霞：《产业地理集中度测度方法研究》，《经济地理》2006年第5期。

游平原、四川盆地及雷州半岛北部人口密集。与农村户籍人口相比，区县农村常住人口规模普遍较低，意味着农村存在大量人口转移。

从农村人口规模上看，纵向比较，2000年和2010年农村户籍人口与农村常住人口发生了较大变化，前者从区县均值约33万人增长至约34万人，后者从约27万人下降至约23万人，说明总体上县域农村户籍人口在增长，农村常住人口在下降。横向比较，2000年农村户籍人口与农村常住人口之差约为5.6万人，但2010年这一差值上升至约10.7万人，说明农业人口转移的规模大幅上升（见表2-2）。

表2-2 2000年与2010年农村人口规模状况

单位：人

人口类型	年份	均值	标准差	频数
农村户籍人口	2000	329879.50	295829.97	2873
	2010	341590.58	297899.37	2870
农村常住人口	2000	273840.93	262316.36	2869
	2010	234306.79	260782.29	2867

从空间分布上看，2010年，新疆南部、青藏高原和云贵川一带农业户籍人口增长10%以上，长江以南地区、华北平原地区以及内蒙古西部地区略有增长，长江沿线的安徽、湖北、四川，以及陕西、山西、甘肃等省份则有所下降，区域内农村户籍人口普遍下降的是东北地区。与农村户籍人口相反，农村常住人口在青藏高原以东和新疆北部的绝大多数区县出现下降，且多数下降20%以上。而广东、云南边境和东北三江平原地区的农村常住人口有所增长，少数县市甚至在10%以上。

人口空间分布基尼系数可以衡量人口分布的均衡水平。如表2-3所示，区县农村户籍人口和农村常住人口的基尼系数大约在0.45~0.50，说明两类农村人口存在较高的集中度，即大量的农村人口集中在部分区县中，存在分布不均的情况。从纵向时间看，一方面，农村户籍人口的基尼系数从2000年的0.4921下降到2010年的0.4565，说明区县农村户籍人口的集中度有明显的下降趋势。由于农业户口的减少是一个向非农业户口转变的单向过程,这意味着原本农村户籍人口多的区县,有较多的农业户口转为非农业户口,从而降低了集中度。另一方面,农村常住人口基尼系数2000年为0.4566,2010年为0.4470,说明农村常住人口的分布没有发生较大变化,处于相对稳定的状态。

表2-3 2000年和2010年区县农村人口的集聚特征

变量	指标	2000年	2010年	趋势
农村户籍人口	GMI指数	0.1745	0.2098	空间集聚性上升
	Gini系数	0.4921	0.4565	集中度下降
农村常住人口	GMI指数	0.2137	0.2129	空间集聚性基本没变
	Gini系数	0.4566	0.4470	集中度略有下降
农村人口迁移率	GMI指数	0.002913	0.000731	空间集聚性微弱

在集聚性方面,计算结果显示2000年和2010年的GMI指数均在1%的显著性水平上通过了假设检验,表明在空间分布上均呈现显著的集聚性和正相关性。如表2-3所示,农村户籍人口的GMI指数,2000年为0.1745,2010年为0.2098,说明农村户籍人口的空间集聚性有所上升。从统计数据看,2000年农村户籍人口主要集聚在华北平原、长江中下游平原地区,还集聚在津京冀、川渝和华南三个相对独立的地区;2010年津京冀地区和皖南地区、赣北地区及浙江地区集聚消失,华南地区、川渝地区与华北平原、长江中下游平原相连片,空间集聚性上升。东北地区、西北地区和西南地区连片成为低于均值的集聚区。

2000年和2010年农村常住人口的GMI指数分别为0.2137和0.2129,说明农村常住人口的空间集聚性基本没变。从地域看,湖南、贵州存在较大规模的农村户籍人口向城镇转移。从农村人口迁移率看,表2-3中GMI指数均不到0.01,说明农村人口迁移率的空间集聚性微弱。也就是说,不存在高迁移与低迁移之间的空间集聚。

表2-4显示了2000~2010年区县农村人口迁移类型变化的统计结果。2000年,在全国范围内有62.60%的区县为净流出Ⅰ型,其次是流动平衡型,占比为20.60%。净流入的区县仅占7.08%。至2010年,上述三类迁

移区县比例均下降,而净流出Ⅱ型由6.62%增长到27.60%,净流出Ⅲ型从3.12%增至5.20%。具体而言,有15.52%的区县由流动平衡型转为净流出Ⅰ型,有21.07%的区县由净流出Ⅰ型转为净流出Ⅱ型,相反发生迁移逆转的区县仅约6.00%,说明2000~2010年农村人口向外转移规模、区域不断扩大。卡方检验结果表明,2000年与2010年迁移类型分布存在显著差异。

表2-4 2000~2010年区县农村人口迁移类型变化的统计结果

单位:%

2000年＼2010年	净流入Ⅰ型	流动平衡型	净流出Ⅰ型	净流出Ⅱ型	净流出Ⅲ型	合计
净流入Ⅰ型	1.71	1.83	2.9	0.47	0.17	7.08
流动平衡型	0.94	2.05	15.52	1.92	0.17	20.60
净流出Ⅰ型	0.72	0.77	37.78	21.07	2.26	62.60
净流出Ⅱ型	0.17	0.09	1.71	3.24	1.41	6.62
净流出Ⅲ型	0.30	0.09	0.64	0.90	1.19	3.12
合计	3.84	4.83	58.55	27.60	5.20	100.00
卡方检验	Pearson chi^2(16) = 904.2945　Pr = 0.000					

注:农村人口迁移率 = 农村户籍人口/农村常住人口×100%,其中0~95%为净流入Ⅰ型,95%~105%为流动平衡型,105%~150%为净流出Ⅰ型,150%~200%为净流出Ⅱ型,200%以上为净流出Ⅲ型。

从空间分布看,2000年农村人口向外高度迁移的主要是浙江、福建和广东等,至2010年东部不仅这些省份的农村外流进一步扩大,江苏、山东、河北等省份的外流也大幅提高,中部地区的安徽、湖南、江西、湖北和河南也成为重要的农村人口外流省份,重庆、贵州、四川、内蒙古和广西等西部省级行政区的农村人口外流趋势也在加深(见表2-5)。而西北地区农村人口净流入的区县则大幅减少。总的来看,至2010年东部省份是农村人口外流的主力,其次是中部地区。这一结果与2010年农民工监测的结果一致,其中东部输出农民工占比43.25%,中部地区占比31.55%,西部地区占比25.3%。

表 2-5　2000-2010 年县（区）农业人口迁移率的省际比较

单位：%

省级行政区	2000 年	2010 年	省级行政区	2000 年	2010 年
福建省	137	196	陕西省	114	145
广东省	163	191	甘肃省	110	138
浙江省	147	178	四川省	110	135
江苏省	118	176	山西省	110	131
安徽省	120	167	云南省	109	130
湖南省	116	160	黑龙江省	116	127
重庆市	113	159	青海省	103	127
山东省	126	157	海南省	113	127
贵州省	120	156	天津市	98	124
江西省	113	155	宁夏回族自治区	110	124
湖北省	130	154	上海市	139	123
河南省	114	152	吉林省	113	120
内蒙古自治区	126	152	北京市	105	118
河北省	109	150	西藏自治区	109	109
广西壮族自治区	122	150	新疆维吾尔自治区	94	97
辽宁省	117	149	全国平均	118	147

注：以本区县农村人口迁移率=农村户籍人口/乡村常住人口×100%；该结果如果小于100%，表示所在区县农村属于人口净流入；如果大于100%，则表示人口净流出。

（二）区县城镇人口的时空演变

整体上看，城镇常住人口的分布同农村常住人口一样，主要分布于胡焕庸线以东，其中城镇人口密集的地方主要集中在津京冀、长三角和珠三角地区。

1. 区县城镇人口的空间分布

表 2-6 显示了 2000 年和 2010 年区县城镇人口的集聚特征。两个年份的非农村户籍人口的 GMI 指数分别为 0.1220 和 0.1207，没有明显差别，表明空间集聚性未变。东北地区非农村户籍人口集聚面积萎缩，四川盆地和华南地区的集聚区域显现。空间基尼系数从 0.7709 大幅下降到 0.4901，说明非农村户籍人口集中度大幅下降。以上两点表明，至 2010 年非农村户籍人口集中度下降，同时集聚空间扩大。

表 2-6 2000 年和 2010 年区县城镇人口的集聚特征

变量	指标	2000 年	2010 年	趋势
非农村户籍人口	GMI 指数	0.1220	0.1207	空间集聚性未变
	Gini 系数	0.7709	0.4901	集中度大幅下降
城镇常住人口	GMI 指数	0.1069	0.1368	空间集聚性略有提高
	Gini 系数	0.7863	0.7875	维持高度集中
城镇人口迁移率	GMI 指数	0.0452	0.1116	空间聚集性增强

城镇常住人口的情况则相反,GMI 指数从 0.1069 上升至 0.1368,基尼系数基本没有变化,维持在 0.79 左右。这意味着,至 2010 年城镇常住人口空间集聚性略有提高,继续维持高度集中,集聚范围向东部省份收缩。

表 2-7 显示了 2000~2010 年区县城镇人口迁移类型变化。2000 年净流入 I 型占比约 39.00%,其次是净流入 II 型,占比 24.38%,再是净流入 III 型,占比 16.00%,三类合计 79.38%,即约 4/5 的区县为人口净流入。至 2010 年,三类比例进一步提升到 90.35%,其中净流入 III 型提高了近 20.00%。从空间分布看,人口净流入的区县从东部沿海地区向中西部地区扩散。

表 2-7 2000~2010 年区县城镇人口迁移类型变化

单位:%

2000 年＼2010 年	净流入 I 型	流动平衡型	净流出 I 型	净流出 II 型	净流出 III 型	合计
净流出 I 型	2.67	0.71	4.13	3.01	2.63	13.15
流动平衡型	1.05	0.68	3.27	1.50	0.98	7.48
净流入 I 型	2.22	1.69	14.99	11.46	8.64	39.00
净流入 II 型	0.19	0.19	4.32	8.75	10.93	24.38
净流入 III 型	0.15	0.11	1.01	2.63	12.10	16.00
合计	6.28	3.38	27.72	27.35	35.28	100.00
卡方检验	Pearson chi^2(16) = 743.5643	Pr = 0.000				

注:城镇人口迁移率=城镇人口/非农村户籍人口×100%,其中 0~95% 为净流出 I 型,95%~105% 为流动平衡型,105%~150% 为净流入 I 型,150%~200% 为净流入 II 型,200% 以上为净流入 III 型。

第二章 农业转移人口进城的时空演变

2. 区县迁入人口状况

从区县迁入人口状况看，如表2-8所示，2010年相比2000年区县整体迁入人口的空间集聚性有所上升（GMI指数从0.0733增至0.1089），但迁入人口仍维持高度集中（Gini系数在0.63左右）。高于平均水平的迁入人口区县主要集中在津京冀、江浙闽和广东等地区，并且区域均有扩大。

表2-8　2000年和2010年区县城镇人口的集聚特征

变量	指标	2000年	2010年	趋势
迁入人口	GMI指数	0.0733	0.1089	空间集聚性有所上升
	Gini系数	0.6245	0.6316	维持高度集中
本县（市）迁入人口	GMI指数	0.1106	0.1013	空间集聚性基本未变
	Gini系数	0.7865	0.7258	集中度略有下降
本省其他县（市）迁入人口	GMI指数	0.1123	0.0656	空间集聚性有所下降
	Gini系数	0.8440	0.8576	维持高度集中
外省迁入人口	GMI指数	0.1393	0.1817	空间集聚性有较大上升
	Gini系数	0.9167	0.9299	维持高度集中
城镇人口迁移率	GMI指数	0.0452	0.0931	空间聚集性上升

从分项数据看，本县（市）迁入人口的空间集聚性基本未变，本省其他县（市）迁入人口的空间集聚性有所下降，而外省迁入人口的空间集聚性有较大上升。本县（市）迁入人口，在四川盆地形成了高于平均水平的集聚区，而长江中游地区和辽沈地区的集聚水平下降，外省迁入人口的区域集中在津京冀、长三角和珠三角地区。在集中度方面，本省其他县（市）迁入人口和外省迁入人口均维持高度集中，尤其是外省迁入人口，基尼系数达到0.9299，即极少数区县迁入了绝大多数的外省迁入人口。

从迁移类型看，2000年有近85%的区县是以本地城镇户籍人口为主，迁入人口超过本地城镇户籍人口不到9%。至2010年，户籍迁入均衡型和迁入人口为主Ⅰ型略有上升，不少区县城镇人口主体类型发生了转换，迁入人口比例上升约32个百分点，比例下降约16个百分点，合计近50%的区县发生人口类型转换（见表2-9）。由此可见，与农村人口变化不同，城镇人口类型的变化不是单向的，而是双向的。

表 2-9 2000~2010 年区县城镇人口主体类型变化

单位：%

2000年＼2010年	城镇户籍人口为主Ⅱ型	城镇户籍人口主Ⅰ型	户籍迁入均衡型	迁入人口为主Ⅰ型	合计
城镇户籍人口为主Ⅱ型	26.17	15.94	1.13	1.10	44.34
城镇户籍人口为主Ⅰ型	7.82	21.11	6.95	4.53	40.41
户籍迁入均衡型	0.98	2.30	1.13	1.96	6.37
迁入人口为主Ⅰ型	1.10	2.45	1.47	3.85	8.87
合计	36.06	41.81	10.68	11.44	100.00
卡方检验	Pearson chi^2(9) = 839.6428 Pr = 0.000				

注：城镇外来人口迁入率=迁入人口/本区县城镇常住人口×100%，其中 0%~25% 为城镇户籍人口为主Ⅱ型，25%~45% 为城镇户籍人口为主Ⅰ型，45%~55% 为户籍迁入均衡型，55%~100% 为迁入人口为主Ⅰ型。

从迁移区域看，以迁入人口为主体的区县多数并没有分布在东部地区，而是在西部地区或者胡焕庸线以西，且2010年在数量上有明显增长。东部地区以迁入人口为主的区县增长明显的地区包括津京冀、苏南地区、浙江和福建两省，以及广东珠三角地区，而中部地区原本以迁入人口为主的区县反而在2010年转变为以本地城镇户籍人口为主。

从迁入人口构成看，2000年迁入人口以本地人口为主的区县占62.65%，2010年占58.07%；2000年以外地人口为主的区县占24.27%，2010年上升至31.97%（见表2-10）。从具体变动状况看，2000~2010年，有约30%的区县外地人口比例上升，约12%的区县外地人口比例下降，总的来看外地人口比例上升是主体。

表 2-10 2000~2010 年区县迁入人口主体类型变化

单位：%

2000年＼2010年	本区县迁移人口为主Ⅱ型	本区县迁移人口为主Ⅰ型	本区县外地均衡型	外地迁入人口为主Ⅰ型	外地迁入人口为主Ⅱ型	合计
本区县迁移人口为主Ⅱ型	17.73	5.76	0.86	0.94	0.07	25.36
本区县迁移人口为主Ⅰ型	9.43	16.57	4.15	5.76	1.38	37.29

续表

2000年\2010年	本区县迁移人口为主Ⅱ型	本区县迁移人口为主Ⅰ型	本区县外地均衡型	外地迁入人口为主Ⅰ型	外地迁入人口为主Ⅱ型	合计
本区县外地均衡型	0.90	4.19	2.51	3.63	1.83	13.06
外地迁入人口为主Ⅰ型	0.41	2.58	2.02	5.87	6.02	16.90
外地迁入人口为主Ⅱ型	0.19	0.30	0.41	1.53	4.94	7.37
合计	28.66	29.40	9.95	17.73	14.24	100.00
卡方检验	Pearson chi^2(16)= 1.7e+03 Pr= 0.000					

注：本区县迁入人口占迁入人口比率=本县（市）或本市市区迁入人口/迁入人口×100%，其中0~25%为外地迁入人口为主Ⅱ型，25%~45%为外地迁入人口为主Ⅰ型，45%~55%为本区县外地均衡型，55%~75%为本区县迁移人口为主Ⅰ型，75%~100%为本区县迁移人口为主Ⅱ型。

（三）不同规模城市的人口变动状况

以城市为分析单位，不同规模城市的人口状况有很大区别。如表2-11所示，2000年10万人以下城市占57.64%，10万~30万人城市占28.32%，两者合计85.96%，而人口超过百万的城市有63个；至2010年，除了城市常住人口10万人以下的城市下降到39.16%，其他规模人口城市的比例均有所上升，其中10万~30万人的城市比例为40.33%，而超过百万人的城市数量上升至81个，300万以上城市数量则出现翻倍。

表2-11　2000年和2010年不同规模城市的数量及占比情况

城市常住人口规模	2000年 数量（个）	2000年 占比（%）	2010年 数量（个）	2010年 占比（%）
10万人以下	1335	57.64	899	39.16
10万~30万人	656	28.32	926	40.33
30万~50万人	173	7.47	249	10.84
50万~100万人	89	3.84	141	6.14
100万~300万人	50	2.16	55	2.40
300万~500万人	6	0.26	12	0.52
500万以上	7	0.30	14	0.61
合计	2316	100.00	2296	100.00

融合之路：农业转移人口市民化研究

在空间分布上，中部地区、东部地区城市的人口规模层次均有所上升，同时津京冀、长三角、闽南三角洲、珠江三角洲、川渝地区、中部地区以及哈大铁路线等已呈现大城市群发展形势。

2000年和2010年不同规模城市的人口变化趋势，如表2-12所示。在常住人口方面，除了300万~500万人城市的人口均值下降，其他规模城市的人口均值均有所上升。然而分析非农户口人口和迁入人口的情况会发现，常住人口的增长均来源于迁入人口，而非农户口人口均值均有不同程度的降低，其中300万~500万人城市下降约17%。这说明2000~2010年全国城市非农户口人口不仅普遍没有增长，反而呈下降趋势。

表2-12 2000年和2010年不同规模城市的人口变化趋势

城市规模	常住人口均值（人） 2000年	常住人口均值（人） 2010年	2010年和2000年的比值	非农户口人口均值（人） 2000年	非农户口人口均值（人） 2010年	2010年和2000年的比值	迁入人口均值（人） 2000年	迁入人口均值（人） 2010年	2010年和2000年的比值
10万人以下	44718	50906	1.14	37314	33452	0.90	13812	18445	1.34
10万~30万人	174364	180344	1.03	116121	102122	0.88	41340	47949	1.16
30万~50万人	383971	388679	1.01	223398	208991	0.94	91978	111565	1.21
50万~100万人	670677	695336	1.04	404017	397012	0.98	95140	154778	1.63
100万~300万人	1620527	1668918	1.03	950787	815868	0.86	171406	249331	1.45
300万~500万人	3858650	3545318	0.92	2121876	1766008	0.83	942257	326883	0.35
500万人以上	8154488	9063014	1.11	4308482	3895102	0.90	245149	897791	3.66

从城镇人口迁入率看，所有城镇人口迁入率均高于100%，并且人口规模层次越高，城镇人口迁入率越大（见图2-1）。至2010年，10万人以下城市的迁入率在174%，10万~100万人口城市的迁入率在217%左右，300万~500万人口城市的迁入率为297%，100万~300万人口和500万人口以上城市则超过了400%，这说明大多数城市实现农业转移人口落户具有很大的空间。

从不同规模城市的迁入人口情况看，如表2-13所示，2010年非本城市户口人口迁入率（Rate1）均值在所有等级规模城市中均高于2000年，说明迁入人口比例进一步提高。100万人以上人口规模城市的本城市所在县（市）户口人口迁入率（Rate2）均值，2010年低于2000年，表明大城

第二章　农业转移人口进城的时空演变

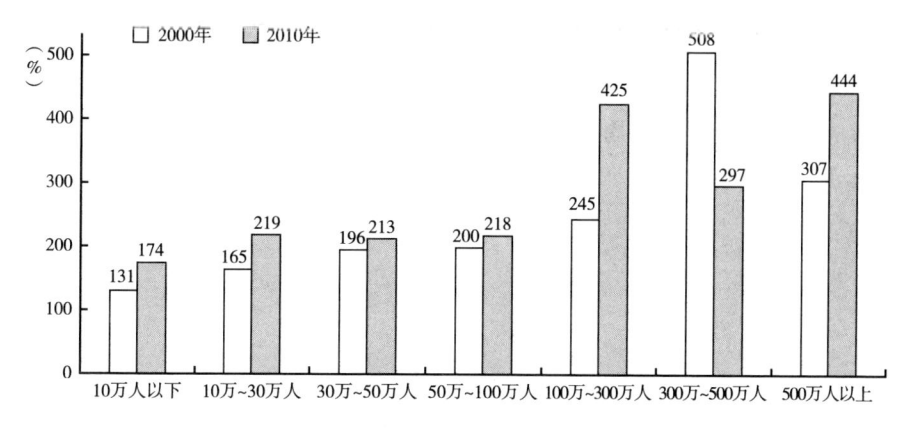

图 2-1　2000 年和 2010 年不同规模城市城镇人口迁入率

市辖区内迁移水平下降，这从本城市所在县（市）迁移人口占迁入人口比率（Rate5）也可以看出。相反，2010 年本省其他县（市）户口人口迁入率和外省户口人口迁入率（Rate3 和 Rate4）则普遍高于 2000 年。

表 2-13　不同规模城市的迁入人口情况

单位：%

城市规模	Rate1 均值 2000 年	Rate1 均值 2010 年	Rate2 均值 2000 年	Rate2 均值 2010 年	Rate3 均值 2000 年	Rate3 均值 2010 年	Rate4 均值 2000 年	Rate4 均值 2010 年	Rate5 均值 2000 年	Rate5 均值 2010 年
10 万人以下	37.12	39.54	20.67	21.54	8.93	10.06	7.51	8.24	60.43	56.78
10 万~30 万人	24.34	27.29	14.16	17.33	5.51	5.75	4.66	4.21	62.07	68.92
30 万~50 万人	27.01	30.73	13.35	15.88	6.54	7.66	7.12	7.18	56.88	60.25
50 万~100 万人	25.57	34.44	12.46	13.55	7.25	12.04	5.85	8.84	54.04	45.77
100 万~300 万人	39.73	45.41	15.10	10.73	14.10	19.10	10.53	15.57	45.45	28.38
300 万~500 万人	48.63	50.03	13.73	8.94	11.63	26.74	23.28	14.35	38.49	23.74
500 万人以上	39.94	51.42	12.53	7.96	10.70	20.06	16.71	23.40	40.50	19.83

注：Rate1＝非本城市户口人口迁入率，Rate2＝本城市所在县（市）户口人口迁入率，Rate3＝本省其他县（市）户口人口迁入率，Rate4＝外省户口人口迁入率，Rate5＝本城市所在县（市）迁移人口占迁入人口比率。

综上所述，不同等级城市的迁入人口主要是辖区外的其他县（市）和外省人口，而百万级以上城市所在辖区内的人口迁移水平在 2010 年已大幅下降，表明这些城市对周边地区的人口虹吸效应已经减弱，外地人口成为常住人口的重要来源。

第三章

农业转移人口进城的空间区隔与空间权益[*]

城市空间的持续扩张与农业人口的城市迁移是现代化进程中最为突出的两大图景。在中国的城市化扩张中，农业转移人口在城市遭遇空间区隔与排斥，进而造成这一群体空间权益的缺失与发展机会的不平等。这种空间区隔与排斥的形成是城乡空间分工模式与空间再生产逻辑的共同作用。

一 农业转移人口的空间理论话语

人类社会迈入工业化社会以来，城市空间的持续扩张与农业人口的城市迁移成为现代化进程中最为突出的两大图景。20世纪80年代中国开启了快速城镇化的进程，在这一进程中空间与资本相结合，"空间的生产"成为现代都市的经济命题，由此变革了"空间"的使用价值属性，使得"空间"不仅演化为经济增长的机器，而且成为分工体系标定、交换价值体现、社会资源集结的重心。然而城镇化的迅猛推进、城市空间的持续扩大并没有消解农业转移人口空间融入的阻滞性难题，这一群体的空间权益仍呈"问题化""匮乏型"样貌。农业转移人口不仅遭遇城市空间区隔、排斥与挤压，而且空间权益缺失普遍、融入困难重重，既不能共享城市资源，也无法同亨城市空间产品，空间区隔与市民化之间的矛盾成为国家、社会与个体共同面临的命运困局与现代化难题。与此同时，农业转移人口城市边缘的聚集场景成为城市空间的"阴影"，潜藏着空间治理中各种不安定因素，从而成为被驱逐、

---

[*] 本章部分内容以《农业转移人口的空间权益区隔与再结构化研究》为题，在《北京社会科学》2019年第12期发表。

改造、遣散的对象,越发加剧了这一群体空间权益的困境。

现代经济模式与生活逻辑中,"空间"日渐脱离自然的样貌,不仅成为社会再生产的产品,而且渗透着资本与权力,成为社会关系再生产、社会结构重塑以及资本扩张的重要载体与核心工具。"空间"既承载着经济与产品的属性,也承载着城市人群的使用功能。农业转移人口的空间融入与空间权益是城市化的核心要义,多元群体共享城市资源是城市化的价值维度。城镇化进程中农业转移人口的空间区隔困境向研究者提出了情境悖论式的问题,城市空间的扩张为什么未能相应带来农业转移人口城市空间权益的提高,相反却持续制造了空间区隔与隔离蔓延?农业转移人口的空间融入困境集结了怎样的城乡空间关系再结构化的迷思?由此也引发了有关空间正义、空间权益、空间分异、空间治理等一系列的讨论。

虽然中国的农业转移人口问题发端于城乡空间流动与再生产的空间背景,隐含于城乡之间的空间分工,但是长期以来学界对于农业转移人口问题的研究更多基于制度与经济的分析范式、宏观社会结构的分析框架抑或个体行动的分析视野。在制度与经济的分析范式与宏观社会结构的分析框架下,农业转移人口被归因与认定成"经济转型"抑或"二元结构"的产物,斯密提出的劳动力迁移理论、发展经济学的移民理论以及刘易斯的二元经济结构理论奠定了这一研究范式的理论基础,经济学、社会学、人口学等学科借鉴西方的移民理论客观厘定了中国农业转移人口问题的结构性与经济性情境,在这种研究范式下,农业转移人口的问题被认为是衍生于户籍制度壁垒、转型的经济模式、城乡二元的社会结构。[①] 比如,针对农业转移人口的市民化障碍、社会融入、公共服务、就业困境等的研究,问题的索引性都暗含了对社会结构、制度设置、经济现状的归因。一系列的研究从科学话语角度呈现了农业转移人口问题的知识图式与问题镜像。在微观个体行动层面,诸多研究聚焦于农业转移人口的人力资本、个体资源、社会网络、主体性意愿,并以实证主义的认知范式描述了农业转移人口多维度的就业、生活

[①] 魏后凯、苏红键:《中国农业转移人口市民化进程研究》,《中国人口科学》2013年第5期;韩长赋:《中国农民工发展趋势与展望》,《经济研究》2006年第12期;江立华:《改革开放四十年来的人口流动与农业转移人口市民化》,《社会发展研究》2018年第2期。

等状况。以往研究为农业转移人口领域的研究奠定了原生性问题意识与递进性知识积累的基础，也创造了进一步研究中问题争辩的可能性。但是，诸多研究受上述广受认同的智识的影响，忽视了农业转移人口问题域中的"空间"向度，以及凸显的城市空间再生产与空间秩序逻辑。

受 20 世纪西方诸多社会理论学者对都市研究的影响，"空间"日趋成为具有复杂社会意涵的社会理论概念与话语。资本逻辑进入空间生产与消费，不仅造成了地理空间组织趋同、生活地点分离，而且导致了不同地区的等级控制，进而通过空间实现了社会关系的再生产。[1] 现代社会已经"由空间中的生产，转变为空间的生产，表现为城市的急速扩张、社会的普遍都市化，以及空间性组织的问题等方面"[2]。空间理论的浮现使得农业转移人口的空间融入问题得到新的启发与思考。对中国社会而言，持续推进的城镇化进程不仅引发了城市空间的持续再生产，导致了城乡空间谱系与城乡社会关系的变革与重构，也带来了空间转移与城乡空间互动下的农业转移人口问题。作为差异性空间流动的代表性符号，农业转移人口不仅连接着城乡空间秩序、折射出城乡空间关系，而且这一群体的空间位移勾勒出城乡不平等的空间格局与分工模式，空间权益区隔的现实隐现出城市扩张中空间再生产的资本与政治逻辑。

鉴于城镇化进程中空间变迁、要素流动导致权利、利益分化、冲突，出现农业转移人口对空间排斥、空间失序等空间正义问题，基于以往农业转移人口问题研究中空间话语缺席的现实，本书根植于中国城镇化进程中城乡空间关系不断被社会结构形塑的背景，从空间生产与空间秩序的角度将农业转移人口问题放置于总体性的城乡空间秩序体系与社会分工体系中进行考察，以西方马克思主义的空间批判范式为理论脉络，根植于全球化视阈中城市空间扩张的经济逻辑，分析这一群体在空间流动与空间权益中凸显出的问题与暗含的逻辑与机理，以期拓宽农业转移人口问题的研究视野，并从空间生产的逻辑中透视农业转移人口空间权益区隔与结构化的机理，解析空间剥夺与权力资源的关联过程。

---

[1] 刘继华、段斯铁萌：《新马克思主义空间理论对我国大城市空间治理的启示》，《城市问题》2019 年第 2 期。

[2] 包亚明主编《现代性与空间的生产》，上海教育出版社，2003，第 47 页。

一般来说，由于主体能动性使然，在日常生活中，人们会逐渐将自己的特性施加给周围的空间，并尽可能地改变和调整环境，以使周围的空间环境满足自己的需要，并体现自己的价值。然而，存在一种双向空间辩证法，即人们在创造和改变空间的同时，人类的实践和行为也被空间以各种方式所影响。

二　城乡空间秩序与空间权益区隔

（一）空间权益与空间正义

1. 空间权益

受20世纪西方诸多社会理论学者对都市研究的影响，在后现代的理论视域中，"空间"日趋成为具有复杂社会意涵的概念与话语，不仅勾勒出关系与结构、衍生出资本与分层、制造出权力与符码，而且被列为生产力与生产资料，通过与资本的结合实现了生产方式与社会关系的再生产。虽然经典社会理论大师涂尔干、马克思、齐美尔以及美国芝加哥学派对空间有过论述，但他们更多关注的是空间的自然语境。自从法国社会学家列斐伏尔把马克思主义的分析路径引入空间分析，社会维度、政治逻辑、资本模式等进入空间视野，抛弃了传统分析中把空间单纯视为"物质"的或"精神"的单向度对象，从而引发了社会理论与都市研究的空间转向。列斐伏尔洞见了空间的社会性与政治性，认为自然空间已经无可挽回地消逝了，"空间里弥漫着社会关系；它不仅被社会关系支持，也生产社会关系和被社会关系生产"[1]。空间具有制造社会关系、生产社会秩序的属性，"更为重要的是，社会空间，被消费主义所占据，被分段，被降为同质性，被分成碎片，成为权力的活动中心"[2]。福柯预判了20世纪空间时代的到来，在福柯有关空间与权力的论述中，空间通过人为设计凸显了权力的生成，空间暗含了权力与规训，渗透了策略与监视。爱德华·索亚提出的社

---

[1] 包亚明主编《现代性与空间的生产》，上海教育出版社，2003，第48页。
[2] 包亚明主编《现代性与空间的生产》，上海教育出版社，2003，第10页。

会空间辩证法认为城市空间问题是资本、权力和阶级等政治经济力量塑造的必然结果。总之以列斐伏尔、大卫·哈维的理论为代表的西方马克思主义空间理论认为，空间生产和消费过程受到资本控制，不仅造成了地理空间组织趋同、生活地点分离，而且导致了不同地区的等级控制，西方资本主义通过将空间整合进资本的逻辑进而实现社会关系的再生产。[1]

西方启蒙运动引发了人们对社会成员权益的关注，权益即社会成员的权利与利益。洛克认为"人们生来就享有完全自由的权利，并和世界上其他任何人或许多人相等，不受控制地享受自然法的一切权利和利益"[2]。空间构筑了人类社会生产与生活的基本条件，是满足人类生活需要的核心载体。空间权益是权益在空间方面的形塑与表达，空间权益是人的基本权益之一。个体生存与发展的权益具有普适性与道义性，不能因为阶层的差异或政治地位的差别而受到侵害与剥夺。空间与社会成员的生存与发展权益紧密相连，对于空间权益的倡导基于以下现实。

第一，空间包含人类生存、栖居的各种空间要素，如空气、阳光、水源、场所等各种资源，这是人类生存的基本条件。第二，在现代城市社会，各种生存与发展资源呈现空间聚集的特点，如交通设施、社会服务等。第三，空间衍生出不同的空间产品，如教育设施、医疗资源、就业岗位等。从空间正义的诉求出发，基于社会成员生存与发展的需要，空间权益指的是，空间生产与空间资源配置以及使用中社会成员所享有的权益，以及空间衍生而出的各种教育、生活、交通等的权益。它包括"公民在居住、作业、交通、环境等公共空间领域对空间产品和空间资源的生产、占有、利用、交换和消费等方面的权益"[3]。

2. 空间正义

空间正义的出现可以追溯到柏拉图的《理想国》，"空间本质上就是一种正义，一种在人类社会中不同等级的人应相对平等地享受社会资源的理

---

[1] 刘继华、段斯铁萌：《新马克思主义空间理论对我国大城市空间治理的启示》，《城市问题》2019年第2期。
[2] 洛克：《政府论》（下卷），叶启芳、瞿菊农译，商务印书馆，1996，第53页。
[3] 任平：《空间的正义——当代中国可持续城市化的基本走向》，《城市发展研究》2006年第5期。

想状态"。亚里士多德认为,正义就是公平,就是将个人对于城邦的贡献与城邦的政治权利分配等值起来。从理论渊源上讲,空间正义原则来源于社会正义原则,是社会正义原则在空间领域的运用。罗尔斯在《正义论》中将正义分为社会正义和个人正义:社会正义是社会制度的正义,个人正义是用于个人及其特殊环境中行动的原则。个人正义原则具有优先性,社会制度的正义不外乎是满足个人自由与平等的要求。可以说,在这些早期空间正义观念中"地域"显得尤为重要。正义在城市与乡村之间存在差异,居住地规定了个人权利和责任,而且成为实现社会正义一个关键的政治体制。[1] 进入现代以来,城市化进程就是城市的空间生产过程,这种空间重构过程除了追求效率,还要考虑其核心价值,即空间正义。哈维是新马克思主义空间理论的集大成者,他在著作《社会正义与城市》中创造性地将社会正义纳入空间理论的研究视域,进而形成了空间正义理论。

所谓空间正义,就是"存在于空间生产和空间资源配置领域中的公民空间权益方面的社会公平和公正,它包括对空间资源和空间产品的生产、占有、利用、交换、消费的正义……就是指社会应保障公民作为居民不分贫富、不分种族、不分性别、不分年龄等对必要的生产和生活空间资源、空间产品和空间消费及其选择的基本权利"[2]。这就要求我们去关注人与自然之间、人与人之间、人与社会之间的公平正义问题,构建公平关系。具体到城乡区域发展方面,我们在追求资源分配效率的同时要照顾不同的群体的利益,尊重区域内每一位居民的基本权利,创造人人可享的基本保障和公共服务,提供均等自由的发展机会。可以说,空间正义是城乡一体化发展的重要目标。

(二)城乡空间秩序与农业转移人口的空间区隔

在列斐伏尔、卡斯特和哈维等西方马克思主义城市社会学者看来,城市化是一种典型的"空间的生产"。列斐伏尔认为源于生产力自身的

---

[1] 爱德华·W. 苏贾:《寻求空间正义》,高春花、强乃社等译,社会科学文献出版社,2016,第71页。

[2] 任平:《空间的正义——当代中国可持续城市化的基本走向》,《城市发展研究》2006年第5期。

第三章 农业转移人口进城的空间区隔与空间权益

成长,以及知识在物质生产中的直接介入,现代社会已经由空间中的生产(production in space),转变为空间的生产(production of space),表现在城市的急速扩张、社会的普遍都市化以及空间性组织的问题等方面。①列斐伏尔洞见了空间的社会性与政治性,认为"自然空间已经无可挽回地消逝了""空间中弥漫着社会关系,它不仅被社会关系支持,也生产社会关系和被社会关系生产"②。城市空间扩大的过程暗含了社会关系的复制与生产,从而通过空间关系制造社会关系。当前中国正处于城市空间急速扩大的快速城镇化时期,伴随着大量农业转移人口的空间转移,这一群体在城市社会的漂浮与游离状态一直是阻挠城市化进程的因素之一。在空间不断再生产的城镇化情境中,农业转移人口集结了怎样的城乡空间关系再结构化的迷思?这一群体的空间权益区隔隐藏着怎样的机理与逻辑?对这一系列问题的解答首先从透视农业转移人口所处的宏观城乡空间秩序开始。

1. 城乡空间关系

西方社会现代化的历史也是城市空间逐渐发展而乡村逐渐衰落与边缘化的历史。哈维也指出:"城市化在世界人口空间组织中加速产生了生态、政治、经济和社会革命。"③ 伴随着工业化的进程,城市逐渐从整个社会的空间谱系中凸显出来,不断支配与塑造社会,城市的力量不断扩大与延伸,不仅成为社会的中心而且走向了对整个城乡社会的全面控制。空间不再是地理意义和几何意义上的中性的,而变成一种工具性的。④ 社会财富的分配、权利配置与身份认同等整体运行模式等都与空间联系在一起。从当今全球社会来看,空间的结构化及其组织形式也决定了不同地区、城市之间的支配与从属关系。⑤

身处全球化的空间场域,空间力量不仅形塑了不同城市之间的空间差异,也形塑了城市不同区位之间在资源集聚、基础设施、发展机遇及权力

---

① 包亚明主编《现代性与空间的生产》,上海教育出版社,2003,第47页。
② 包亚明主编《现代性与空间的生产》,上海教育出版社,2003,第48页。
③ 大卫·哈维:《希望的空间》,胡大平译,南京大学出版社,2006,第45页。
④ 亨利·列斐伏尔:《空间与政治》(第二版),李春译,上海人民出版社,2015,第117页。
⑤ 赵静华:《空间正义视角下城乡不平衡发展的治理路径》,《理论学刊》2018年第6期。

分配方面的差异，制造出不同空间之间的关系与分工，标明了空间之间的支配与从属关系，以及空间区位之间资源、地位的差异性。作为后发展国家，为了达至现代化的目标，国家在各个层面极力推进城市空间的扩张，在此过程中通过国家有形与无形的权力介入与政策引导，体现了城乡有别的空间关系。不同城市之间，规划出中心城市与附属城市的区别，中心城市被赋予对附属城市的支配关系。国家在中心城市空间的扩张、产业发展、交通运输等的规划中给予政策重点倾斜。相反，未列入中心城市名单的中小城市在资源能力、基础设施等方面处于边缘地位。在同一个城市不同的空间也给予了不同的地位与符号。在空间秩序下，城乡之间的空间被去除了自然的属性，被赋予了不同的权力地位与发展符号，体现了一种空间秩序与支配关系。在我国的城乡空间格局中，东西部之间、城市与农村之间、市中心与郊区之间的空间关系不断地被组织化、结构化，最终具有了等级差别与分工不同。

现代语境的城乡关系中，城市空间是市场经济的中心，农村的生产与销售等经济活动均围绕着城市的市场体系，农村资源的价值通过城市才能体现。城乡空间关系不再是自然地理上的关系，更多的是一种社会结构的关系，体现了一种社会分工。在中国发展的语境中，城乡空间发展与分工模式体现了国家权力的强力介入与政治建构，新中国在成立之初就有意识地把城乡空间分离出来，实行不同的政策，以城市空间为中心，农村处于附属地位。多年以来在中国城乡空间布局中，大到空间规划、产业布局、分工体系，小到生活实践、农民的流向，国家力量都主导着其发展的取向。当前以城市为中心的发展实践中，农村空间要服从城市空间的发展需要，农村的土地、户籍以及财税等制度都是为了满足城市化发展而设立与调整的。[①] 城市空间中新技术产业聚集、工业集中，城市空间不断被扩大与再生产，而乡村空间则被定义为附属区域，成为工业原料的提供地、边缘工业的所在地。在这样一种附属地位中，农村不断地服从于资本增值的需要，为城市空间输送自然资源与廉价劳动力。在城市优于农村的定位体

---

① 文军、沈东：《当代中国城乡关系的演变逻辑与城市中心主义的兴起》，《探索与争鸣》2015年第7期。

系中，农业转移人口与农村提供的各种工业原材料一样，被定位于从属的地位，作为廉价劳动力只为满足城市发展的需要，一些农业转移人口在某些城市务工还被定义为"低端人口"。农业转移人口本身的主体性与发展性被抹杀，空间的归属性也处于模糊的定位。从农村而来，为城市发展而努力，最终却不能获益于城市的空间扩张。

2. 农业转移人口的空间区隔

农业转移人口栖居的城市空间有以下三种类型。第一种类型是租住城市中的非正规场所，如城中村、郊区农村、城市简易房等，空间设计与标准离城市住宅空间差距甚远，甚至根本就没有房屋土地的产权和使用权，一些学者称之为"缝隙空间"。它不是占用已有的缝隙，如城乡接合部、城中村、偏僻小巷等，就是挪用各种正式的空间，如违章搭建、棚户区等。[1] 第二种类型是居住在务工部门提供的集体宿舍。这些宿舍多是在老旧小区，不仅设施陈旧，而且每个人的居住面积狭小，"脏、乱、差、空间小"等是主要的特征。有的宿舍处于城市的偏远区位，交通不便，与中心城区缺乏联系，远离城市生活。第三种类型是以家庭形式租住的相对正规的住房。农业转移人口的收入与房价存在强烈对比，这一群体自己租住的空间虽然相对正规，但由于收入有限，租住的房屋要么在城市中处于偏远的区位，要么房屋设施陈旧、社区服务不足，周围医疗卫生和教育设施不健全，缺乏文化设施，空间资源非常有限。城市高层公寓、封闭式社区及高端购物商场，并不能真正帮助在城市务工的农业转移人口重建城市生活。[2] 这些空间把农业转移人口区隔在外，形成了同城却分割的空间分异格局。

农业转移人口在城乡空间序列中处于附属与弱势地位，空间资源被挤压，这一群体即使能够跨越城乡空间，却很难改变自身的空间区隔状况。农业转移人口在城市遭遇的空间区隔表现在四个方面：一是在空间物理区位上呈现的栖居空间的区隔、边缘与排斥，二是就业与生存空间的区隔与

---

[1] 童强：《权力、资本与缝隙空间》，载陶东风、周宪主编《文化研究》（第10辑），社会科学文献出版社，2010，第93页。

[2] 戴维·哈维：《叛逆的城市：从城市权利到城市革命》，叶齐茂、倪晓晖译，商务印书馆，2014，第65页。

挤压,三是社会空间区隔,四是公共服务的空间区隔。

第一,空间场所是社会成员栖居、劳作、成长、生活、交往的物理场域,其位置、环境、交通、文化氛围、建设状况给成员以特定境遇和影响。[1]农业转移人口主要居住在城市的这四类社区:一是农民工聚居区,如大城市"×××村";二是城中村或城乡接合部的聚居社区;三是租住的城市老旧商品房社区;四是混合社区(与市民混合居住的社区)。由于农村与城市之间的空间等级差距,大部分农业转移人口难以购买流入地的城市住房,没有能力租住城市的中心城区或设施完善的社区,无法或难以在城市享受到"公租房""廉租房""保障房"等。他们的暂居性与临时性突出,栖居场所被区隔在城市正式与主流空间之外。农业转移人口租住的空间不仅处于边缘抑或夹层位置,且配套设施不全、环境较差、公共服务不足、安全隐患较多,居住场所时常有被拆迁的可能。

第二,农业转移人口不仅在栖居空间上遭遇区隔,而且在就业上也遭遇空间排斥。大部分农业转移人口就业于城市的非正规部门,这些非正规部门所在的位置大都是城市的边缘空间、非正规场所,是城市管理与空间治理所排斥与驱逐的对象,如街边餐饮、零售、理发、一些服务业等室内部门,或者在流动的小摊、城郊附近、城中村的蔬菜、水果等农副产品和零售杂货店等。社区经济、建造业、低端服务业是容纳农业转移人口城市非正规就业的行业与部门,这些部门所在的空间都是与正规场所相隔离的。由于相对廉价的住房条件以及管制环境,这些非正规空间聚集了大量农业转移人口从事经济劳动。这些空间不仅与城市中央商务区、高新技术产业区、中心教育区、城市住宅区等相区隔,而且被城市管理与规划部门认为与现代空间文明相冲突,更被认定为是滋生犯罪、产生社会问题的温床,因此这些边缘且非正规的空间是被排斥、治理的重点目标。在现代化的空间战略下,城市管理部门不断加大对城市空间的管制力度,其中重要的表现之一就是对农业转移人口所在的各种非正规部门、街道违法建筑以及无证照经营场所的重点整治。农业转移人口就业的空间不仅遭遇频繁的

---

[1] 胡潇:《空间正义的唯物史观叙事——基于马克思恩格斯的思想》,《中国社会科学》2018年第10期。

监视、管控，而且是城管部门巡逻的重点。在"全景敞视式"的空间规训机制下，一些空间如违章建筑被拆除、一些城中村被改造，一些农业转移人口从业的场所被停业。农业转移人口就业的空间不仅被区隔，而且被挤压、排斥，最终使得这一群体的城市生存空间呈缩小的趋势。

第三，农业转移人口还受到社会空间区隔。空间从来不仅仅是抽象的自然物质或者外在于人类社会静止的"平台"，"空间从来就不是空洞的，它往往蕴涵着某种意义"。空间不仅是人们社会关系的产物，也是人们社会关系通过空间的反映和表达。农业转移人口由于自身的社会地位、资源禀赋、教育程度等普遍低于原有的市民阶层，其在社会空间坐标上的位置自然也就较低。公共活动空间不足、社区精神空间匮乏以及社会交往空间狭窄。他们交往的对象大多为亲友和同乡。他们在社会交往中依赖和选择同质群体以及初级社会关系，即选择强关系，并以此为基础和以"我"为中心来构造他们交往与互动的差序格局。[1] 有的甚至在城市建立自己的社区——都市里的村庄，如北京的"浙江村""新疆村""安徽村"，南京的"河南村"，等等。聚居区内的"居民"多来自同乡，从事相同或相近的职业，亲缘和地缘关系是其社会结构的基本特征，农村的行为方式和价值观念对他们有着持续性的影响。从生活方式角度看，农业转移人口不适应城市频繁而浅层的交往活动和人际关系，交往的范围相对较小（限于较熟悉的人），交往的程度相对较深（待人真诚、礼尚往来），交往的方式比较直接（既注重形式，又注重内容；不仅保持感情的联系，还提供实际的帮助）。[2]

第四，公共服务的空间区隔。城乡之间不平衡最突出的表现就在于基本公共服务种类、水平等方面的不平衡，在教育、医疗卫生、文化服务和社会保障等方面的差距很大。同时，也存在城乡区域制度设计不衔接，管理条块分割的问题。我们在调研中发现，新一代农业转移人口实现市民化的愿望和定居城市的渴求极其迫切，迫切希望平等享有教育、

---

[1] 柯兰君、李汉林主编《都市里的村民——中国大城市的流动人口》，中央编译出版社，2001，第36页。
[2] 江立华：《农民工的转型与政府的政策选择——基于城乡一体化背景的考察》，中国社会科学出版社，2014，第103页。

医疗、就业、文化和居住等城市公共服务,并希望获得尊重、公平对待、平等权益以及实现自我价值。但是,以户籍制度为依托的城市就业、社会保障、义务教育等"福利屏蔽"政策,使农业转移人口受到差别性对待和集体性排斥。究其原因是基本公共服务由地方政府筹资供给,基层政府财力与事权不匹配,经济理性驱动地方政府进行非均衡公共服务供给。有学者认为农业转移人口市民化的实践面临的主要矛盾突出表现为农业转移人口日益增长的基本公共服务需求和不平衡不充分供给之间的矛盾,具体表现为供给的总量不足、结构失衡、差别供给和精准缺乏四个层面。[①] 农业转移人口享受不到诸如教育、医疗卫生、就业、文化和住房等公共服务,容易产生挫败感和逆反心理。狭小的空间体验进一步强化了这一群体空间融入难的心理体验,摧毁了这一群体融入城市的信心,拉大了农业转移人口与城市的心理距离。以农民工为主体的农业转移人口在城市所在的边缘空间,并没有帮助这一群体融入城市,相反,空间分割的状态进一步拉大了农业转移人口与市民的距离。尤其是新一代农业转移人口,他们常常陷入城市外在偏见、歧视和内在精神困惑的双重社会认同心理困境。

3. 城乡空间的经济属性差异

农业转移人口所生活的农村空间与城市空间在经济属性与商品属性方面有着巨大的不同。城市空间作为现代经济活动的集中地,为经济的持续增长提供了动力。新经济地理学的文献认为,由于生产中存在规模报酬递增,所以大规模的生产有利于节省生产成本,有关经济活动在空间上的聚集也受到了重视。[②] 随着西方现代化的发展与城市化的推进,城市空间的属性与功能日益发生变化,商品化突出,交换价值增加,使用价值成为附属功能。而农村空间的商品化程度要弱化的多,更多的是使用价值。随着我国城市化的发展,城市空间资源成为社会财富占有与支配的主要形式。在我国住房商品化的推动下,中国大中城市的城市空间的经济价值与交换价值按照城市规模的大小以及城市的中心与边缘程度呈高低不同的梯队系

[①] 吴业苗:《人的城镇化困境与公共服务供给侧改革》,《社会科学》2017年第1期。
[②] 陆铭:《空间的力量——地理、政治与城市发展》(第二版),格致出版社,2017,第101页。

列，城市空间成为可交换的商品与财富。

农村与城市在地理空间上有着一定的差异，农村空间的天然性、固定性特征突出，而经济属性与商品属性要弱的多，更多的是一种自然地理的属性。我国农村地理分布广，大部分处于地理条件较差的边缘空间。[①] 在城乡空间对比之下，城市空间不仅具有较高的市场化程度，而且进行市场交换带来的经济收益更高，甚至还具有生产财富与增值的作用，更为凸显交换价值。这导致在中国统一的市场条件下，农民拥有的空间物质财富比市民小得多。虽然部分城市郊区农村的空间也有一定的经济价值与商品属性，但与城市相比差距依然很大。依照离大城市中心城区的距离，农村空间的经济价值递减。在城乡有别的空间序列中，城乡居民不同的先赋身份对应差别化的资源与财富。中国农村居民的土地与宅基地等难以有较高的交换价值，使得农业转移人口的空间流动是一种经济不等值的流动。虽然农业转移人口在农村拥有承包土地、宅基地等空间资源，但是在差异性的空间赋值体系中，农业转移人口对所拥有的农村空间更多的是使用价值，难以交换同等的城市空间资源。同时，由于农村土地的国家拥有性质以及宅基地的土地集体所有特征，农村的空间资源难以向城市商品房一样进入市场销售。农业转移人口难以与市民一样具有同等经济属性的空间，两者在社会地位、社会财富等方面也有着巨大的差别。不仅如此，在中国快速城市化的背景下，农村空间被城市开发，以较低的价格被征用后，再生产城市的空间体系，迅速把空间商品化了。

（三）农业转移人口的权益剥夺与缺失

随着中国的现代转型，社会资源的分配序列发生了变化，社会成员的权利与资源紧密地嵌入空间中。空间资源的差异性造成了社会成员发展机会与社会权益的不平等。城市空间资源成为主导性的权利符号也引发了城市空间的权力属性，并发挥了一定的社会身份塑造功能。[②]

首先，空间的区隔造成了农业转移人口公共服务权益的缺失、生存权

[①] 龚天平、张军：《资本空间化与中国城乡空间关系重构——基于空间正义的视角》，《上海师范大学学报》（哲学社会科学版）2017年第2期。
[②] 任政：《当代都市社会语境中的正义转型与重构——一种空间正义构成维度的反思》，《天津社会科学》2017年第3期。

益的下降、人际交往权益的窄化等。在公共服务权益方面,教育、社区医疗、安全保卫等公共服务与地域空间绑定在一起。在城市开发中,房地产商为了推进房屋更好地销售,在周围的基础设施、人居环境方面进行了精细考量与设计,良好的社区在周边配套了较好的服务场所,如学校、私立医院等。通过住房的区隔,农业转移人口被隔离与挤出于城市较好的空间居所与服务设施之外,也被排除在较好的教育资源、社区医疗与安全保卫之外。其只能在城市边缘空间接受不正规的教育资源、低劣的医疗服务与充满恐惧的居住环境等。由于占据边缘的区位或租住不正规或濒临拆除的空间,农业转移人口不仅难以享受正常市民所应该拥有的公共服务,也不能平等地享有城市完善的公共设施资源。空间区隔进一步导致农业转移人口的生存权益受损,隔离的边缘空间、拥挤的租住空间、冗长的通勤距离、不稳定的安全环境、焦虑的就业环境,农业转移人口的生命质量充满隐忧。

其次,空间隔离进一步制造了农业转移人口发展权益的挤压。空间资源是社会成员的生存资本,农村空间的身份、无城市住房的现实、边缘空间的租住、非正规空间的就业等进一步导致了农业转移人口发展机遇的减少与生存权益的下降。农业转移人口难以拥有城市住房,被驱离于中心城区,也进一步丧失了在中心城区的工作机会和发展际遇。就业空间被排斥,农业转移人口在维持生计方面漂泊不定,生存与发展权益缺失。因为房价上涨,农业转移人口劳动收入在积累财富中的地位不断弱化,进一步导致了代际贫困,与市民的差距日益扩大,呈现阶层固化的倾向。随着房价上涨,农业转移人口的生活成本不断上升,原有的劳动财富被无形剥夺,也被迫失去了进一步获得财富的机会和能力。[①] 由于居住空间的差别与分割,农业转移人口没有机会与市民在同一空间中进行平等交往,难以形成现代社会成员的价值理念,进一步减少了这一群体融入城市社会的可能性。

农业转移人口在城市大多被排除在主要劳动力市场外,即在"次级劳

---

① 任政:《当代都市社会语境中的正义转型与重构——一种空间正义构成维度的反思》,《天津社会科学》2017年第3期。

动力市场"从事着并不稳定的工作,同时,面临着歧视性劳动用工方式,尤其是年龄歧视,使得其工作职位不稳定。二元劳动力市场进一步制约了大多数新生代农民工人力资本和社会资本的循环积累机制,降低了他们获得高收入职业的机会,无力承担个人和家庭向城市移民、生存、发展的高额成本,无法实现向市民的根本转变,导致"市民化"陷入困境。[①]像吸纳农业转移人口较多的服务业、制造业和电子加工业等在招工中对年龄有明确要求。一旦年龄超过企业规定,企业就弃之不用。举家进城的农业转移人口夫妻年龄优势有限,不得不重新寻找工作。雇佣关系的随意性使得他们的工作职位极不稳定、劳动权益受损及劳动保障权缺失、向上流动的就业空间严重不足。在子女教育方面,举家进城家庭维持社会生活的各项条件差,劳动时间更长,工作地点通常离临时搭建的"家"距离较远,子女教育问题较突出。不少人早出晚归,很少有时间照顾子女,往往不仅不能在思想上与子女及时沟通,而且在安全上也因条件所限多疏于管理,其子女辍学、思想和安全问题多发。

农业转移人口被排斥出城市社会的政治决策过程,他们在城市社会缺乏政治权利、没有代表他们利益的声音,也不能维护自身的合法权益。一方面,由于长期远离农村,他们参加村委会选举的比例不高,对村务的知情权、重大事务的决策权、对干部的监督权等都无法正常履行。可以说,法律赋予农业转移人口政治参与的制度化渠道在很大程度上已经处于虚置状态。另一方面,在城市,他们想通过政治参与来维护自身的合法权益,但户籍制度拥有民主政治的属地性,目前的体制只是对农业转移人口进行管理服务,并没有保障他们政治权利的组织机构,缺乏农业转移人口政治参与的制度规定和条件。

三　空间权益区隔与再结构化的机制

城市化带来了空间秩序的再生产与空间的结构化,也带来了不同空间

[①] 江立华:《农民工的转型与政府的政策选择——基于城乡一体化背景的考察》,中国社会科学出版社,2014,第105页。

等级性的劳动分工和不同区域之间的"控制-被控制"的关系，引发了空间资源分配不公等现象。城乡空间秩序体现的是城乡的不平等关系，伴随着城市空间的不断再生产，农业转移人口的城市空间区隔现状却并没有被改善。农业转移人口空间权益区隔的现状不仅与城乡的社会分工有关，而且与资本逻辑和政治权力渗入空间的生产有着不可分割的联系。

（一）城乡空间分工的制度壁垒与社会身份结构化

城市是新技术行业、现代化企业的所在地，而农村在空间分工中被定义为原料生产或消费产品生产的扩散地，基于城乡有差别的分工模式，农业转移人口也被固定在劳动分工的末端。虽然改革开放以来，中国的农村空间获得政策支持，但是相比较城市空间而言，城乡之间的空间关系仍然是一种主体与从属、中心与边缘的关系，城乡之间的空间分工仍然延续以前的社会分工模式。基于农村空间资源、政策、未来发展的弱势性，大量农业转移人口从空间的束缚中脱离出来，呈现地理性、位置性的流动。

从空间秩序的角度而言，农业转移人口是一种空间的流动，实质却在城乡空间关系导致的社会结构中处于静止的位置，一直是处于底层，而且难以突破固化的社会结构与分工体系。城乡空间的秩序性、层级性与社会成员的差异性与层级性相一致，空间的差异性体现的是社会阶层的差异性，暗含的是社会分工与层级秩序。农业转移人口看似自由地流动，却从未摆脱农村产业与农村空间所标识的社会地位符号，也没有摆脱空间体系中的边缘位置，更没有背离原有的分工模式，在城市所从事的仍然是体力、半体力等技术含量低的工作。在城乡空间的流动过程中，农业转移人口在空间体系中的弱势性没有改变，在城市空间中的权益未得到应有的保障，始终生存在城市空间的边缘。城市空间的布局高度被结构化与秩序化，农业转移人口到城市的流动并没有背离城乡的分工模式，在城市中仍从事的是分工体系中的低端产业与岗位，延续城乡的社会分工。"生产的各种社会关系具有一种社会存在，但唯有它们的存在具有空间性才会如此，它们将自己投射于空间，它们在生产空间的同时将自己铭刻于空间。""空间是一种社会产物，空间性既是社会行为和社会关系的手段，又是社会行为和社会关系的结果；既是社会行为和社会关系的预先假定，又是社会行为和社会关系的具体化。"①

在空间秩序下，城市与农村、中心城区与郊区的空间不平等制造出身份对立与阶层差异，产生了不同的社会分工，空间的结构化进一步造成身份、地位以及分工模式的固化。城乡空间关系表现为市民和农民的关系，在城市空间中体现为市民和农业转移人口的关系。虽然农业转移人口从农村空间流动到城市空间，但是在城乡空间关系被结构化的现实下，无法摆脱农村空间的社会符号，更难以突破原有城乡空间分工的制度壁垒，在流入地又被制造出边缘的空间定位。

(二) 空间生产的资本逻辑与居住生活空间区隔

在城市化的进程中，空间生产和空间垄断是资本积累过程中不可缺少的环节。② 在现代都市中，空间作为生产要素参与空间生产的全过程，其本身成为资本获取利润的工具。空间成为经济增长策略的一部分，社会空间被列为生产力与生产资料、被列为生产的社会关系，以及再生产的一部分。③ 虽然中国的城市体系与西方资本主义的城市在所有权结构、管理制度等方面有着本质的区别，但在市场经济的语境下，中国城市的经营模式、所有权形式、经营体系也发生了一些改变。城市空间的生产与扩大隐含着空间变成了资本的一种形式。在西方都市发展中，资本在城市化过程中通过空间扩张、空间更新、空间修复等方式实现空间与资本增值。在市场逻辑下，城乡空间原有的地理差异在资本的作用下被再次放大，人力、物力等诸多资源从农村流入城市。作为社会主义国家，我国的城市化与西方资本主导的城市化有着本质的区别，但在经济全球化的场域中，资本对我国的城市化产生了重要的影响。在中国城市的扩张中，基于经济发展的动力，资本逻辑支配了空间的生产。④ 改革开放后，地方政府在经济利益驱动下走上了经营城市和土地财政的道路。由于资本投入空间生产带来的

---

① 爱德华·W. 苏贾:《后现代地理学——重申批判社会理论中的空间》，王文斌译，商务印书馆，2004，第 194~197 页。
② 戴维·哈维:《叛逆的城市：从城市权利到城市革命》，叶齐茂、倪晓晖译，商务印书馆，2014，第 43 页。
③ 包亚明主编《现代性与空间的生产》，上海教育出版社，2003，第 51 页。
④ 赵静华:《空间正义视角下城乡不平衡发展的治理路径》，《理论学刊》2018 年第 6 期。

巨大利润，随着土地改革以及住房商品的市场化，2000年以后中国的房地产、基础设施等成为资本投资的对象，在利益驱动下，资本逻辑主导了空间的扩大与再生产。① 这虽然推动了我国城镇化的迅猛发展，但是也带来了城市经济运行、社会财富分配过度依赖空间资源的结构性问题。在资本逻辑下，大量公有与私有资本投入城市空间环境生产领域，成为推动城镇化发展的核心动力，随之带来了城市经济运行、社会财富分配过度依赖空间资源的结构性问题，引发了住房价格的迅猛提升，更导致了不同群体空间资源的不均衡，助推了弱势群体的居住边缘化、空间隔离化、权益阻隔化。居住隔离显著降低了农民工市民化程度，居住隔离程度越高，农民工市民化程度越低，两者之间的负向关系在新生代农民工和在大型城市就业的农民工群体中更为明显。②

中国的城市化进程，通过空间资源的分配与重组实现了社会地位与身份的再造。城市空间资源在塑造社会身份与地位方面跃居支配性的位置，成为社会财富标志性的符号，也成为权力获得的重要载体。城市的扩张与空间的扩大并没有增加农业转移人口融入城市的机会，农业转移人口在城乡分异的空间秩序中，成为空间资源的弱势群体。在空间生产的资本逻辑下，伴随着城市空间的扩大，虽然一幢幢高楼拔地而起，但中国大中城市的地价与房价一路飙升，农业转移人口离融入就业地城市的现实距离越来越远。以土地财政为核心的"经营城市"行为使城市空间变为以房地产为驱动力的"空间谋利"的代名词，③ 城市空间畸形发展。城市的扩张与空间的扩大并没有增加农业转移人口融入城市的机会，相反，伴随着城市开发中对经济利益的追逐，空间的交换价值超越使用价值，空间区隔与排斥越发突出，加大了城市空间矛盾。农业转移人口虽然有一定的谋生技能，能够在城市获取就业的岗位，但是在城市空间资本扩张的动力下，大部分农业转移人口群体难以拥有与城市发展相一致的居住与生活场所。农业转

---

① 陈建华：《中国城市空间生产与空间正义问题的资本逻辑》，《学术月刊》2018年第7期。
② 徐清华、张广胜：《居住隔离与农民工市民化》，《华南农业大学学报》（社会科学版）2022年第1期。
③ 闫帅：《从治理城市到城市治理：城市空间正义的政治学分析》，《华中科技大学学报》（社会科学版）2017年第4期。

移人口居住于城市空间的边缘地带或夹缝地区，居住场所与工作空间在城市空间秩序中重新结构化为新的"乡村与城市、边缘与中心"的新二元结构，现代化的都市空间成为农业转移人口"想象的城市"。城市空间再生产的资本逻辑与空间扩大的经济盈利属性成为城镇化进程中阻碍农业转移人口融入大中城市的深层机制，在资本逻辑的控制下，城市空间的扩大与开发背离了使用价值与公平分配的初衷，成为城市驱逐、隔离低收入人群的隐形助推器。不管在政策层面如何放开农业转移人口的城市融入门槛、给予怎样的赋权策略，都无法避开空间资本化造成的空间阻隔。

（三）空间扩张与规划中的权力介入与弱势地位强化

在中国的城镇化中，政府起着主导作用。农业转移人口的空间弱势与空间权益区隔跟国家权力介入导致的城乡空间发展不平衡有着必然联系，同时也与城市规划中忽视农业转移人口的空间权益紧密相关。

列斐伏尔认为，"空间是社会产物，是政治性和策略性的"[1]。具有物理属性和自然属性的空间通过政治权力的介入而被人为制造成"中心"或"边缘"，具有了等级差别，拥有了控制与被控制的关系。国家意识与政治权力一直是影响我国城乡空间关系的核心力量，城乡的空间规划、土地开发、空间布局渗透着国家权力。[2] 伴随着城市化进程的发展，国家权力介入城乡空间关系设置中，通过差别化的制度设定、等级化的政策支持、不平等的资源流动，造成了城市对农村的空间权益"剥夺"。农业转移人口的弱势化是农村空间边缘属性的映射，这一群体是空间分化的弱势群体。城乡序列中农村空间的弱势地位，给农业转移人口带来了资源、能力、知识等的弱势。带着这样的弱势资源，农业转移人口基于生存需要来到城市，但仍然无法进入中心城区，游离于边缘空间、处于被区隔的境地，呈现社会关系与社会地位的再结构化特征。

在空间再生产的过程中，在空间政治与权力策略的作用下，产生了城市不同区位之间的差异与分化。这种权力与资本控制下产生的"中心-边

---

[1] 包亚明主编《现代性与空间的生产》，上海教育出版社，2003，第62页。
[2] 赵静华：《空间正义视角下城乡不平衡发展的治理路径》，《理治学刊》2018年第6期。

缘"也是另外一种不平等,使得处于中心的城区,不断地吸引人口、财富、智力等优势资源,而边缘地区处于从属地位,这种空间分化最终导致处于不同空间的群体呈现财富、资源等的阶层分化。① 在权力介入城市空间资源配置中,相关制度安排缺乏对农业转移人口空间权益的考量,在城市规划中缺乏对农业转移人口生存空间的布置与规划,这进一步恶化了这一群体的城市空间生存样态。

空间结构和空间关系是社会结构和社会关系的物质形式。② 列斐伏尔认为在西方都市社会中,空间成为一种统治阶级实现多个目标的工具,工人被分配到指定的地点,各种各样的流动被组织起来,并让这些流动服从制度规章,让空间服从权力,政府通过控制空间实现对社会的控制。③ 农业转移人口聚集在城中村、城市边缘地等非正规空间,伴随着城市的规划与改造,这一群体的栖居空间被不断挤压、管制,最终被拆解。纵观中国大中城市的城市规范与城市布局,较少给农业转移人口置留可供他们体面生活与就业的场所,他们的空间权益没有在城市规划中得到过关切。

四 农业转移人口城市空间权益的实现

(一)以共享城市空间为理念,增进农业转移人口的城市权益

在西方城市化的浪潮中,由于私有化的深重影响,圈地、空间控制、监控城市等出现,共享城市资源成为都市发展热切的理想。④ 我国城市化进程中,空间生产的利益驱动造成了城市空间开发的无序与混乱,引发了空间权益失衡、空间区隔、空间排斥等一系列问题。空间区隔与权利弱势使得农业转移人口在各种有形与无形的障碍中,未能共享城市空间与资

---

① 唐美丽、沈婷:《空间正义的四重理论特质及其当代启示》,《江苏行政学院学报》2019年第1期。
② 德雷克·格利高里、约翰·厄里编《社会关系与空间结构》,谢礼圣、吕增奎等译,北京师范大学出版社,2011,第113页。
③ 亨利·列斐伏尔:《空间与政治》(第二版),李春译,上海人民出版社,2015,第8页。
④ 任平:《空间的正义——当代中国可持续城市化的基本走向》,《城市发展研究》2006年第5期。

源，不能融入城市体系中。空间是生活的载体与基本条件，要以共享城市空间与资源为理念，在城市规划方面、城市决策层面、社会行动方面全面增进农业转移人口的城市权益。

首先，城市空间与城市资源，不仅包括物理空间，而且包括附着在城市空间上的各种有形的与无形的公共服务与潜在的机会；不仅包括物质的也包括各种文化与精神上的资源。在共享的理念下，不仅要给予农业转移人口更多进入公共空间的机会，而且要给予农业转移人口更多的权利空间，如住房等；不仅给予农业转移人口城市的生活空间，也要给予这一群体城市工作的空间。

其次，要打破制度化的空间隔离，推进农业转移人口平等使用公共空间、参与社会生活的权利实现，同时要及时调研公众需求变化趋势，通过共享的制度设计促进空间创新发展，为农业转移人口等提供共享性、多元化、高品质的公共服务产品，塑造良好的生活环境和文化场所，推进城市资源共享。"人"是城镇化的核心和本位，要以"共享"城镇化的发展利益为理念，重构农业转移人口的城市权利。城市与乡村不同，由于城市社会的陌生性、流动性与工业聚集性等特征，以及市场的不确定性与个体的渺小性，城市生活存在诸如失业、工伤、住宅、养老等风险，独立的个体并不能掌控生活的全部，需要同他人保持更加密切的关系，特别是需要制度的安排。在这种情景之下，城市社会必须为在其区域内就业的人口提供城市福利，才能使其愿意离开农村，成为城市居民。[1] 作为现代化标志之一的城市化，不仅暗含了城镇化率的数字化提升，而且包含城市福利设施的健全、城市正义的凸显、公平的城市权利的获取机制。[2]

最后，通过资源共享、空间服务共享、共同空间互动，打破农业转移人口与市民之间的区隔、分异、隔阂，让农业转移人口产生对城市的归属感、对空间的依赖感、对生活的幸福感，产生空间共同体意识，从而促进城市和谐发展。在城市空间结构上尽量做到缩小差异，在社区服务和管理、社区卫生环境等方面扭转市民对农民工聚居区脏、乱、差的固有认

---

[1] 胡小武：《广义城市福利的内涵与指标体系研究》，《东岳论丛》2011年第6期。
[2] 江立华等：《从浮萍到扎根：农业转移人口的市民化》，社会科学文献出版社，2019，第280页。

识，同时减少与拥挤相关的各种社会问题。住房改造是其可行途径之一，我国城市的城中村改造就是一个很好的范例。对农民工聚居区可以进行单元结构房屋改造，同时强化社区服务和管理，改变农民工聚居区的"无组织"状态，增强其规范化和组织性，在人口密集程度不变的情况下尽量实现"有序拥挤"，改变空间内的拥挤结构。①

（二）以空间正义为核心，满足农业转移人口的城市空间需要

人是城市的主体，城市空间生产、资源配置应以满足民生需求、大众福利为首要目标，基于空间正义，社会应该通过公平公正的手段赋予农业转移人口城市空间权益，关注农业转移人口等弱势群体的空间需要。要通过给予城乡所有居民普遍适用的空间规范和空间权益，建构空间的共同归属性。

在当前城市化的过程中，过分倚重市场逻辑，就会使空间发展失衡、空间生产异化、空间矛盾激化。因此，要采取措施消除城乡社会空间的区隔，让农业转移人口与城市居民实现社会空间的真正融合。

首先，让民众有参与城市规划的机会与权力，在城市规划中进行空间生产与资源分配的正义调节，在空间规划与设计中关注农业转移人口等低收入群体的空间需求。在具体实施过程中，政府要在空间规划中设计出农业转移人口生活、就业的空间区域，利用政府补贴在城市规划中通过空间再造、配额分配等多种形式让农业转移人口有栖居、就业的物理场所，而不是通过城市规划驱逐低收入人群。在城市空间的扩张过程中，要对空间的资本运作进行合理的调控与监管，坚决遏制把空间生产作为生产与利益再分配主导手段的趋势，维护农业转移人口等弱势群体的空间诉求。

其次，政府决策中要树立空间正义的价值观，关注空间差异产生的不平等与权益失衡，充分考虑城市各个群体对空间资源的需求状况。城市空间的资本逻辑加大了城市空间生产与分配中的排斥性与分割性，不仅容易造成城市多元异质群体的利益冲突，而且容易剥夺低收入群体的空间需求。因此，政府要通过政策干预，给予各个群体平等的空间资源

---

① 谷玉良：《空间拥挤理论与农民工的城市融合》，《城市问题》2015 年第 7 期。

配置，满足其住房保障需求、空间交往需求、就业空间需求，提供多元的空间物质支持，避免因为各种空间非正义的分配形式带来的矛盾与纷争。在具体实施方面，比如建立农业转移人口住房专用资金、提供居住的场所等，切实疏解农业转移人口空间需求与空间分配的矛盾带来的焦虑与无奈。

最后，农业转移人口市民化的核心问题是广义的生活保障问题。生活保障需要中央和省级政府的统筹资源分配，要靠缩小城乡之间、不同地域之间的发展差距，实现城乡一体化获得根本性解决。目前，户籍改革基本上放权给地方，因此，户籍改革也局限在地方比较小的范围内，实质性的进展不大，有些还被扭曲成"农民上楼，政府卖地"的工程。实质性户籍制度改革要求打破地域界限，使跨省、跨地市的农业转移人口实现落户，将不可避免地涉及跨地方、各行政区域的事权与财权、人口管理的问题，需要在一个更高的层次统筹和设计制度。这样，既给予农业转移人口融入城市的空间，又尊重农业转移人口的个体选择，建立不同城市之间、城乡之间留居与流动的有序通道。

（三）实现空间权益的开放性，满足农业转移人口的多样性需求

流动社会的来临，人口的跨地域性与流动性不断打破原有的空间界限，也使空间权益融合成为信息社会的必然要求。在新的社会条件下，空间权益必须突破原有地域的封闭性，被赋予开放性、空间延展性与发展动态性，变革城市治理中以户籍为边界的治理方式，消除这一群体在居住空间、人际交往等方面的边缘化状态，以制度给予为依托，改变农业转移人口在城市受歧视与排斥的状态，满足农业转移人口多样性的需求。

面对社会流动带来的空间多链接性，要消解农业转移人口的空间区隔与权益隔离现状，必须采取如下措施。

首先，需要在政策层面解构公共服务与社会权益的地域绑定关系，给予农业转移人口超越地理空间的权益支持。伴随着人口流动与社会网络的开放，地理空间不但卷入了远距离的社会链接与关系影响中，而且空间边界不断被流动性所超越，因此开放性的城市权益成为城市群体未来权益的必然需求。对于农业转移人口而言，这一群体的空间权益需求呈多样性的

状态，要从他们的生存现状与流动现实出发给予这一群体开放性的空间权益保障。基于农业转移人口务工的现实特征与个体的人力资本差异，农业转移人口在市民化选择中存在多样的类型，因此，我们要将农业转移人口市民化的主体性意愿全面嵌入国家政策的顶层设计之中。对于具有较高市民化意愿与较强市民化能力的农业转移人口，要积极创造条件促使其市民化。这部分农业转移人口文化层次较高或就业技能较强，在城市中拥有较高的收入，大部分在发达的大中城市就业或经商，小部分在中小城市谋生。基于就业能力和城市融入水平，这部分农业转移人口已无回乡意愿，甚至一部分已经在中小城市购房、安居。对于这部分农业转移人口，国家在政策选择上要推进这一群体的市民化进程，促进这一群体在户籍、就业、教育方面全面城市化。对于缺乏市民化意愿的农业转移人口类型，不能盲目推进他们的市民化。

其次，在城市发展实践中，要以城市人群的生活、就业为本位，逐步减少因为资本逐利造成的空间布局与城市发展异化，消除城市不同空间之间的公共服务权益区隔，促进空间权益的融合。在此过程中关注农业转移人口的城市生活实践，消除农业转移人口空间权益的边界阻滞，打破空间权益阻隔，减少空间权利不平等，通过空间权益的开放性倡导流动正义。通过权益跨区域、跨空间的流动增强城市空间活力，为社会秩序与福利供给提供跨空间的整合支撑。

最后，要打破农业转移人口原生性的空间权益束缚，消除农村空间给予的这一群体权益弱势的标签，赋予这一群体突破空间边界、获取空间资源的主体性权力。这需要在空间权益分配中逐步消减权力介入造成的空间等级差异，加大空间权益的开放性与动态性。政府应鼓励农业转移人口在流入地城市建立自己的组织，鼓励农业转移人口以自己的兴趣或需要为基础建立各种自组织，并给予各种组织帮扶，通过组织一系列贴近农业转移人口需要的活动，增强农业转移人口社会认同与个体自信，实现农业转移人口与城市社会的有机联系，形成归属感与认同感。[1]

---

[1] 江立华等：《从浮萍到扎根：农业转移人口的市民化》，社会科学文献出版社，2019，第282页。

(四) 以城乡融合为目标，建立适应要素流动的政策体系

城乡一体化进程中的空间区隔的消减，在最终意义上必须依赖于城镇居民和农业转移人口在权力体系方面的平等建构，依赖于城乡居民对居住、就业、社保、公共服务等权利内容的平等享有。[①] 因此，要突出以工促农、以城带乡，构建促进城乡规划布局、要素配置、产业发展、基础设施、公共服务、生态保护等相互融合和协同发展的体制机制。要打破城乡交流的各种障碍，建立健全城乡融合发展体制机制和政策体系，促进城乡各类要素的双向流动，解决人、地、钱、业等关键要素的有效配置问题。

"人"即人力，处理好农业转移劳动力的流出与新生劳动力的培养之间的平衡，建设乡村人口进城和城市人才入乡的培训园，推动城乡劳动力和人才双向流动。[②] 健全农业转移人口市民化的机制，"以城市群为主体形态促进大中小城市和小城镇协调发展，增强中小城市人口承载力和吸引力。建立健全由政府、企业、个人共同参与的农业转移人口市民化成本分担机制，全面落实支持农业转移人口市民化的财政政策、城镇建设用地增加规模与吸纳农业转移人口落户数量挂钩政策，以及中央预算内投资安排向吸纳农业转移人口落户数量较多的城镇倾斜政策。维护进城落户农民土地承包权、宅基地使用权、集体收益分配权，支持引导其依法自愿有偿转让上述权益。提升城市包容性，推动农民工特别是新生代农民工融入城市"[③]。建立城市人才入乡激励机制，解决农村人才匮乏问题。

"地"即土地资源，处理好城乡发展与土地供给的关系，落实第二轮土地承包到期后再延长30年政策，完善农村承包地所有权、承包权、经营权分置制度，进一步放活经营权，稳妥推进集体林权制度创新。在符合国土空间规划、用途管制和依法取得的前提下，允许农村集体经营性建设用地入市，允许就地入市或异地调整入市。在充分保障农民宅基地合法权益

---

① 张先昌、鲁宽：《城乡一体化进程中的空间隔离及其法制应对——以空间正义为视角》，《法学杂志》2015年第1期。
② 何仁伟：《基于乡村振兴和新型城镇化的中国城乡融合发展研究》，《中国西部》2020年第3期。
③ 《中共中央 国务院关于建立健全城乡融合发展体制机制和政策体系的意见》，http://www.gov.cn/zhengce/2019-05/05/content_5388880.htm。

的前提下，探索农村集体经济组织及其成员采取自营、出租、入股、合作等方式，依法依规盘活闲置宅基地和闲置住宅的路径。推动城中村、城边村、村级工业园等可连片开发区域土地依法合规整治入市；推进集体经营性建设用地使用权和地上建筑物所有权房地一体、分割转让。① 各级国土空间规划编制修订充分考虑人口规模因素特别是进城落户人口数量，科学测算和合理安排城镇新增建设用地规模，在人口集中流入地区优先保障义务教育校舍建设和保障性住房建设用地需求。②

"钱"即资金，健全中央和省级财政农业转移人口市民化奖励机制，建立财政、发改、公安等部门工作协同机制，中央财政和省级财政分别对吸纳跨省域、跨市域农业转移人口落户多的地区给予支持。加大中央财政均衡性转移支付中非户籍常住人口因素权重。推动中央预算内投资安排向吸纳农业转移人口落户多的城市倾斜，中央财政在安排城市基础设施建设、保障性住房等资金时，对吸纳农业转移人口多的地区给予适当支持。鼓励各级财政支持城乡融合发展及相关平台和载体建设，拓宽资金来源，撬动更多社会资金投入，提高资本使用效率。完善金融服务体系等建设，建立工商资本参与乡村振兴、涉农资金统筹整合、农村土地增值收益分配等机制。

"业"即产业，鼓励农业转移人口在城市创业和返乡创业，培育和扶持新产业、新业态，促进非农产业与农业深度融合，推动城乡产业融合发展。聚焦智能制造、信息技术、医疗照护、家政、养老托育等用工矛盾突出的行业和网约配送、直播销售等新业态，持续大规模开展面向新生代农民工等的职业技能培训。支持有技能、有管理经验的农民工等人员返乡入乡创业，加强场地安排等政策支持。把特色小镇作为城乡要素融合重要载体，打造集聚特色产业的创新创业生态圈。

总之，我们必须在谋求城乡共生关系的基础上，将城市和乡村并置统筹考虑，健全城乡发展一体化体制机制，形成以工促农、以城带乡、工农

---

① 《中共中央 国务院关于建立健全城乡融合发展体制机制和政策体系的意见》，http://www.gov.cn/zhengce/2019-05/05/content_5388880.htm。
② 《国家发展改革委关于印发"十四五"新型城镇化实施方案的通知》（发改规划〔2022〕960号），https://www.ndrc.gov.cn/xxgk/zcfb/tz/202207/t20220712_1330363.html。

互惠、城乡一体的新型工农城乡关系,[①] 以此解决农业转移人口的权益问题。通过政府主导、市场驱动、社会力量参与的方式鼓励各个阶层平等参与现代化进程,共享改革发展成果。2017年,党的十九大在深刻认识我国农村发展的历史变化趋势、现实呈现状态和整体发展规律的基础上提出"乡村振兴战略",主张"建立健全城乡融合发展体制机制和政策体系",直击城乡发展不平衡与农村发展不充分的社会基本矛盾。[②]

[①] 中共中央宣传部理论局:《中国共产党第十八次全国人民代表大会文件汇编》,人民出版社,2012,第21~22页。
[②] 中共中央宣传部理论局:《中国共产党第十九次全国代表大会文件汇编》,人民出版社,2017,第25~26页。

第四章

混合居住与进城务工者的社区融合

社区是农业转移人口城市融合的起点，也是终点。长期以来，进城务工者在城区群体聚居，形成与市民居住区截然不同的居住空间，并产生了两个空间之间的隔离。居住空间的隔离给进城务工者的城市融合及在城市的稳定就业和发展带来了困难。在吉登斯看来："移民聚居区从某种意义上说是一些稳定的区域，而且这些区域的文化也与周边区域存在明显的差别，群体隔离与空间隔离从而形成了契合。"[①] 梅西也强调，"空间集聚本身就是地区衰败与贫困的主要成因，在极端的情况下，群体因素和阶层因素的重叠容易导致多重剥夺感，造成贫困和隔离的循环积累"[②]。空间的隔离导致人际交往和群体融合的障碍。居住空间的分异与社会结构的分化是相关的，二者表现为一种"互构"的关系。因此，建立共有社区和鼓励进城务工者与市民共同居住，成为解决进城务工者与市民居住空间隔离和实现农业转移人口市民化的重要途径。

鼓励进城务工者融入城市社区，必然形成进城务工者与市民混合居住的社区模式。所谓混合居住，是指来自不同地区、种族、社会阶层、国家等的人，共同居住在同一个社区内，形成人口结构复杂、多元化的社区。在中国，城乡人口流动形成的进城务工者与市民混合居住的城市社区，也是一种典型的混合社区。在部分混合社区中，进城务工者人数甚至已经超过了本地市民人数，出现了明显的人口"倒挂"现象。这样的混合居住，能够促进两个群体之间的交往，进而强化社区居民的融合吗？

对于混合居住模式，西方学者的研究普遍认为，将不同阶层、民族或种

[①] 安东尼·吉登斯：《批判的社会学导论》，郭忠华译，上海译文出版社，2007，第46页。
[②] Massey, D., "Questions of Locality," *Geography*, 1993, 78: 142-149.

族的居民在邻里层面结合起来，守望相助，形成相互补益的社区，可以使那些处于社会较低层的人不被排除在城市主流生活之外。B.赫德罗对英国克罗里新城的研究也发现，异质群体在同一居住区里是可以逐渐演变为同质群体的。① T.波士顿对亚特兰大公共住宅中底层居民的追踪研究也发现，"混合收入区复兴计划"②的实施效果较好，从一个侧面印证了混合居住对于社区，尤其是底层社区邻里复兴的积极效应。③ 相关的研究认为异质混合社区对于解决社区空间的封闭性和排外性，促进进城务工者与市民之间的交往与融合是有所助益的。④ 其主要表现在以下三个方面：首先，混合居住通过社区内当地高收入市民群体的影响，可以逐步影响和改变进城务工者的行为模式；其次，增加进城务工者的就业机会，能够使进城务工者从更多的教育设施和社区服务中受益；最后，通过混合居住，规范包括进城务工者在内的所有社区成员，可以改善社区治安管理环境，增加居民对社会的容忍度，降低区域犯罪率。⑤ 混合社区使市民与进城务工者之间绕开空间屏蔽，实现了在场式交往，但进城务工者与市民融合困境的问题是否得以解决，值得深入研究。

一　混合居住的探索及社会融合逻辑

（一）混合居住模式的探索

混合居住是与居住隔离相对应的一个概念，也是各国政府为了应对居

---

① 康少邦、张宁等编译《城市社会学》，浙江人民出版社，1987，第240页。
② "混合收入区复兴计划"是在亚特兰大施行的美国住房和城市发展部（HUD）所推行的示范性计划 HOP VI 的一部分。彼得·桑德斯曾说过"空间是在人类主体有意识的活动中产生的"。
③ Boston, T. D., "The Effects of Revitalization on Public Housing Residents: A Case Study of the Atlanta Housing Authority," *Journal of the American Planning Association*, 2005, 71 (4).
④ 孙立平：《大混居、小聚居与阶层融合》，《北京日报》2006年6月12日，第18版；雷敏、张子珩、杨莉：《流动人口的居住状态与社会融合》，《南京人口管理干部学院学报》2007年第4期；杨豪中、王劲：《混合居住模式在城中村改造中的适用性分析》，《求索》2011年第1期；黄静晗：《混合社区与居住融合探析》，《现代经济（现代物业下半月刊）》2008年第6期；徐琴：《论住房政策与社会融合——国外的经验与启示》，《江淮论坛》2008年第5期；姚秀利、王红扬：《新城市主义的逻辑结构与实践性》，《现代城市研究》2007年第2期；王彦辉："社区建筑师"制度：居住社区营造的新机制》，《城市规划》2003年第5期。
⑤ 单文慧：《不同收入阶层混合居住模式——价值评判与实施策略》，《城市规划》2001年第2期。

住隔离所采取的一种应对措施和居住模式。产业革命期间，英国最早开始探索混合居住模式，并通过城市规划实践，具体设计了混合居住模式的有效实现形式。①

产业革命期间，工业化急剧推进，大量农业转移人口向城市流动，导致城市人口拥挤、混乱。与此同时，大量农业转移人口基于社会阶层、来源地和其他共同社会背景因素自由选择群体聚居，在城市中形成了碎片化的居住空间格局。相互隔离的居民之间由于缺乏社会交往且本身存在较大身份与社会差异，彼此之间关系也较为紧张，给城市管理者带来了较大的人口管理困难。为了解决居住隔离带来的社会问题，英国政府尝试通过筛选将来自不同阶层和职业的人混合起来居住。这种设想的潜在假设是通过中产阶级的角色模式和示范作用，使穷人能够变成"好"的居民，② 在实践中也起到了预期的作用。

此后，混合居住理念在城市规划领域受到重视，许多西方国家也纷纷效仿，比如美国在20世纪30年代实施的"公屋计划"。20世纪30年代的美国，经济危机造成的大萧条导致数百万人失业、流离失所，并进而出现了严重的人口盲流现象。为了解决人口盲流带来的人口服务与管理问题，美国政府授权PWA（公共工程管理局）建设公共房屋，用于收容因失业而流离失所的农业转移人口。"公屋计划"主要面向那些失业的贫困人口，并暂时解决了他们的居住问题。但由于"在贫困地区兴建公共住房，社会支持仍然停留在较穷的社会网络内"③，因此，"公屋计划"未能解决这些贫困人口的发展问题。20世纪70年代，美国政府在总结"公屋计划"实施经验和教训的基础上，推出混合居住政策。90年代，美国又相继通过了HOPE（Housing Opportunities for People Everywhere）Ⅵ政策和MTO（Moving to Opportunity）政策，通过建设大量的公共房屋，在为社会弱势群体提供住房的同时，也达到分散弱势人口，追求社会

---

① Sarkissian, W., "The Idea of Social Mix in Town Planning: An Historical Review," *Urban Studies*, 1976, 13 (3); Musterd, S., "Residents' Views on Social Mix: Social Networks and Stigmatization in Post-war Housing Estates in Europe," *Urban Studies*, 2008, 45 (4).

② Arthurson, K., "Urban Regeneration, Scale and Balancing Social Mix," *Journal of Urban History*, 2008, 34 (3).

③ Briggs, X. S., "Brown Kids in White Suburbs: Housing Mobility and the Many Faces of Social Capital," *Housing Police Debate*, 1998, 9 (1).

混合和全人口共同发展的目标。

随着居民收入差距的日益扩大和整体社会分层的逐渐加剧，不同社会阶层居民的居住隔离情况日渐严重。很多学者寄希望于通过混合居住促进不同阶层之间居民的交流、融合与共同发展。"他们都主张将不同收入和阶层的城市人口混合居住于同一社区空间，形成邻里互补互益的社区。"[1] 在英国、瑞典、德国、法国、比利时和瑞典等欧洲国家，混合居住已经成为解决社会排斥和群体隔离的核心政策，[2] "这种混合社区的住房规划和社会安置也已经成为缓解阶层矛盾，统一社会福利的重要举措"[3]。

不同阶层、种族的居民混合居住，并建立起广泛的邻里关系，形成不同阶层、种族人口相互交融的社区，避免了整体社会对弱势群体的孤立与排斥。而异质性的群体在同一社区内，也是可以逐渐演变为同质群体的。[4]

（二）混合居住的社会融合逻辑

混合居住的最初设想是解决因流动和移民导致的社会隔离问题，包括"降低区域歧视，促进社会交往和融合，提高移民人群的健康、教育和服务水平，阻止和降低反社会行为，提高移民满意度，鼓励城市主流范式和价值观，缓解群体间的紧张关系，促进社会和谐，创造移民新的社会资本，鼓励文化多样化，提高审美标准，等等。"[5] 此外，通过混合居住，还预期在进城务工者与当地居民之间建立交互扶持和相互交往的机制，从而

---

[1] 吴晓等：《我国大城市流动人口居住空间解析——面向农民工的实证研究》，东南大学出版社，2010，第198页。

[2] Musterd, S., Ostendorf, W., and Vos, S., "Neighbourhood Effects and Social Mobility: A Longitudinal Analysis," *Housing Studies*, 2003, 18 (6); Musterd, S., Anderson, R., "Housing Mix, Social Mix and Social Opportunities," *Urban Affairs Review*, 2005, 40 (6); Musterd, S., "'Residents' Views on Social Mix: Social Mix, Social Networks and Stigmatization in Post-war Housing Estates in Eurpe," *Urban Studies*, 2008, 45 (4); Cole, I., Goodchild, B., "Social Mix and the 'Balanced Community' in British Housing Policy: A Tale of Two Epochs," *Geojournal*, 2000, 51 (4).

[3] Cole, I., Goodchild, B., "Social Mix and the 'Balanced Community' in British Housing Policy: A Tale of Two Epochs," *Geojournal*, 2000, 51 (4).

[4] 康少邦、张宁等编译《城市社会学》，浙江人民出版社，1987，第240页。

[5] Arthurson, K., *Urban Regeneration, Scale and Balancing Social Mix*. Brotherhood of St Laurence Press, 2008, p. 5.

促进进城务工者的发展,并改善进城务工者与当地居民的关系。因为当人们之间的关系转变为互助行为时,可以产生社会资本。所以通过进城务工者与当地居民混合居住,两个群体在日常的社区生活和接触中将实现融合,当地居民对进城务工者就能够起到榜样示范作用,从而提升进城务工者的社会资本,并为进城务工者提供平等交往和生活的机会。

尽管混合居住被认为有助于增加不同群体间的接触机会,并促进群体间融合,但也有学者对此持怀疑态度。有学者通过对苏格兰混合社区的研究发现,住房自有者因就业人口较多,其日常出行距离明显较长,这意味着住房自有者和租赁者之间的接触相对稀少。[1] 艾伦等的研究结果也显示,"混合社区内不同社会群体之间几乎不存在角色示范效应"[2]。因为群体间的差异越大,实际的社会交往越少,邻里示范作用并不明显。[3] 沃斯也指出,"尽管在同一个紧凑的居住区,不同个体却彼此隔离。他们彼此相互敌视,在需要和生活方式上的差别越大,隔离程度就越严重"[4]。很多混合社区内的邻里管理者,在严格控制邻里人口特性的同时,存在对社会底层居民的严密监视,并经常会驱逐那些不方便管理的低收入家庭,从而助长了"剩余化"进程。[5]

从西方国家混合居住模式探索的历程及相关研究来看,混合居住对于促进居民交往和社会融合,既有积极作用,又存在限定性。从混合居住促进居民融合的角度来看,其基本逻辑主要表现在如下三个方面。其一,混合居住提供了不同地区、种族、社会阶层居民空间在场的条件,可以增加居民之间接触和交往的机会,进而有利于群体之间的相互了解、理解和融合。"空间是在人类主体有意识的活动中产生的"[6],反过来,有意识营造

---

[1] Atkinson, R., Kintrea, K., "Owner-occupation, Social Mix and Neighborhood Impacts," *Policy & Politics*, 2000, 28 (1).

[2] Allen, C., Camina, M., Casey, R., Coward, S., Wood, M., *Mixed Tenure, Twenty Years on-nothing Out of the Ordinary*. New York: Joseph Rowntree Foundation, 2005.

[3] Beckhoven, E. V., Kempen, R. V. "Social Effects of Urban Restructuring: A Case Study in Amsterdam and Utecht, the Netherlands," *Housing Studies*, 2003, 18 (6).

[4] Wirth, L., "Urbanism as a Way of Life," *American Journal of Sociology*, 1938, 44 (1).

[5] Cole, I., Goodchild, B., "Social Mix and the 'Balanced Community' in British Housing Policy: A Tale of Two Epochs," *Geojournal*, 2000, 51 (4).

[6] Saunders, P., *Social Theory and the Urban Question*. Hutchinson, 1984, p.165.

第四章 混合居住与进城务工者的社区融合

的空间在场对于社会关系的再生产也能起到积极作用。佩蒂葛茹也认为,"实际的接触能导向正面的群体评价,有助于改善群际关系"[1]。从空间在场的角度讲,混合居住的空间整合效应对人际关系的融合是有益的。混合社区设计的出发点也正是如此。这种居住模式寄希望于不同的人在同一居住空间内在相互接触和交往的情况下,能够形成类似的生活方式、社会态度和文化,在社会地理学上也被称为"态度的区域化",其一般的演化过程为:场所环境—社会群体或阶层—价值观与行为方式。[2] 这是混合社区内部不同群体间由接触到交往,进而实现融合的空间逻辑和过程。

其二,混合居住营造的异质型邻里结构,可以发挥社会中上层群体对底层群体的角色示范和带动作用,引导其主动学习社会主流价值,实践相应的角色规范,向"好"的居民形象靠拢。同时,不同阶层的近距离接触还能够激发社会底层群体的成功想象,并带来向上流动的压力,成为刺激其向上流动的动力,从而减少社会阶层之间的身份差异。

其三,混合居住将社会弱势群体从边缘位置纳入主流群体中来,可以减轻其被排斥感和剥夺感,从而降低其社会对抗情绪,避免其陷入自暴自弃和走向社会的对立面。尤其是混合居住被认为可以实现不同阶层、种族、地区居民之间的互帮互助,从而提升社会底层和弱势群体的社会资本,帮助其实现跨越式的个人发展,提升整体居民的福利水平。

从混合居住促进居民融合的局限性和限度来看,混合居住之所以被认为难以促进居民融合,主要原因在于以下两个方面。

其一,进城务工者是以租住的形式进入社区,与本地人口之间工作和大部分生活并不存在明显交叉,实际的接触和交往机会较少。虽然同住一个社区,实际上却形成了彼此不同的两个"世界"。

其二,由于居民彼此交往的缺失,本地居民对进城务工者的示范效应也明显不足。进城务工者的本地化和社区融入进程缓慢,限制了混合居住促进社会融合作用的发挥。

总体上来看,混合居住促进社会融合,仍然是一个存在较大争议和待

---

[1] Pettigrew, T. F., "Inter Group Contact Theory," *Annual Review of Psychology*, 1998: 49.
[2] Ley, D., *A Social Geography of the City*. New York: Harper and Row, 1983, pp.132-164.

检验的命题。尤其是，源于西方国家的混合居住模式，在国内的探索、形成与发展过程中，究竟能否发挥应有的促进社会融合作用，必须结合具体的本土实践社区来分析。

二 混合居住社区实践与居民融合状况

混合社区是在部分原居民迁出，部分进城务工者以房屋购买和租赁等形式入住的基础上形成的社区。从类型上来看，目前进城务工者与市民混合居住的社区，主要有城乡接合部、城中村、城市街居混合社区、单位社区基础上形成的混合社区等多种类型。这些混合社区的形成背景、过程逻辑等，具有本土化的明显特征。

（一）过渡型混合社区

城乡接合部与城中村是城镇化进程中向城市社区转变，但未能完全转型为城市社会生活共同体的一种过渡型社区。① 这两种类型的混合社区，其形成背景和过程逻辑具有一定的相似性，居民融合也表现出类似的特征，因此将其合并称为"过渡型混合社区"。

城乡接合部社区一般位于城市边缘、靠近乡村地带。从概念上讲，国内学者习惯上将城乡接合区域称为"城市边缘区""城乡交错带"。城乡接合部是城市建成区到农村纯农腹地之间的过渡性地域实体，② 是城市建成区的一部分，受城市核心区基础设施建设和公共服务的辐射影响都较大。在城乡接合部的社区中，居民主要由本地人口和流动人口组成。流动人口中则以进城务工者为主。

城中村则一般位于城区，是指在城市化进程中，在城市建成区范围内失去或基本失去耕地，仍然实行村民自治和农村集体所有制的村庄，村庄以农村居民为主，亦称为"都市里的村庄"。总体上来说，城中村的规划、

---

① 黄锐、文军：《从传统村落到新型都市共同体：转型社区的形成及其基本特质》，《学习与实践》2012年第4期。
② 田毅鹏、齐苗苗：《城乡结合部非定居性移民的"社区感"与"故乡情结"》，《天津社会科学》2013年第2期。

建设和转型相对滞后。随着人口流动大潮的到来，城中村居民将房屋出租给一些"无村籍"的进城务工者入住,[1] 导致城中村成为典型的混合居住社区。

过渡型混合社区之所以能够形成，主要原因在于：其一，此类社区位于城市边缘，房屋较为简陋，因此房租较为便宜，能够满足进城务工者低价格的住房需求；其二，过渡型混合社区一般表现出亦城亦乡的诸多特征，其土地产权管理相对宽松，许多本地居民在此扩建房屋，为进城务工者提供了充足的居住房源。2019年，笔者在湖北省黄冈市麻城市和荆门市两地的调研中发现，上述两地的大部分城乡接合部和城中村社区，都有相当人数的进城务工者居住，进城务工者占社区总人口的比重在19%~43%。超过70%的进城务工者在城乡接合部社区居住的时间超过1年，房屋租赁的成本视居住面积大小，每月租金在300~1000元。

在过渡型混合社区内，本地居民与进城务工者虽然有较多的接触机会，也营造了异质性邻里结构，但从实践效果来看，其中的进城务工者与本地居民并未实现较好的融合。事实上，多元人口的混杂居住已然造成社区公共服务供给不足、社区人口的组织化程度较低等问题。而且，与其他城市社区或农村社区相比，过渡型混合社区的人口犯罪率普遍较高。[2] 虽然说通过房屋出租可以增加本地居民的收入，但社区治安水平的明显下降，则使本地居民的生活满意度和幸福感急剧降低。其直接后果是，本地居民对外来者的敌意和排斥。[3] 不仅如此，进城务工者白天普遍在工作场所务工，仅在晚间休息时返回社区，其与市民虽然同住一个社区，但不同的生活路径和工作经历使二者在空间中的行动并不能实现实际的共同在场，也因此没有形成有效的交往和互动，如帕克等所说："城市生活的一个极大特征就是，各种各样的人互相见面又互相混杂在一起，但却从未互相充分了解……虽终日在城市的街巷中经常相遇，但他们依然属于各自不同的世界""大城市中人口之相当大一部分，包括那些在公寓楼房或住宅

---

[1] 李培林:《巨变：村落的终结——都市里的村庄研究》,《中国社会科学》2002年第1期。
[2] 谷玉良:《空间拥挤理论与农民工的城市融合》,《城市问题》2015年第7期。
[3] 江立华、谷玉良:《"混合社区"与农民工的城市融合——基于湖北省两个混合社区的比较研究》,《学习与实践》2013年第11期。

中安了家的人，都好像进入了一个大旅店，彼此相见而不相识。"① 混合社区本地居民与进城务工者的不完全交流直接印证了帕克等的描述，在混合社区整合性空间内部形成了两个"单体同质型"的隔离性群体。具体描述如图 4-1 所示，从中可以看出，社区内进城务工者 A、B 和 C 相互之间并无实质性的交往。在日常生活和工作的过程中，社区中进城务工者身体的抽离导致在各自工作的场所形成了属于自己的独立交往圈，即形成了所谓的"单体同质型"的群体 A、群体 B 和群体 C。由于各自工作场所的不同，群体 A、群体 B 和群体 C 也处于隔离状态，相互之间没有交往。也就是说，虽然进城务工者各自都有一定的人际交往，也各自形成了一定的社会关系，但在混合社区内，无论是进城务工者个人 A、B 和 C 之间，还是进城务工者所建立的各自的交往圈 A、交往圈 B 和交往圈 C 之间都并无交叉，即在社区内并没有形成实质性的交叉的进城务工者交往圈 D。从混合社区进城务工者和本地居民的融合来看，进城务工者的这种交往状态无疑是"有增长，无发展"，即混合社区内进城务工者的社区融入呈现"内卷化"的状态。至于造成这种结果的原因，主要是进城务工者构成本身的多元化，除了共同的进城务工者身份以及类似的农村文化背景外，他们相互之间并没有其他的同质性因素。而为了生存和发展而流动的目的本身使他们对于交往和结识陌生人并没有很强的积极性。多数进城务工者是在企业务工，一部分是打零工，还有一部分是在城市做小买卖。如果从入住社区时间的长短来说，既有三年以上的进城务工者，又有刚刚住进没多久的。但都处于各自隔离的状态，并没有表现出所谓的"外倾性"主动交往的行为。②"过好各自的生活"是他们共同的愿望。也因此造成了进城务工者之间因为陌生而陌生的结果。因此，本地居民与进城务工者之间在日常生活和工作路径上基本不存在交叉。显然也不存在本地居民对进城务工者的角色示范。

---

① R. E. 帕克、E. N. 伯吉斯、R. D. 麦肯齐：《城市社会学》，宋俊岭、吴建华、王登斌译，华夏出版社，1987，第 26~42 页。
② 周利敏：《镶嵌与自主性：农民工融入城市社区的非正式途径》，《安徽农业科学》2007 年第 33 期。

第四章　混合居住与进城务工者的社区融合

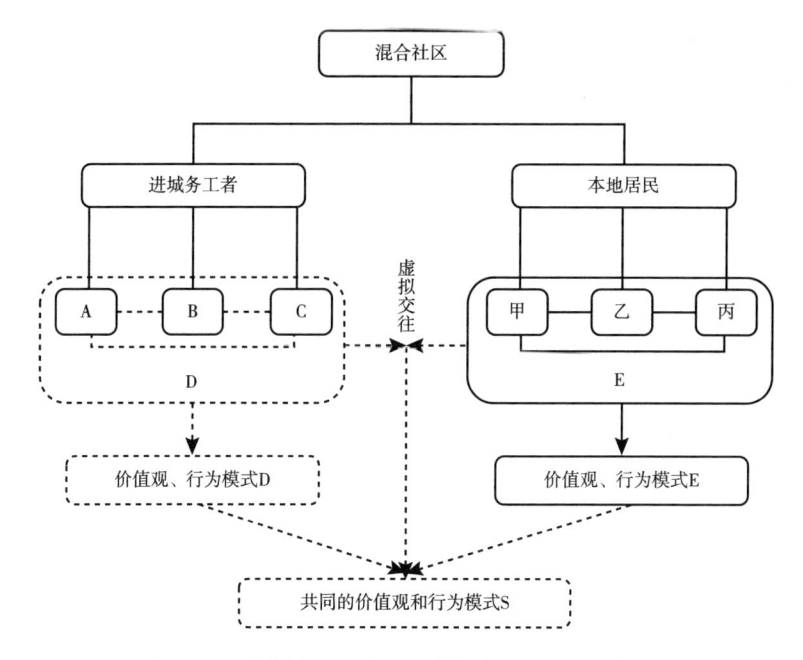

图 4-1　混合社区进城务工者与本地居民交往模式

（二）居住过滤与人口重组型混合社区

在传统城市社区，经历居住过滤后，一些单位社区和城市街居社区也容易形成本地居民与进城务工者混合居住的社区。

以单位社区为例，计划经济时代，我国城市社区的住宅用地一般规划在与单位临近的地方，即将社区安排在单位大院内部或周边，导致社区人口居住结构较为单一，社区居民以单位职工为主。① 1998 年，国务院发布《关于进一步深化城镇住房制度改革加快住房建设的通知》，住房实物分配开始逐渐向货币化转变，从而给单位社区居民更多的居住选择。单位社区的居民，在经济条件许可的基础上，根据个人意愿和居住偏好，自主选择居住社区和居住地，因此出现了一部分单位职工搬出单位社区，住进条件更好的商品房社区的现象。而部分职工迁出后所空余的单位社

---

① 谷玉良、周盼：《城市混合社区的衰落与边缘化风险——以农民工与市民混合居住社区为例》，《人文杂志》2015 年第 4 期。

区住房，则为进入城市务工者提供了房源，一种城市后单位混合社区因此得以形成。①

与单位社区转变为混合社区的过程逻辑类似，一些老旧城市街居社区，由于社区房屋老化、居住条件下降，社区居民在有条件的情况下开始搬离，一批空余房源出现，为进城务工者的入住提供了条件。

需要指出的是，居住过滤是以高收入家庭迁移为导向的迁居与住房周转过程。其基础条件是住房的异质性和耐久性、家庭社会经济属性和偏好的差异。② 居住过滤实际上是高收入群体的一种向上过滤，是对原社区的一种"逃离"和选择更高水平社区的行为。由于原社区居住耐久性的降低、房屋的老旧、基础设施落后、居住环境相对较差等，这些社区本身的房屋租赁价格也不高，大致在 300~1300 元，仍在进城务工者消费水平之内。如果说城乡接合部社区与城中村社区还在一定程度上具有乡村社区的某些特征的话，那么，老旧城市街居混合社区与后单位混合社区则是完全意义上的城市社区。在这类混合社区内，本地居民与进城务工者之间的交往与融合情况更加复杂。在有些混合社区内，新老居民之间的融合较好，而有些社区则存在严重的居民隔离现象。③

以襄阳市苗圃社区和文体局社区为例，两个社区一个是老旧城市街居混合社区，一个是后单位时代形成的混合社区。这两个社区在经历了居住过滤和社区人口重组后，进城务工者占社区总人口的比例都超过了 30%。社区内部新老居民之间也主要以分散插组的形式入住，形成了异质性的邻里居住结构。但两个社区新老居民的融合情况却不乐观。这主要表现在：一方面，新老居民之间由于生活和工作路径上的差异，两个群体在社区内部几乎不存在实质性的接触和交往；另一方面，大多数进城务工者缺乏城市生活经验，对城市基本政策规范认识不足，也没有受过城市维护的训练，不可避免地存在一些有违社区基本规范的现象，导致新老居民之间矛

---

① 谷玉良、福鹏：《后单位混合社区农民工与市民的融合困境》，《北京工业大学学报》（社会科学版）2013 年第 6 期

② Lowry Ira, S., "Filtering and Housing Standards: A Conceptual Analysis," *Land Economics*, 1960, 36 (4).

③ 江立华、谷玉良：《"混合社区"与农民工的城市融合——基于湖北省两个混合社区的比较研究》，《学习与实践》2013 年第 11 期。

盾丛生。这在一定程度上验证了布劳提出的"异质性会产生妨碍社会交往的障碍"[①] 的论断。此外，由于居住过滤本身意味着社区精英人口的流失，而新入住的进城务工者明显无法填补这种流失。因此，混合居住社区实际上在人口重组过程中经历了社区人口整体素质下降和居民去组织化，导致社区在治理方式的变革和社区公共参与方面都较为滞后，无法为本地居民与进城务工者的融合提供有效的组织平台和条件。

社会交往在很大程度上取决于接触机会，对混合社区内的进城务工者与本地居民而言更是如此，但社区内不同居民的生活和工作路径存在明显差异，在日常生活和工作中接触机会较少，人际交往并不频繁。事实上，在城市社区中，弱交往与弱纽带关联早已成为居民交往和人际关系的常态。如今，在进城务工者群体内部和进城务工者与居民之间也表现出这样的弱交往和弱关联。这种"双重离散型交往"导致混合社区内部进城务工者与本地居民之间很难达到高度的融合，而总是呈现低度交往和低度融合的特征（见图4-2）。

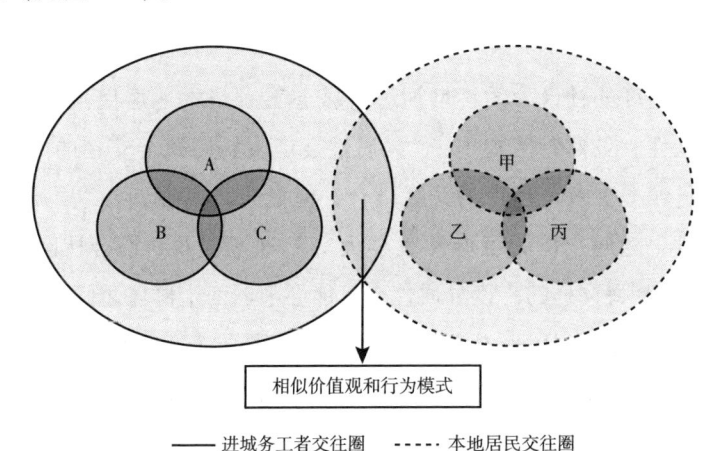

图4-2 新老居民的双重离散型交往

进城务工者与本地居民的低度交往虽然未能建立起密切的邻里关系，但对进城务工者的社区融入和市民化还是有一定帮助的，这种帮助至少体

---

① 彼特·布劳：《不平等和异质性》，王春光、谢圣赟译，中国社会科学出版社，1991，第122页。

现在以下三个方面。

首先,进城务工者与本地居民群体内部和群体之间的"双重离散型交往"使他们形成关系紧密群体的可能性降低,导致混合社区新老居民高度的个体化和异质化,从而削弱了进城务工者作为一个群体在城市混合社区中的显著性,避免了可能来自社区中当地市民的"群体排斥"。

通过典礼、活动、互助小组、志愿服务、聚餐、讨论会等短时间接触方式,虽然增加了两个群体之间的了解,但并没能形成关系型自组织团体,进城务工者与本地居民之间呈现高度的异质性。同时,进城务工者之间的低度交往,也导致进城务工者群体异质性的增强。进城务工者群体自身的异质性虽然无法在群体内部形成互助性的社会支持网络,但却避免了进城务工者在城市混合社区中作为一个群体因显性化而为市民所注意。进城务工者作为一个个独立的个体"湮没"在城市混合社区中的新居民中,其"农民工"的身份逐渐淡化。称号的改变至少表面看来避免了社区本地居民对进城务工者形成"农民工群体"这样一种群体镜像的可能,客观上为进城务工者的社区融入和市民化减轻了阻力。

其次,高度的社区异质性增加了进城务工者与本地居民建立各种社会关联的可能性。虽然布劳提出:"异质性会产生妨碍社会交往的障碍",从而不利于进城务工者与市民的社区融合,但他同时也强调:"异质性越强,人们之间发生随遇交往的可能性就越大。"① 也就是说,混合社区内部进城务工者与本地居民同样的高度异质性也可能会削弱两个群体之间的交往障碍。对混合社区内的本地居民来说,如果进城务工者是一个同质性的群体,那么只要接触一个进城务工者,本地居民就可能形成对这个群体"近乎完整的群体认知和镜像",从而有可能降低其与其他进城务工者进一步接触和交往的积极性和意愿。而进城务工者群体本身的异质化却提供了本地居民与之产生多种交往体验的可能,从而使本地居民愿意与任意进城务工者建立多种"随遇关系"。

最后,在低度交往中,进城务工者逐渐了解和适应了城市社区基于产权关系和权责关系的各种制度安排。比如,在农村日常生活中,进城务工者一

---

① 彼特·布劳:《不平等和异质性》,王春光、谢圣赞译,中国社会科学出版社,1991,第122页。

般倾向于向邻里和亲朋好友等首属关系群体求助。而在城市社区中，进城务工者认识到低度交往下的弱关系难以为他们提供稳定的社会支持，从而更多地向与其有权责关系和契约关系的居委会和物业等组织求助。更重要的是，在城市社区，权责关系和契约关系下的生活使他们认识到"自我管理"是生活的常态，从而培养了他们独立的现代市民品质。有些进城务工者已经明显表现出适应市民生活的倾向，就像做布匹生意的进城务工者 CH 先生所说："我在武汉这么多年，不知道是不是出来时间太长了，感觉现在回到家里跟老家的人沟通不是很亲近，在外面反而还好些。"

诚然，城市新老居民之间在生活方式和习惯上的差异，制约了相互之间的进一步交往和融合，但也有一些混合社区，通过创新社区治理方式，加强社区居委会代表性重建等，[①] 有效促进了新老居民之间的相互理解，在居民融合上有一定的积极作为。以武汉市景桥小区为例，社区居委会通过创建物业服务模式，吸引新居民参与社区治理，建立社区居民互助组织等，有效提高了新居民的社区公共参与水平，并且通过建立修身学堂等形式，实现对进城务工者的社区再教育，培养了他们独立的现代市民品质，在很大程度上减少了新老居民之间生活方式上的巨大差异，增加了两个群体的实质性交往。为做好社区进城务工者的服务和管理工作，丰富社区外进城务工者社会支持网络，提高进城务工者社区融入的能力，景桥社区建构起了一整套的"新居民互助服务站"网络（见图4-3）。在社区居委会领导下设社区"新居民互助服务站"，还有常务理事会、新居民义工服务

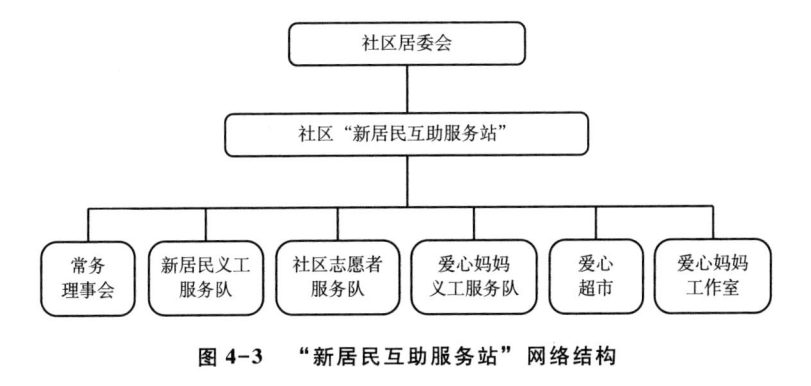

图 4-3 "新居民互助服务站"网络结构

---

① 孙肖远：《社区党建创新：走向社区融合的现实路径》，《社会主义研究》2010年第2期。

队、社区志愿者服务队、爱心妈妈义工服务队、爱心超市和爱心妈妈工作室等六个相关部门。

其中，社区"新居民互助服务站"实行站长负责制，由社区居委会党委书记任站长，另设副站长一名负责常务工作，基本成员包括七位常务理事、一位总干事和六位其他干事。服务站的常务理事由社区居委会五位相关工作人员（分别是社区主任、物业经理、信访专干、街道办工作人员、社区中心户长）和两位新居民组成。服务站干事除总干事为社区服务员外，其他全部由新居民组成。此外，服务站还定期在社区居民中间招募志愿者，对志愿者进行培训上岗、督导专业支持、绩效评估和奖励的政策，并设立了专项经费，以此保证和提高志愿者服务新居民的能力和水平。

当然，社区志愿者服务队的成员既有社区内原有居民，也包括新居民——进城务工者在内。志愿服务作为一种奉献和爱心行动本身就是沟通情感和强化人际关联的重要方式。在志愿服务的过程中，社区内当地居民受益于进城务工者的志愿服务，对他们逐渐采取接纳的态度。通过当地社区原有居民对进城务工者——社区新居民的服务，也消除了进城务工者的自我隔离，增强了他们社区融入的意愿。服务站以社区志愿服务和居民互助服务为宗旨，主要服务辖区内的新居民。以奉献、友爱、互助、服务、进步为准则，为社区服务，为居民服务。致力于改善社区人际关系，提供互助志愿服务。服务形式以定期举办义诊、义教、计生、低保、医保、维权、法律援助宣传咨询服务等为主。向群众宣传相关的政策法规，发放宣传资料，开设生殖保健咨询、健康体检。还建立了社区新居民心灵氧吧，设置爱心妈妈工作室，成立爱心妈妈义工服务队，设立周一至周五爱心接待日。为新居民提供心理健康咨询，为他们在生活、学习等方面提供便捷服务。

社区"新居民互助服务站"的爱心服务和志愿服务在某种程度上成了进城务工者与原有居民之间常态化关联和交往的一种形式。在共同的志愿服务和被服务的过程中，也加强了新老居民之间的联系和交往。

（三）治理创新与混合居民融合

来自西方国家的混合居住探索及相关研究表明，异质混合社区对于解

第四章 混合居住与进城务工者的社区融合

决社区空间的封闭性和排外性,促进不同人群之间的交往与融合是有帮助的。[①] 这为我们解决进城务工者与本地居民的居住与交往隔离提供了思路。同时,我们也必须看到,本土实践中的混合居住社区,仍然存在较多未能有效发挥"邻域效应"促进居民融合的现象。我们必须充分认识到本土混合居住社区形成背景、过程逻辑和实现形式的特殊性。也只有在一种中西比较的视野下,我们才能够了解,本土混合居住实践在促进居民融合方面,究竟面临怎样特殊的局限性条件。而对于那些有效实现了居民融合的混合社区,相比较西方混合社区促进居民融合的逻辑,又采取了哪些有效的本土化措施。对于以上两个问题的回答,能够帮助我们更好地探索本土混合居住模式的有效实现形式。

首先,混合居住社区存在市民与农民的身份差别。虽然户籍制度改革在农业转移人口中小城镇落户条件上取消了限制,并积极鼓励进城务工者落户城市。但附着在户籍上的各种公共服务并未完全剥离,城乡二元户籍区隔造成的身份差异仍未被抹平。以过渡型混合居住社区为例,混合居住社区内的进城务工者,仍然流动性较强,导致其社区归属感整体较差。而绝大多数进城务工者的主要目的在于提高经济收入,生计需求的迫切性往往遮蔽了进城务工者的社区生活、交往和参与需求。因此,其社区参与意愿普遍较低,且与本地居民在生活和工作路径上也较少存在交叉。本地居民对进城务工者在生活方式、社会交往、社区参与和社区规范等方面的角色示范效应也明显较弱。此外,混合居住虽然消除了进城务工者与本地居民交往的空间障碍,但空间障碍的消除也容易激发日益高涨的族群主义和地方主义感受。空间障碍的消除使地方性空间之间小规模的、细微的差异变得更容易被人感知。

其次,就人口重组型混合社区而言,人口重组会导致原社区的去组织化和共同体的衰落。同时,经过居住过滤,社区人口素质整体降低,社区参与水平和质量不高,限制了社区治理方式的创新与转型,最终也不利于促进社区居民融合措施的创新与落实。

[①] 杨菊华:《混合居住模式:助推流动人口从"寄居"走向"安居"》,《中国社会科学报》2014年7月11日,第8版。

当然，也有少数混合居住社区在社区治理方式创新的基础上，有效解决了社区居民交往的离散型和空间在场下的群体隔离问题，如通过创立社区居民互助服务组织、社区自助物业模式、开设修身学堂、设立流动人口网格化信息管理平台等，有效整合了进城务工者个体需求与社区整体利益，调动了进城务工者与本地居民共同的社区参与。[1] 针对进城务工者的市民化教育，也能够帮助进城务工者实现新的再社会化，从而增强进城务工者的城市适应与融合能力。

三 混合社区公共性的建构与居民融合

"公共性"的提出不仅为宏观社会的多元善治提供了理论指导，也为基层微观社会治理指明了方向。如何解决社区"公共性"缺失的问题，重构社区"公共性"以创新基层社会治理，是新时代理论研究与实践工作者需要回应的重要议题，也是更好落实党中央关于加强社区治理体系现代化建设的必然要求。混合社区是一种充满了社会、文化特殊性的社区空间，产生了较一般城市社区不同的"公共性"缺失问题，其"公共性"重构与社区治理也面临新的挑战。

（一）"公共性"：一个研究议题

"公共性"来源于西方公共哲学话语体系。以阿伦特、卢曼、罗尔斯和哈贝马斯等为主的西方学者，从人存在的复数性、合法性与正当性、理性的公共性、共享的交往规范等不同方面对"公共性"进行了多重讨论。社区"公共性"则是公共哲学在社区与公共生活层面的落实，社区是一个超越家庭领域，建立在邻里交往基础之上的社会-文化系统。经典的社区研究对社区所做的界定与特征概括，无不体现出某种"公共性"或提出对"公共性"的要求。比如，尼斯贝认为，社区是一种社会性的联结，表现出感情和谐、丰富、延续、深层等基本特质。[2] 在鲍曼那里，社区的"公

---

[1] 陈伟东、熊光祥：《农民工社区文化服务设施建设现状及其发展对策——来自武汉1103个社区的调查与分析》，《经济地理》2007年第6期。

[2] Nisbet, R., *The Sociological Tradition*, London: Heinemann, 1967, p.6.

共性"则进一步表现为确定性和安全感,认定社区是一个充满温馨和温暖,能够让大家相互依靠并充满舒适感的共同体。① 也有人从价值与道德的角度,将社区"公共性"视为一种凝聚力(solidarity),强调社区认同、道德联合、居民参与、完整性、和谐性等。②

社区是"公共性"的重要载体,③ 就社区层面而言,"公共性"可以界定为社区居民应有的社区认同感,以及为维护社区共同利益而自觉自愿参与各种公共活动的精神和参与行为,④ 是人们从私人领域中走出来,就"公共性"问题开展讨论和行动,并实现自己从私人向公民转化的一种状态⑤。具体而言,社区"公共性"表现为价值规范和实践行动两个层面,涉及公民公共道德、居住归属感、社区互动、组织性、社区参与等多个方面,是人与人之间共在、共处、共建、共享的特性。⑥ 它既是一种扬弃个体利益而考虑他人利益的公共理念,也是一种人们在实践交往中互相照顾和关心的生活状态。⑦ "公共性"是促进社会团结的重要纽带、机制,有助于抵御市场经济背景下个体工具主义的快速扩张,使个体得以超越自我而关注公共生活,是形塑现代国家与民众间良性相倚、互为监督新格局的重要条件。⑧

尽管"公共性"在社会整合、公民性培育和社区公共生活引导方面具有重要作用和深远意义,但研究表明,当前整体社会"公共性"式微,社区"公共性"也明显较弱。尤其是在后单位时代,社区作为"地域生活共同体",其地域性并未激发隐含的"地方性知识",也未生成社区"公共

---

① 齐格蒙特·鲍曼:《共同体》,欧阳景根译,江苏人民出版社,2007。
② Poplin, D., *Communities: A Survey of Theories and Methods of Research*, New York: Macmillan, 1979, p.6.
③ 田毅鹏:《流动的公共性》,《开放时代》2009年第8期。
④ 高红:《城市基层合作治理视域下的社区公共性重构》,《南京社会科学》2014年第6期。
⑤ 李友梅、肖瑛、黄晓春:《当代中国社会建设的公共性困境及其超越》,《中国社会科学》2012年第4期。
⑥ 崔月琴、张扬:《村改居进程中农村社区公共性的重建及其意义》,《福建论坛》(人文社会科学版)2017年第4期。
⑦ 周志山、冯波:《马克思社会关系理论的公共性意蕴》,《马克思主义与现实》2011年第4期。
⑧ 李友梅、肖瑛、黄晓春:《当代中国社会建设的公共性困境及其超越》,《中国社会科学》2012年第4期。

性",甚至以往单位制时代社区在行政主导下形成的"类公共性"也遭到严重破坏。[1] 正如吉登斯所描述的那样,在前现代社会,大多数人的日常生活是受地域支配的,但是现代社会,地域性对于居民的意义正在逐渐弱化。[2] 如今,城市居民在社区之中只顾寻求各自利益的最大化,社区关系网络开始裂变,社区认同逐渐弱化,甚至出现严重的社区"失范",呈现为社区的公共性危机。[3] 虽然一些学者近年来竭力倡导一种东亚文化圈特有的"新公共性",并强调其"活私开公"的特殊内涵。[4] 但实践中,"公"与"私"界限虽然明确,却也造成了对"私"的过度追求,甚至是"私"对"公"的无节制地僭越和侵蚀。不少社区居民正"蜕化"成阎云翔笔下只重视个人权利却无视应有社会义务与责任的"无公德的个人"[5]。当前,在农村人口大规模进城务工、经商背景下,城市基层社区开始出现新的变化,一种本地居民与进城务工者混合居住的新型社区开始出现。这类社区是在原城市社区一部分市民迁出,进城务工者以房屋购买(少数)或租赁等形式入住的基础上形成的。这类社区由于居住人口多元化,被称为混合社区。混合社区较一般城市社区具有特殊性:其一,此类社区是多元人口混居的社区,社区居民多元化,居民之间经济、社会、文化、身份等差别相对较大;其二,由于社区居民差别大,社区人口组成复杂,居民利益更难趋同、调和,社区矛盾也相对较多;其三,此类混合社区的形成伴随着社区原人口的流出与新人口的加入,原有社区组织和有机体也面临解体风险,社区居民归属感和社区参与度较低。[6] 较之一般社区,城市混合社区居民"社区脱域"现象严重,"文化再造"与"地方性知识生产"更为艰难,"公共性"缺失较一般城市社区更严重,归因也更具复杂性、

---

[1] 谷玉良、福鹏:《后单位混合社区农民工与市民的融合困境》,《北京工业大学学报》(社会科学版)2013年第6期。
[2] 安东尼·吉登斯:《现代性的后果》,田禾译,译林出版社,2011。
[3] 李强、葛天任:《社区的碎片化——Y市社区建设与城市社会治理的实证研究》,《学术界》2013年第12期。
[4] 佐佐木毅、金泰昌主编《21世纪公共哲学的展望》,卞崇道、王青、刁榴译,人民出版社,2009。
[5] 阎云翔:《中国社会的个体化》,陆洋等译,上海译文出版社,2012。
[6] 谷玉良、周盼:《城市混合社区的衰落与边缘化风险——以农民工与市民混合居住社区为例》,《人文杂志》2015年第4期。

特殊性，社区"公共性"重构也更困难，从而给社区治理带来了极大挑战。因此，有必要通过对进城务工者与市民混合居住社区的考察，讨论城市混合社区的"公共性"式微与社区治理困境，进而探讨城市混合社区"公共性"重构的可能性。

（二）城市混合社区的"公共性"式微

城市混合社区的形成是人口流动与跨地区人口重组在城市社区层面的表现。在人口重组与社区转变过程中，社区的人口结构、组织形态、居民凝聚力、社区公共精神、社区参与和社区治理等受到影响，混合社区的"公共性"式微也体现在上述方面。

首先，受人口重组的影响，社区开始出现解组织化与共同体的衰落迹象。社区的组织性是社区"公共性"的重要表征。在组织中，社区居民之间出于共同的兴趣、文化传统、生活习惯、职业类型等进行的联结，都体现出某种程度的整合性、共同性。这正是社区"公共性"的表现形式之一。而进城务工者的入住与混合社区的形成，建立在原社区居民流出的基础上。原社区居民的流出，导致社区既有的组织和团体成员一定程度的流失，社区组织和团体的结构完整性遭到一定程度的破坏。在一些居民大量流出和进城务工者大规模入住的混合社区中，甚至形成严重的"人口倒挂"现象，有的混合社区进城务工者占社区总人口的比例甚至为60%以上，这对混合社区原来的组织和团体的破坏可能达到毁灭性的程度。笔者在襄阳市文体局社区的考察就发现，在469名社区居民中，就有高达213名进城务工者，占社区总人口的45.4%。原社区中的业主委员会也因社区居民的大量流失导致活动性、功能性降低，原有的诸如乒乓球、老年桥牌社团等非正式组织也宣告解体。

不仅如此，混合社区中的进城务工者主要以租赁方式入住，大部分进城务工者的入住目的为短期经商、进城打工、进城创业等。因此，其居住缺乏稳定性，一般租赁时间在6个月到3年之间。居住稳定性的缺乏导致社区人口不断有老居民的流出、新居民的加入，社区始终处于持续的人口重组过程中。在原社区组织碎片化情况下，新社区组织的形成与发育也受到人口持续变动的影响。社区治理单位如居委会等也疲于应付新入住人口的登记、管理和服务等，对于社区组织的培育往往难以投入足够精力。混合社区的"公共性"也在社区居民的解组织化过程中逐渐式微。

其次，新居民社区感不足，缺乏公共精神，导致混合社区新老居民之间关系紧张化，利益难以调和。一般来说，空间障碍倒塌得越彻底，人们就越倾向于紧密地依附于地方和邻里，但是空间障碍的消除也容易激发族群主义和地方主义感受，使地方性空间之间小规模的、细微的差异变得更容易被人感知和重视。[1] 在城市社区，居民彼此之间虽然缺乏高度的熟悉性，但市民之间近乎相同的生活规律、相互接近的生活水平以及稳定的居住样态，长期以来养成了固定的生活方式，形成了隐形的社区文化传统和地方性知识。而对于进城务工者来说，初进城市社区，没有足够的城市居住经验，对城市行政知识也缺乏认识。因此，他们对于城市社区基本规范和隐形生活方式与文化传统缺乏了解。两个群体之间在本就存在经济、社会、身份等差别的基础上，生活方式与文化惯习之间的差别在社区这一地域生活共同体内被"放大"。进城务工者在生活卫生和公共设施的占用方面往往容易与混合社区内原住居民发生冲突。在襄阳市文体局社区的考察发现，进城务工者在混合社区内沿袭了传统农村生活的习惯，表现出对生活垃圾处理的随意化和对公共设施与社区公共空间使用的私人化（比如对本应轮流使用、先到先用的公共车棚的长期私人化占有；将社区公共卫生打扫设施据为己有，私人使用；等等）。不仅如此，由于进城务工者在城市务工一般经常伴随加班现象，经常半夜归宿，且常未经登记介绍陌生人进入社区居住等，给社区管理和社区治安带来一定隐患。这些都引发了混合社区原住市民对进城务工者的不满，导致新老居民两个群体间关系的紧张化，双方的利益也难以调和，更遑论在社区公共利益层面两个群体的协调一致。新老居民之间的利益冲突导致的关系紧张化，已经危及社区公共利益的达成。比如，社区公共政策的落实，尤其是对进城务工者的优惠扶持政策，也引起部分本地

---

[1] 大卫·哈维：《时空之间：关于地理学想象的反思》载孙逊、杨剑龙主编《都市空间与文化想象》，上海三联书店，2008。

市民的不满，遭到不同程度的抵制。

再次，混合社区居民之间交往呈现多重离散性，表现为进城务工者内部社区交往的离散性、新老居民之间交往的缺失、原住居民之间的弱交往。长期以来，城市居民的社会交往都表现为陌生化，即便在社区内部，74%的邻里关系也止步于"点头之交"。[1] 随着社区人口重组、混合社区的形成，人口组成多元化与相互之间差别较大，导致社区居民之间的接触与交往频率进一步走低，社区居民在日常生活中基本没有实质性接触。两个群体之间对各自的认识和称谓停留在"集体"层面，即表现为对整个群体的认识，而缺乏对个人的了解。尤其是在称谓方面，仅以集群性的名词"他们""人家"等指代。另外，上面指出的两个群体之间在生活方式与文化传统方面的巨大差异也导致双方难以发生有效沟通。在混合社区内部，新老居民间的"异质性产生了妨碍人际交往的障碍"[2]。实际上，两个群体由于生活与工作时空路径的不同，虽然同住一个社区，但基本上不可能实现实际的共同"在场"。进城务工者早出晚归，白天活跃于工作场所，社会交往的对象集中于工友、老乡，社区内部进城务工者之间基本没有互动，社交地点也多为工作场所，且鲜少有周末等休息时间。社会交往表现出明显的相对于社区的时空抽离问题，原住居民的社交也同样如此。概言之，混合社区内部居民间的交往就像帕克等所说的那样，"各种各样的人虽然时常见面，但却从未互相充分了解……虽终日在社区的街巷中相遇，但他们依然属于各自不同的世界，那些在公寓楼房或住宅中安了家的人，都好像进入了一个大旅店，彼此相见而不相识"[3]。

最后，混合社区居民"社区感"较弱，公共活动与事务参与主动性、积极性不高，社区居民参与能力也有所欠缺。"社区感"主要是一个社区心理学概念，"是个人觉察到与他人相似性，认同与他人间相互

---

[1] 数据引自2014年4月25日《楚天都市报》报道，原标题为《七成居民希望睦邻互助别让邻居成为最熟悉的陌生人》。
[2] 彼特·布劳：《不平等和异质性》，王春光、谢圣赞译，中国社会科学出版社，1991。
[3] R.E.帕克、E.N.伯吉斯、R.D.麦肯齐：《城市社会学》，宋俊岭、吴建华、王登斌译，华夏出版社，1987。

依赖的关系，向他人提供所期待的帮助，愿意保持这种相互依赖的关系，一个人从属于大型的、可依靠的和稳定结构的情感"[1]，也是"成员通过共同承担工作满足自己需求的一种共享信念"[2]。"社区感"突出社区居民的团体凝聚力，能够激发社区居民公共参与的积极性。如今，混合社区由于新老居民之间彼此差异较大，且缺乏交往，难以形成相互依赖性关系。尤其是新居民——进城务工者只将混合社区视为临时性"居住空间"，而非稳定的"生活栖息之所"。难以形成对混合社区的认同感与归属感，"社区感"较弱，公共参与积极性明显较低，本身也在一定程度上缺乏社区公共参与能力。而对于社区原住居民来说，经过"居住过滤"[3]，熟悉的邻里和社区居民迁出，破坏了原本稳定的社区依赖关系，在一定程度上动摇了居民对社区的归属感。而社区精英人口的大量流失，则直接造成留下的市民在某种程度上并非社区"精英"的代表，在社区公共活动与事务的参与方面难以起到示范带头作用。进城务工者社区参与能力的不足与积极性低，以及原住居民公共参与示范作用的降低，极大影响了社区公共活动/事务的组织与发展。长此以往，社区"公共性"可能被瓦解、弱化，直至消弭。

（三）"公共性"式微背景下混合社区治理困境

社区治理是在社区范围内，政府、社区组织与社区居民共同管理社区

---

[1] Sarason, S. B., *The Psychological Sense of Community: Prospects for a Community Psychology*. San Francisco: Jossey-Bass. 1974, p. 157.

[2] McMillan, D. W., & Chavis, D., "Sense of Community: A Definition and Theory," *Journal of Community Psychology*, 1986, (14).

[3] "居住过滤"是社区居民在个人意愿、居住偏好和社会经济条件许可的情况下，自主选择居住地和居住社区，形成的自发居住过滤现象。"居住过滤"是以高收入家庭迁移为导向的迁居与住房周转过程。其基础条件是住房的异质性和耐久性、家庭社会经济属性和偏好的差异。这实际上是高收入居民的一种向上过滤，是对原社区的一种逃离和选择更高水平社区的行为。向上居住过滤意味着社区精英人口的流失。居民"滤上"的同时，产生的是住房与社区留守人口的"滤下"。由于收入较低或对于熟悉环境有较大眷恋，一些居民没有搬出社区。他们由此经历了一个被动的"滤下"过程。参见 Lowry Ira, S., "Filtering and Housing Standards: A Conceptual Analysis," *Land Economics*, 1960, 36 (4); Myers, D., "Upward Mobility and the Filtering Process," *Journal of Planning Education and Research*, 1983, 2 (2); 塔娜、柴彦威《过滤视角下的中国城市单位社区变化研究》，《人文地理》2010年第5期。

公共事务的活动。① 具体来说，社区治理是政府、社区组织、社区居民共同推进社区持续发展的活动，目的在于达成以社区居民为中心，面向社区居民需要，提升社区居民生活质量，积极回应社区外部环境变化，促进社区富有发展活力的新型社区公共管理体系。社区善治是现代社区治理的目标定位，具有治理主体多元化，治理方式合作化、参与化等特点。

混合社区"公共性"的式微为社区治理带来了一定的困难。具体表现在三个方面：社区公共利益难调和与公共治理目标难达成；社区治理主体能力参差不齐，社区治理水平难以提升；社区居民公共参与不足，合作化治理难以推进。

第一，社区居民利益主体多元化，给社区公共目标的达成、公共利益的调和与公共政策的制定、落实带来了麻烦。在混合社区内，居民的利益诉求在于优化社区环境、提高社区服务与管理水平、保证优质社区生活质量等，将社区建成宜居的生活栖息地也是社区治理和社区居民的终极目标。不过，对于进城务工者来说，来自生活和务工方面的压力，往往使他们更加注重个人利益和目标的达成。社区作为暂时的居住场所，居住的短暂性导致他们很难将个人利益与社区公共利益有机融合。生活方式的巨大差异也容易导致进城务工者群体的"污名化"，以及原住居民对他们的排斥。② 社区居民利益诉求的多元化与调和的难度大，给社区治理过程中公共政策的制定与实施带来了困难。

第二，混合社区居民素质参差不齐，总体人口质量下降、组织碎片化，导致社区建设缺少社区居民的高水平参与和社区组织的支持。混合社区形成过程中，在个人选择与经济社会属性过滤的情况下，"居住过滤"带来的精英人口"滤上"流失与相对非精英人口的"滤下"留守所带来的直接结果是：社区人口质量的下降。虽然社区人口的流失很快被新入住的进城务工者填补，但新补充的进城务工者有待市民化，他们对混合社区人口的补充很难真正替代流失的社区精英使社区人口总体质量在短时间内得

---

① 魏娜：《我国城市社区治理模式：发展演变与制度创新》，《中国人民大学学报》2003年第1期。
② 江立华、谷玉良：《"混合社区"与农民工的城市融合——基于湖北省两个混合社区的比较研究》，《学习与实践》2013年第11期。

到复原。也就是说混合社区人口的总体素质水平较原城市社区有所下降。[1]社区人口重组则直接带来社区组织的碎片化和解体。在社区多元治理主体中，社区居民与社区组织的治理能力和参与水平受到削弱，直接影响社区建设的水平和多中心治理的实现。

第三，社区居民公共参与积极性不高，直接影响社区公共事务与社区公共治理的合作化水平。社区治理所涉及的社区公共事务，关系到社区全体居民的福祉和利益。公共事务的治理既需要充分的社区动员，也需要广泛的社区参与。尤其是在社区居民利益诉求多元化的情况下，公共活动与事务更需要多元主体的合作来完成。如此才能保证公共政策的落实兼顾不同利益主体的诉求，提升全体社区居民的福利水平。不仅如此，广泛的社区参与和积极的合作化意愿还能够保证社区有足够的能力应对外部环境变化与风险。而在混合社区内，新老居民之间的"零交往"与新居民"社区感"的缺失，使社区合作化治理结构流于形式，导致所谓的"治理失灵"与"共同体困境"。[2]社区对外部环境的变化及其风险的应对也缺乏即时性与有效性。社区治理无法实现合作化，而非合作化的社区治理也无法全面回应社区居民的多种诉求，更无法及时应对社区风险以保障和提升社区居民福祉，社区治理难以实现"善治"的目标。

四 建立进城务工者社区融合的途径

（一）进城务工者"社区感"的培育

"如今社区面临的最大挑战是不同社会阶级、收入和种族间相互联系和了解减少了。"[3]在群体间接触和交往少的情况下，如何维系社区居民共

---

[1] 谷玉良、周盼：《城市混合社区的衰落与边缘化风险——以农民工与市民混合居住社区为例》，《人文杂志》2015年第4期。
[2] 高红：《城市基层合作治理视域下的社区公共性重构》，《南京社会科学》2014年第6期。
[3] 转引自詹姆士·H. 道尔顿、毛瑞斯·J. 伊莱亚斯、阿伯汉姆·万德斯曼《社区心理学——联结个体和社区》（第二版），王广新等译，中国人民大学出版社，2010，第117页。

第四章 混合居住与进城务工者的社区融合

同的归属感,尤其是如何才能迅速有效地构建进城务工者的"社区感"[①]就成为社区面临的最大难题。

在社区层面,要使进城务工者扎根城市、融入社区,最重要的是提高他们社区参与的积极性。有人说"多样性是城市的天性"[②]。这种多样性不仅仅指社区人口组成部分的多样性,也指社区参与的多样性。即便进城务工者与市民形成了混合居住的社区,如果无法达到多样化的社区参与,进城务工者与市民之间"各自为营",相互隔离,也就谈不上多样性。如今,扩大社区交往和提高社区参与度已经成为促进社区人际关系融合和解决社区隔离的重要途径。欧洲许多国家也积极关注人们的社区生活,通过专业化的社区方法,探讨有效对抗社区隔离的图景,促进市民社会的整合与发展。[③]

随着进城时间和社区参与的增加,乡土文化和农村生活习惯对进城务工者的影响逐步弱化。同时,城市现代化生活方式的习得和内化有助于增

[①] 在社区心理学领域,一般将"归属感"称为"社区感"。Sarason 曾将"社区感"定义为,"觉察到与他人相似性,认同与他人间相互依赖的关系,向他人提供其期待的帮助,愿意保持这种相互依赖的关系,一个人从属于大型的、可依靠的和稳定结构的情感"(参见 Sarason, S. B., *The Psychological Sense of Community: Prospects for a Community Psychology*. San Frncisco: Jossey-Bass, 1974, p. 157)。McMillan 和 Chavis 的定义与 Sarason 的类似,他们更加强调了团体凝聚力的特征,即指"成员归属感,成员彼此间及与所在团体的情感,以及成员通过共同承担工作满足自己需求的一种共享信念"(参见 McMillan, D. W., & Chavis, D., "Sense of Community: A Definition and Theory," *Journal of Community Psychology*, 1986, 14: 9)。关于社区的定义一直存在地域型和关系型的分歧,即"社区感"的形成到底是基于人对地域的忠诚和认同,还是依靠人际关系而得以维系?(参见 Fisher, A., Sonn, C., & Bishop, B., Psychological Sense of Community: Research Applications and Implications. New York: Kluwer Academic/Plenum, 2002)此类的争论其实并没有根本的价值观冲突。已经达成的共识为:无论是地域忠诚还是关系维系,共享的情感都是"社区感"得以形成的关键因素。值得一提的是,在"社区感"逐渐衰退的背景下,个体似乎越来越倾向于加入关系型社区(参见 Hunter, A., & Riger, S., "The Meaning of Community in Community Mental Health," *Journal of Community Psychology*, 1986, 14)。城市混合社区也存在类似的特点。我们倾向于认为在混合社区未形成之前,由当地居民组成的社区为地域基础型社区。但是随着社区中一部分居民迁出,另一部分农民工迁入,势必对原有的社区人际关系结构造成冲击。而混合社区人际关系的重构无疑会引导地域基础型社区向新的关系型社区转变。当然,最终也可能进一步形成新整合性地域基础型社区。

[②] Jacobs, J., *The Death and Life of Great American Cities*. Originally Published in Hardcover by Random House, Inc. New York, 1961.

[③] Henderson, P., *Including the Excluded: From Practice to Policy in European Community Development*. Bristol: Policy Press, 2005.

强进城务工者对城市主流文化的认同,虽然进城务工者与当地居民的低度交往在短时间内难以根本改变进城务工者的乡土习惯,但通过角色置换式的社区体验,却可以在短时间内对进城务工者起到教育的作用,使他们更快地了解和内化社区规范,实现"立竿见影"的效果。将进城务工者对社区的责任感培养成"社区感",从而使进城务工者群体从边缘化走向整合,最后从整合走向同化(见表4-1)。

表4-1 进城务工者文化认同的变化与社区融合趋势

认同农村根源性文化程度	认同城市主流文化程度	
	强	弱
强	(分离)	边缘化
弱	同化	整合

通过培育进城务工者与当地居民共同的"社区感",可以在进城务工者与当地居民之间产生共同的"我们",从而才能由共同的"我们"培养社区居民相似的或相同的价值观与行为模式,实现图4-4所示"态度区域化"的良性循环,其一般演化过程为"场所环境→社会群体或阶层→价值观与行为方式"。[①]

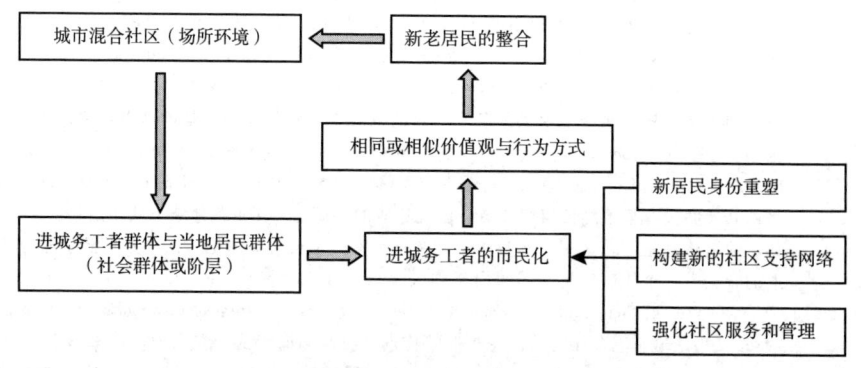

图4-4 混合社区"态度区域化"的良性循环

---

① Ley, D., *A Social Geography of the City*. New York: Harper and Row, 1983, pp.132-164; Wilson, J.W., *The Truly Disadvantaged*: *The Inner City, The Underclass and Public Polic*. Chicago: University of Chicago Press, 1987; Harvey, D., *The Condition of Post-modernity*: *An Enquiry into the Origins of Cultural Change*. New York: Wiley Blackwell, 1991.

第四章　混合居住与进城务工者的社区融合

认知、文化、价值观、行为模式等方面的差异是造成混合社区进城务工者与当地居民两个群体之间融合难的因素。但同时，诸如政策影响、利益刺激（进城务工者对城市的贡献）、融入意愿、社会支持等外在条件也是进城务工者融入城市社区的积极因素（见图4-5）。

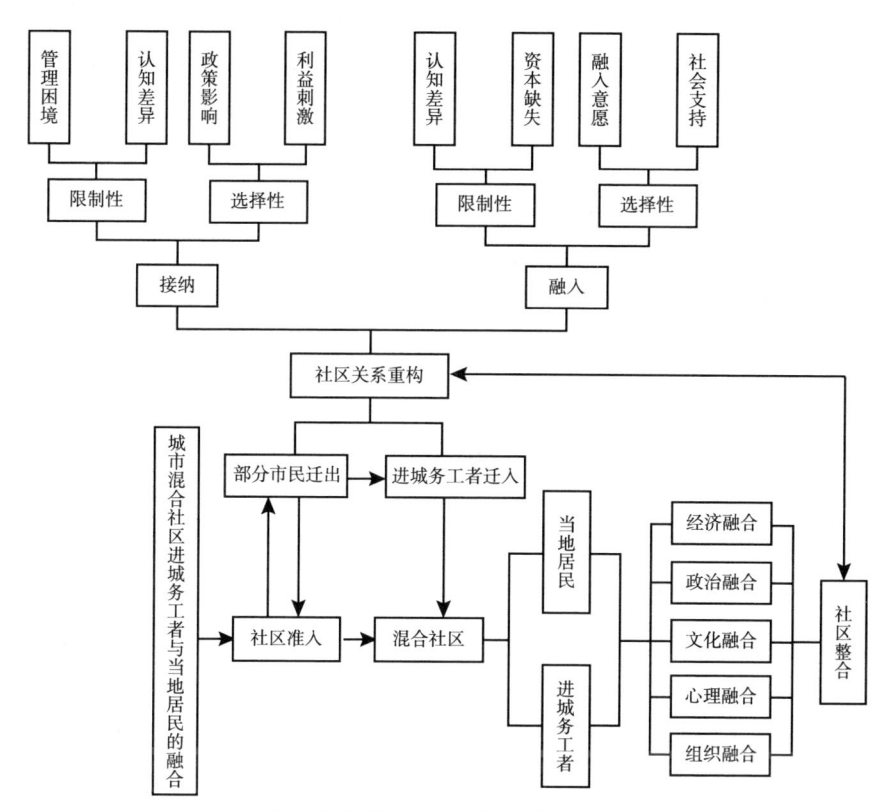

图4-5　城市混合社区进城务工者与当地居民融合的基本模型

（二）塑造社区的公共性

社区的多元善治与合作化治理，要求重构混合社区的"公共性"。不过，混合社区的"公共性"式微虽然在表征和结果方面与一般城市社区存在部分共性，比如，社区解组织化、居民交往离散、居民社区参与能力和动力不足、多元利益难以调和等，但具体原因却存在差异。要重构混合社区的"公共性"，必须着重解决混合社区特有的新老居民利益难调和、社区居民整体素质下滑与公共生活缺失等难题，这也正是混合社区"公共性"重构的突破点。要解决上述难题，笔者以为，可以从以下三个方面着手。

首先，在新老居民平等参与、共同参与的框架下，培育内生型的新型社区组织，通过社区组织重建，不断调和新老居民的紧张关系与利益冲突。混合社区转型带来的组织解体与碎片化，既是导致混合社区"公共性"式微的原因之一，也是重构社区"公共性"的重要契机。将社区内生型组织的培育与重建放在新老居民共同参与的框架下进行，不仅能够提高新居民的社区参与积极性，而且能够增加新老居民接触了解的机会，通过不断的接触，消解由群体隔离带来的误解。新型社区组织的培育要注意以下两个方面。一是通过政府倡导、社会介入与社区居委会牵头，解决社区居民参与动力不足和积极性不高等问题，借助外界力量推动混合社区新型社区组织的构建。比如，政府以设立项目基金的形式，为新型社区组织的培育提供资助，利用社会工作等专业的介入，帮助发展公益性组织等。二是要妥善处理社区组织重建过程中"公""私"利益间的关系。可以以培育福利性社区组织为契机开展活动，既能吸引社区新老居民参与，也能解决社区居民切身困难，增进居民福祉。尤其是解决新居民——进城务工者的切身困难，比如生活帮扶、社区维权等。

其次，从社区自治的角度入手，创新社区治理模式，通过"引入介质""自助服务"等深层激发社区居民参与社区服务与社区管理的积极性，提高社区公共治理的动员水平。"引入介质"是指在社会特性相差悬殊的组群间加入中间群体，以减少阶层落差和组群梯度，柔化群际冲突界面。在混合社区内部，可以吸引有能力和意愿的进城务工者精英加入城市社区居委会，吸收进城务工者中的党员成立新居民党支部，也可以设立特别委员、联络员、调解员、房屋出租协管员等，通过新居民推荐、居委会考核、培训等方式上岗，并纳入社区居委会治理考核体系。建立完善的进城务工者考核聘任、任职期限、工作机制、岗位薪资等制度体系，以此增加进城务工者在社区治理方面的代表性，提高新居民社区公共治理参与水平。此外，还可以通过设立居民自助服务组织或创新居民社区自助服务模式，动员社区居民。比如，建立社区自助物业，设立专门资金，在社区内部成立以社区居民为主体的社区物业服务组织。吸纳社区无业的进城务工者家属和退休、下岗在家的原住居民加入社区自助物业。这样既解决了无业居民的就业问题，也以自助物业形式实现了"我"的社区"我"来管，提高了社区新老居民的"社区感"。武汉市景桥小区和中山市等地的混合社区，就采取了类似的社区自助服务形式，以增加社区"公共性"。

最后，通过建立社区修身学堂和举办居民大讲堂等，对进城务工者进行社区再教育，加速进城务工者市民化，提高社区整体居民素质，提高社区居民社区参与和公共治理能力。社区精英人口的流失与进城务工者城市居住经验的缺失，导致社区居民社区参与能力、水平整体上有所下滑。要提高社区居民参与公共治理的能力，必须对社区居民进行再教育，尤其是进城务工者。通过社区修身学堂、讲座等，向新居民讲授城市相关法律知识、社区规范、维权方法、生活基本常识、计生政策等。通过修身教育与文化普及，提高进城务工者基本素质和社区公共参与能力。除此之外，社区还可以举办多种形式的文化活动，比如新老居民联谊会、节日共庆活动等，以此重建社区公共生活，促进社区"地方性知识"的再生产。这样，新老居民在共同参与文化活动和社区教育的过程中，实现共识的达成与居民的融合。

"公共性"式微是广泛存在的社会性问题。社区作为居民地域生活共同体，其"公共性"式微只是社会整体"公共性"衰弱的缩影。在市场化背景下，社会多元利益格局已然形成，人际关系的个体化倾向也越发明显，要完全恢复重建"公共性"面临不少困难。但从混合社区本身的角度来看，"公共性"的缺失既具有整体社会"公共性"式微的共性，也有在社区人口重组的特殊背景下产生的特殊性质。因此，政府通过消解混合社区人口重组带来的一系列负面后果，能够在一定程度上解决社区转型带来的"公共性"缺失问题。当然，混合社区"公共性"的重构不是一蹴而就的。内生型社区组织的培育、社区治理方式的创新需要一个过程，尤其是基于公共生活再造的"地方性知识"的再生产和进城务工者的新市民再造需要通过代际转换来实现。因此，混合社区的"公共性"重构，需要多方力量的共同参与，也需要持之以恒的坚持。

（三）创新社区服务管理模式

农民与市民身份的差异并不必然导致二者在城市混合社区的不融合，但在涉及当地居民的切身利益时，尤其是进城务工者的行为影响到当地居民的正常社区生活时,就容易导致当地居民对进城务工者的排斥,进而将进城务工者视为城市社区的"入侵者"[①]。在改善和创新社区服务、管理模式的基础上,进城务工者与当地居民在城市社区的融合具有合理的弹性空间。

通过分析和总结混合社区形成以及进城务工者与市民融合的基本过程和模式,我们认为创新社区服务管理有以下两种方案。

方案一:自助物业服务和管理模式。通过社区内部集体选举产生社区居委会成员,由政府指导,居民共同出钱来支持。这种方案的好处在于可以通过进城务工者与当地居民双方共同的参与式管理加强相互之间的了解和沟通,实现社区真正的自我管理和自我服务。此外,社区居民自助式的服务与管理模式还能够在共同参与式的自助服务中提高混合社区进城务工者与当地居民交流的机会和融合的可能性。而居委会也可以吸纳进城务工者的代表,提高他们对社区主人公身份的意识,这样也可以增强进城务工者对本社区的归属感和责任感。但这个方案也有缺陷。那就是进城务工者流动性的特征使得社区居委会的建制和管理可能处于经常变动的状态。因此,应该制定相关的条例,通过政府指导结合社区具体情况,以进城务工者城市社区居住年限为标准,规定居委会成员选举资格。除此之外,社区居委会成员存在当地居民及进城务工者组成部分和比例上的差异,也有可能导致在权益争取和保障上存在群体分歧和排斥现象。对于这个问题,应该谨慎、妥善地处理,协调好群体间关系。

方案二:第三方组织和外部力量的管理模式,即可以雇佣外部营利性的物业公司来进行社区服务和管理。这种方案的优点在于社区服务和管理

---

① 关于流动人口对流入地的入侵,学界已有论述。庇古曾主张从国民收入的再分配来解决流动人口的服务问题,并且认为这种方式理应得到城市富裕阶层的理解和配合。但德国学者舒尔茨则尖锐地批判道:当德国需要大量外来劳动力时,外来劳动力就当作"客人"而受到主流社会的欢迎;然而,当德国的失业率上升,劳动力市场的需求发生变化后,"客人"就被描绘成了"从第三世界到发达国家瓜分我们现有社会福利的入侵者"。在这里,庇古和舒尔茨是从就业和福利的角度来论述流动人口与流入地居民之间的辩证关系的,我们借用了舒尔茨的"入侵者"一词。但我们通过调研发现,从本质上来说,当地居民对进城务工者入住社区并不反对,关于当地居民因进城务工者对当地居民就业机会和福利的"瓜分"而会对进城务工者产生排斥这一点也并无明显的证据支持。但当地居民对进城务工者在城市社区中表现出的一些不符合城市生活习惯和标准的行为给他们带来的不便的确有所关注,而这一点也正是部分当地居民对进城务工者入住混合社区存在意见的重要原因之一。

成员相对于当地居民和进城务工者是中立身份,可以避免在权益争取和保障中出现分歧与排斥,防止两个群体出现矛盾和冲突。而且专业性的物业公司在社区管理经验和科学性上也较强。但其缺陷在于,一方面雇佣外部物业公司进行管理的费用较高;另一方面专业性的外部物业公司的职责仅限于为社区提供服务和管理,对于社区人际关系的调和并不能起到很大的作用,尤其是对混合社区内部进城务工者与当地居民之间缺乏交流的问题难以起到解决作用。

第五章
空间再造与易地搬迁人口的社会适应[*]

"十三五"期间,易地扶贫搬迁涉及22个省份1400个县(其中,深山石山区800多个县,荒漠化地区30多个县,高海拔地区70多个县)的约960多万贫困人口从原居住的深山、荒漠化、地方病多发等生存环境差的地方搬离出来。其中70%多实行的是集中安置,建设集中安置区3.9万个。[①] 这种快速进入城镇或中心村的搬迁模式,使搬迁居民摆脱了贫困,又提高了当地城镇化率,让深山中以传统小农生产为生活逻辑的村民深层次地卷入城市化、市场经济的现代生活逻辑。这是一种短时间内剧烈的跳跃式社会变迁和时空压缩下的生活方式快速转变。

一 空间再造及其类型

易地扶贫搬迁是一场国家推动下的空间生产过程,物理空间强制性的变迁不仅带来了搬迁居民居住空间和生计空间的重构,而且在一定程度上也带来了社会空间和意义空间的再生产。国内有一些研究已经注意到了移民背后的空间隐喻,形成了以下两种典型的研究进路。一是基于空间某一维度变动对社会适应某一层面影响的研究。例如,居住空间对流入居民社会交往层面的影响、[②]

---

[*] 本章部分内容以《空间再造与易地搬迁贫困户的社会适应——基于江西省X县的调查》为题,在《社会科学研究》2020年第1期发表。
① 《易地扶贫搬迁后续扶持》,https://marxism.ssap.com.cn/catalog/6175353。
② 江立华、谷玉良:《居住空间类型与农民工的城市融合途径——基于空间视角的探讨》,《社会科学研究》2013年第6期。

第五章 空间再造与易地搬迁人口的社会适应

公共空间占有与使用对水库移民社会认同的影响、[①] 生计空间对搬迁户社会记忆的影响,[②] 以及地理空间变动对少数民族地区搬迁户精神情感的影响[③]。二是基于多维度空间变动对多层面社会适应的影响。例如,生计空间、社会空间变动对搬迁户生产生活和社会交往的影响,[④] 生存空间、交往空间、权利空间和精神空间对农民工社会融入的影响,[⑤] 物理空间、社会空间和精神空间变动对"老漂族"城市社会适应的影响。[⑥]

以上两种研究进路具有一定的解释力,它们将空间的某些维度与社会适应的某些层面进行了一定程度的联结,利用空间这一视角和中介透视客观的环境变动对主观的适应情况的影响,还原了空间结构与社会适应之间的张力和互构。但是,它们只注意到了这种空间变动的结果,却相对地忽视了空间变动的过程和空间改变的主体,这就导致了它们没有回答空间是如何改变的以及是被谁改变的这两个问题。同时,这些研究缺乏对空间改变背后逻辑的深层剖析,使得这些研究仅仅聚焦空间表象的变动,空间要么被"过度绝对化"为一种客观的、装载生计资源或社会关系的"载体"和"容器",要么被"过度相对化"地还原成了空间中的存在物——土地、资本、人等,空间在相关的研究中是虚无的、僵化的和静止的,这些研究也没有回答移民所处的空间究竟改变了什么这一问题。

[①] 陈绍军、任毅、卢义桦:《空间产权:水库移民外迁社区公共空间资源的"公"与"私"》,《学习与实践》2018年第7期。
[②] 董芯茜:《扶贫移民的社会适应困境及其化解——基于社会记忆理论视角》,《湖南农业大学学报》(社会科学版)2018年第2期。
[③] 徐君:《割舍与依恋——西藏及其他藏区扶贫移民村考察》,《西藏大学学报》(社会科学版)2011年第4期。
[④] 付少平、赵晓峰:《精准扶贫视角下的移民生计空间再塑造研究》,《南京农业大学学报》(社会科学版)2015年第6期;邢成举:《搬迁扶贫与移民生计重塑:陕省证据》,《改革》2016年第11期;吴丰华、于重阳:《易地移民搬迁的历史演进与理论逻辑》,《西北大学学报》(哲学社会科学版)2018年第5期。
[⑤] 郭岿、曹莹:《空间社会学视角下农民工"嵌入-融入"度多元回归分析——以武汉市为例》,《湖北大学学报》(哲学社会科学版)2017年第2期。
[⑥] 江立华、王寓凡:《空间变动与"老漂族"的社会适应》,《中国特色社会主义研究》2016年第5期。

（一）何为空间再造

在空间理论中空间是多维度的。列斐伏尔认为空间是三元的，它既是物质的、精神的和社会的，也是抽象的、实在的和隐喻的。[1] 空间首先是物理空间，物理空间暗含着"绝对空间"的隐喻，即空间是虚空的。[2] 这种虚空体现为空间被视作透明、纯粹的形式，内容决定了其价值。[3] 空间也是社会的，社会关系是社会空间的核心，"空间中弥漫着社会关系：它不仅被社会关系所支持，也生产社会关系和被社会关系所生产"[4]。意义空间体现着空间的主观性，是存在于人观念中被构想出来的空间。意义空间表现为主体对于空间的想象，这种想象既可以是对具有意义的空间物理特性本身——包括形状、位置、大小——的想象，[5] 也可以是对于空间的主观构想、情感与认同。因此，易地扶贫搬迁所导致的空间变动，既包含客观的物理空间变动，也包含具有社会性的社会空间变动和主观色彩的意义空间变动，是一个多维度的空间再造过程，其目的在于通过搬迁改造贫困人口所处的空间形态和属性，促进贫困人口适应和融入新的空间，以解决贫困问题并实现其自身的可持续发展。因此，这些空间变动对他们社会适应的影响也是多元的、复杂的。

空间的再造，首先是客观的物理空间再造。物理空间是一个客观的"绝对空间"，也是虚空的空间，[6] 同时又是客观中性的空间[7]。物理空间再造主要针对生计空间、居住空间和公共空间开展，体现在对诸如距离、分布、形状、面积等客观尺度的改变上。其次是社会空间再造，社

---

[1] Edward W. Soja：《第三空间——去往洛杉矶和其他真实和想象地方的旅程》，陆扬等译，上海教育出版社，2005，第82页。
[2] 安德鲁·塞亚：《空间的重要作用》，载德雷克·格利高里、约翰·厄里编《社会关系与空间结构》，谢礼圣、吕增奎等译，北京师范大学出版社，2011，第52页。
[3] 亨利·列斐伏尔：《空间与政治》（第二版），李春译，上海人民出版社，2015，第35页。
[4] 亨利·列斐伏尔：《空间：社会产物与使用价值》，载包亚明主编《现代性与空间的生产》，上海教育出版社，2003，第48页。
[5] 罗伯特·戴维·萨克：《社会思想中的空间观：一种地理学的视角》，北京师范大学出版社，2010，第144页。
[6] 安德鲁·塞亚：《空间的重要作用》，载德雷克·格利高里、约翰·厄里编《社会关系与空间结构》，谢礼圣、吕增奎等译，北京师范大学出版社，2011，第52页。
[7] 亨利·列斐伏尔：《空间与政治》（第二版），李春译，上海人民出版社，2015，第35页。

第五章 空间再造与易地搬迁人口的社会适应

会空间即所谓的"空间性",它是社会的产物。[1] 社会空间最核心的维度是社会关系,列斐伏尔敏锐地发觉了空间与社会关系之间的相互影响,他指出"空间中弥漫着社会关系:它不仅被社会关系所支持,也生产社会关系并被社会关系所生产"[2]。因此,社会空间再造最主要是对社会关系的再造,并维系稳定的社会关系结构。最后是最高层次的意义空间再造。意义空间即列斐伏尔所说的"表征的空间",是指被人们所主观构想(conceived)出来的空间。[3] 奥罗姆和陈向明对于空间的主观性进行了更为全面的阐释,他们认为其可以体现为主体在空间中的身份认同感、社区归属感、过去和将来感(时间感)以及家的舒适感。[4] 意义空间再造的对象不再是客观的空间,而是人对于空间的主观感知,主要包含空间记忆与想象再造、空间情感再造和空间认知再造三个层面。

搬迁人口从传统乡村居住空间流动到现代城市化居住空间,不仅是"洗脚上楼"这么简单,而是自给自足的空间体系变成陌生的现代化空间体系的过程。高质量的空间再造能够促进搬迁人口实现"稳得住"和"能致富",而这种高质量可以体现在物理空间、社会空间和意义空间三个层面。首先,灵活合理的物理空间规划能够满足搬迁人口差异化的空间需求,高品质的物理空间能够提升搬迁人口的生活质量,开放的物理空间能够促进搬迁人口与城市人口之间的交流。其次,搬迁人口可以从熟悉亲密的社会关系中获得社会支持,降低社会矛盾爆发的风险,积极的社区参与能强化社会空间的凝聚力,明确的社会制度将给搬迁人口的社会行为以准确的参考。最后,美好的空间想象能使搬迁人口获得脱贫致富的信心,舒适的空间情感体验能增加搬迁人口对空间的亲近感,清晰的空间认知能促进搬迁人口形成对于空间的认同和归属,在主观层面真正接纳和融入新的空间。可见,空间再造是一项极其复杂的系统性工程,仅仅有政府主导难以实现,必须加入企业等多种力量才有可能。

---

[1] 爱德华·W. 苏贾:《后现代地理学——重申社会批判理论中的空间》,王文斌译,商务印书馆,2004,第182页。
[2] 亨利·列斐伏尔:《空间:社会产物与使用价值》,载包亚明主编《现代性与空间的生产》,上海教育出版社,2003,第48页。
[3] 文军:《西方社会学理论:当代转向》,北京大学出版社,2017,第278~279页。
[4] 安东尼·奥罗姆、陈向明:《城市的世界——对地点的比较分析和历史分析》,曾茂娟、任远译,上海人民出版社,2005,第26页。

(二) 空间再造的两种类型

搬迁所带来的空间变动,既包含客观的物理空间变动,也包含具有社会性的社会空间变动和主观色彩的意义空间变动。[1] 城市性的空间理念否定了乡土社会的空间理念,城市化的楼房、单元房、室内布局和公共空间以不用的空间逻辑规训、改造着搬迁人口。

1. 远距非农安置

远距非农安置所带来的空间变化,是一种典型的空间骤变,搬迁人口所处的物理空间、社会空间和意义空间在短时间内均发生了显著的变动,从而对搬迁人口的生活方式产生了显著的影响。在物理空间方面,远距非农安置主要体现在居住空间、生计空间和公共服务空间三个层面上。居住空间变动的特征主要呈现为散居向聚居的变化、水平居住向垂直居住的变化以及公共空间正式化三个方面。生计空间的变动主要体现为与居住空间由融合到分离。搬迁以前因为主要从事农业生产,中国的传统农业有着"靠山吃山、靠水吃水"的特点,因此粮田、菜地、水渠、鱼塘、林地等生计空间一般是与搬迁人口居住空间紧紧相邻的,两者之间的空间距离较小,搬迁人口以此为其主要的生计来源,保持着小农精细化生产的特点。住进新社区后,他们主要生计方式由以农业为主转变为以工业、服务业为主,相应地生计空间也逐步与居住空间相抽离。以前整村散居在山区时,公共空间整体而言是非正式的,公共空间缺乏正式的规划,非正式零散地分布在村庄内部。搬入社区后,公共空间开始正式化,公共空间通过统一规划整齐地分布在社区内。移民社区为搬迁人口设置了文化广场、社区活动中心、运动场等正式的公共空间,且在移民社区内公共空间与私人居住空间是分离的,两者之间存在一定的空间距离,公共空间与私人空间分隔得更加分明,空间的可达性显著提升。在社会空间方面,社会成员异质化、社会交往疏离化是社会空间的主要特点。表面上来看,移民社区聚居式的生活似乎能够促进贫困人口之间的社会交往,但实则不然,因为这一

---

[1] 王寓凡、江立华:《空间再造与易地搬迁贫困户的社会适应——基于江西省 X 县的调查》,《社会科学研究》2020 年第 1 期。

种聚居是一种基于弱关系的、人口密集的"异质性聚居"。在意义空间方面，搬迁人口的主观意义空间决定了其心理层面的社会适应。在物理空间与社会空间"骤变"的影响下，搬迁人口的空间想象呈现满足与失望相交织的特点，搬迁人口对于空间的情感体验既有舒适、便捷的满意一面，也有区隔、不适和排斥的一面，使他们在空间的认同上呈现明显的"半认同"状态。这种"半认同"体现在对物理空间改观的认同和对社会空间疏离的拒斥，认同上的矛盾与差异，也使得他们对于新空间的归属感存在明显的不确定性和模糊性，即生活认同与心理认同相脱节。

2. 就近分散安置

就近安置是微调的物理空间，没有给搬迁人口的生活方式带来明显的变化。他们的居住空间在空间形式上与原先差距不大，虽然存在某些私人空间的公共化，但每家每户都有充足的公共空间与他人进行分享，且因存在庭院式的"过渡式"的公共空间，私人空间与公共空间之间存在缓冲，所以他们在自己公私空间、公私生活的处置上有着一定的自主性和灵活性。同时由于居住空间与生计空间的邻近，他们可以维持原来的生计方式和生活节奏，依然是慢节奏生活。对他们而言，最大的变化在于公共服务空间的集聚，使他们的日常生活需求能更为便捷地得到满足。

近距集中安置容易在安置点内形成一个同质、亲密的社会空间。此种同质性是指村庄内社会成员即村民之间的同质性，因为搬迁户与村民原先就同属一个行政村，他们之间因为各种血缘、地缘的因素，社会关系以先赋性的强关系为主，或多或少都有着千丝万缕的关联，对他们而言搬迁后是一种"同质性混居"。而且，同一宗族、同一地域在价值观念上也更为相近，且较为容易拥有公众性议题和对公共事务参与的积极性，使得他们在社会行动的逻辑上差异较小，在行动时"求同"多于"求异"。

近距分散安置的搬迁居民在空间想象层面，体现为一种延续与平稳的特点，整体上空间想象能够"得偿所愿"，带给他们更多的舒适感、满足感、珍惜感，以及对空间渐变所致具有延续性、稳定性生活方式的一种熟悉感。搬迁居民对物理空间和社会空间的空间想象实现，减弱了他们对原物理空间及其中生活方式的留恋，催生了他们对于新空间的归属感。同时亲密的社会关系、较少的社会空间矛盾和空间中相对平等的社会地位，易于产生公众性的议题和积极地社会参与,增加了他们对于空间的社会认同。

搬迁前后的"空间形态"和"社会适应"如表5-1所示。

表5-1 搬迁前后的"空间形态"和"社会适应"

时间\空间	远距非农安置			就近分散安置		
	物理空间	社会空间	意义空间	物理空间	社会空间	意义空间
搬迁前	居住空间密度低、水平化;生计空间与居住空间融合;非正式的公共空间	社会成员同质性高;社会关系以强关系为主,社会交往亲密度高	物理空间、社会空间的想象美好;对现空间有认同感、归属感高	居住空间密度低、水平化;生计空间与居住空间融合;非正式的公共空间	社会交往较为困难,社会区隔情况明显,社会关系难以维持	物理空间、社会空间的想象美好;对新空间缺乏认同、归属
搬迁后	居住空间密度高、垂直化;生计空间与居住空间分离;公共空间正式化	社会成员异质性高;社会关系逐渐弱化,社会交往疏离化。空间矛盾易于爆发	空间想象出现落差,对迁入地存在过渡性质的"半认同"	居住空间密度较高、水平化(略微垂直化);生计空间与居住空间未分离;公共空间半正式化	社会成员同质性较高;社会关系逐渐强化,社会交往亲密度高。空间矛盾较少	空间想象得以实现;对新空间产生认同感和归属感
社会适应	生活质量改观较大,社会适应状况一般			生活质量有改观,社会适应整体良好		

二 亦城亦乡:易地扶贫搬迁的空间再造特征

从空间的形态和属性来看,易地扶贫搬迁集中安置点的空间再造最鲜明的特征是"亦城亦乡",即在不同维度的空间形态和属性上兼具城市空间和农村空间的特点。一方面通过空间的"城市化"提升了空间的品质;另一方面又延续了农村空间的部分形态和属性,以保持空间的"乡土性"。下文以H集团帮扶的D县奢香古镇为例,对其空间再造特征进行阐述。

（一）物理空间再造：灵活规划和开放

灵活规划体现在两个方面。一是延续原农村物理空间形态的部分特点，居住空间、生计空间和公共空间是近距离、相互混合交织的。H集团将古彝梯田和文化旅游商业街打造成就近的生计空间，给搬迁居民提供了大量的就业机会。在奢香古镇内聚集学校、超市、医院、养老院等具有服务功能的公共空间，并建造奢香广场、公园等具有休闲文化功能的公共空间，使得搬迁居民所处的居住空间、生计空间和公共空间在距离、分布上延续了既往农村的空间特点。二是对物理空间的分配更加灵活，更契合搬迁居民的需求。H集团依据搬迁居民的特点和需求，灵活分配住房、门店等空间。例如，将地段较好的门店，分配给发展潜力较大、脱贫积极性高的搬迁居民，而将楼层较低、临近公共服务空间较近的住房分配给年纪大、肢体残疾等行动不便的搬迁居民。

开放式物理空间再造是指不盲目采用城市中普遍流行的封闭式商品房楼盘，而是将安置点"景区化"，促进了安置点与外部城市社区之间的交流，打破了物理空间阻隔，模糊了物理空间界限。据H集团的驻点帮扶人员介绍，奢香古镇在旅游旺季一天可以接纳几万名游客，游客不但可以在景区、商业街内游玩参观，有一些搬迁居民还会邀请游客去家里做客，通过为游客制作民族美食、工艺品获得经济收入。

这样的物理空间再造，在居住方面更贴近居民需要的舒适的居住环境；在生计空间方面具有可持续发展潜力，能带动能力强的景区、商业街，以现代化的服务业给搬迁居民提供可持续的生计来源；在公共空间方面通过学校、医院和综合服务中心等公共服务场所为居民提供基本公共服务，通过公园、广场和居民大舞台等场所为居民提供休闲娱乐服务，通过举办各色民族文化活动，拓展公共空间的社会文化功能。

（二）社会空间再造：关系重构、吸纳参与和秩序重建

物理空间再造实现了搬迁户的居住便利性、就业可能性和公共服务配套性，但是要实现"稳得住""能致富"，还要考虑社会关系重构、社区参与和群众心理疏导。社会空间的再造由D县政府主导，驻点帮扶干部、社

区居委会负责具体执行，再造了兼具城市社会空间和农村社会空间特点的新空间。

在搬迁初期，集中安置点社会成员异质性大、原有社会关系断裂。针对这种情况，D县政府在奢香古镇成立了综合服务中心，并建立了基层党组织，将党员骨干、致富带头人等选派为楼栋负责人，夯实了关系重构的基础。在此基础上，政府通过各种渠道举办社区文化活动增进搬迁居民之间的社会交往，开展群众工作调解搬迁居民间的社会矛盾，重构亲密、熟悉、互助的社会关系。在社会关系重构中，政府特别注重搬迁居民的差异性，对于行动不便、年纪较大、健康状况差的搬迁居民，政府会组织党员干部、社区工作人员定期前往他们家中，调解家庭内部矛盾、弘扬和睦共处的家庭文化，以建构和谐的家庭内部亲密关系。对于活动能力强、自身素质较高的搬迁居民，政府则通过社区文化活动或生产经营，帮助其重构外部社会关系。

吸纳参与是指政府积极推动搬迁居民参与到社区的公共事务协商和处理中。通过吸纳搬迁居民参与社区公共事务，增强搬迁居民的主人翁意识，提升其公共事务的参与热情和能力，以塑造一个高度凝聚的城市社会空间。吸纳参与的基础是社区公共事务公开。政府通过社区宣传栏、社区居民大会或上门走访，让搬迁居民能够对社区事务有基本的了解。吸纳参与还表现为搭建搬迁居民参与公共事务的平台，例如开展社区党建联席会、民主评议会等。吸纳参与要注意搬迁户的差异性，对于有意愿、能力相对较强的搬迁居民，政府赋予他们更多的职责，促进他们实现"卷入型"参与，例如让他们担任楼栋长、组织大型社区活动等。而对于意愿低、能力相对较差的搬迁居民，社区工作人员将涉及他们切身利益的社区事务上门告知，听取他们的意见和建议，促成一种"知晓型"参与。正如一名搬迁居民所言："感觉现在社区的每件事情我们都知道，很透明，愿意做贡献的可以积极参加，大家的热情都很高！"

秩序重建是维护安置点社会稳定的关键，包括正式制度重建和非正式制度的建立和执行。正式制度是指规范化、具有强制约束力的规章制度，是现代城市社会维护秩序和稳定的主要工具。D县相关部门指导社区居委会制定了公共财产管理条例、社区公共治安管理条例、商业活动管理条例等，建立了较为完善的正式制度体系，并依托社区网格化管理落实制度。非正式制度是指道德、风俗等软性约束力量，是在农村社会中得到高度奉行的行为准则。具体而言，D县政府下派的帮扶干部，组织安置点内有威望、知识水平较高的居民讨论制定居民公约以及牵头组建各种居民自治管理小组。非正式制度的履行主要通过各种激励、表彰活动实现，例如在社区内树立移风易俗典型，对先进事例开展宣传和进行奖励，以促进搬迁居民对新制度的接纳。

（三）意义空间再造：美好想象、情感疏导与认知自致

意义空间再造主要包含美好想象、情感疏导和认知自致三个层面。政府和企业通力合作，帮助搬迁户提高归属感和认同感。

美好想象是意义空间再造的第一个层面。具体而言，政府在宣传、动员和走访工作中，不会刻意强化过去痛苦、贫穷的空间记忆，而是致力于塑造指向未来的美好空间想象。具体而言，D县政府通过各种展板、海报、社区广播等宣传途径，为搬迁居民建构美好的空间想象——生活环境更加优美、工作收入高且稳定以及和谐亲密的人际关系等。H集团在培训、用工过程中，不刻意强调他们较低的综合素质和在技能学习中可能遇到的困难，而是以鼓励和肯定为主，通过搬迁居民自身技能的积累和增长，去勾画一个美好的未来。H集团在许多安置点设立的帮扶车间中，都会对外展示搬迁居民制作的手工艺制品，以增强他们的信心，并且会将一些发展较好的搬迁居民作为典型推介，向其他搬迁居民传导"他的今天就是你的明天"这一观念，让搬迁居民对未来发展充满了憧憬。美好想象的意义空间建构是因搬迁居民特点而异的，对于综合素质较差的搬迁居民，美好想象多是与有保障、和谐舒适的生活有关，对于综合素质较好的搬迁居民，美好想象多是与脱贫致富、精彩丰富的现代化生活有关。

搬迁初期，搬迁居民肯定会因为一些生活工作中的困难和挫折，而产生消极的空间情感体验。这些消极的情感体验往往来自在居住空间中不会使用现代化生活设施的挫败感，不知道如何处理烦琐城市日常事务的无助感，缺乏社会支持所造成的依恋感、孤独感和漂泊感，以及目睹了城市生活水平与自己生活水平的差距而产生的相对剥夺感。此时当地政府

和企业需要通过情感疏导,去塑造其积极的空间情感体验。D县政府通过创建"群团工作站""老年服务中心"等居民互助组织,以及通过楼栋长、帮扶干部的定期上门,了解搬迁居民的主要情感困扰,解决实际困难,通过多次的思想工作去缓释他们消极的空间情感体验。H集团在对商业街、旅游景区经营人员和工作人员的管理和培训中,非常注重搬迁居民的情感建设,通过多样化的团建活动,使搬迁居民在工作中保持积极的、努力向上的心态。

认知自致是指引导搬迁居民自主形成清晰的空间认知,空间认知是指对于空间本质和所属的认知,即回答"空间之于我是什么"的问题。空间认知的再造主要是通过空间实践来进行建构和强化的。政府的主要做法是通过城市生活、交往知识的教授,让搬迁居民能够利用"手头的知识"在空间实践中,形成对于城市空间的鲜活认知。H集团则主要是通过现代化工作常识和技能的传授,使搬迁居民学会在城市务工、经商的知识,让他们在生计活动中逐渐形成对城市空间的认知。在调研中许多搬迁居民在访谈中都用"新家"、"好地方"和"归宿"等具有高度认同的词汇来形容安置社区。

三 从散居到聚居:搬迁居民现代身体的形塑

身体作为一个载体,不仅承载着自身的生产和再生产,也承载着个体生命和社会之间的关系,"身体的物质性和社会性能使我们对实践的认知更清晰具体"[1]。因此,从空间角度可以看出政府是如何通过搬迁对贫困人口进行身体的现代化塑造的。

(一)物理空间变动与身体规训

1. 空间压缩对身体的控制

搬迁前大部分贫困人口居住环境恶劣、居住分散,有时同一村居民相

---

[1] 江立华、王斌:《农村流动人口研究的再思考——以身体社会学为视角》,《社会学评论》2013年第1期。

第五章　空间再造与易地搬迁人口的社会适应

距几公里、落差几百米,村民自由活动的空间非常大,最近的邻居也有几十米到几百米不等的间距。搬迁后,空间压缩通过搬迁居民安置区的户外空间,包括楼层楼道、不锈钢防盗门、社区活动中心等,直接作用于人的身体,影响着人的空间感受。

首先是居住空间与公共空间和生计空间的分离。贫困群体公共生活与私人生活开始分离,"他们要在广场、公园、菜市场等公共空间中,与其他搬迁户共同占有、分享与支配空间,拥有更多的公共生活的同时,告别了以前完全自给自足状态下享有对周围空间的独占性,他们的空间处置逻辑发生了明显的变化"[1]。此外,通勤式的"上班族"生活也使得他们的生活节奏加快,无法再像以前从事农业生产时,可以相对自由地规划自己的生产时间,对于自己的生活具有更强的掌控感,整体而言他们的生活方式逐步转变为快节奏、公私分明和被规训的城市生活。

其次是狭窄的邻里空间。熟人社会的那种"放松和信任"关系被楼房邻里的密集、封闭、高流动打破,人们学会在白天锁上门,互相串门也开始减少。社区不定时开展安全和消防教育。

最后是空间压缩导致权力介入身体,使身体"窗口化"。"权力作用于身体的方式不是对于他的形态、姿势和习惯的控制,而是对其位置的安排。"[2] 搬迁集中安置的目标是明确的,隐含着现代"园艺"国家观,即通过完善的政策消灭绝对贫困,用多种行政手段对搬迁居民个人化地分配、深入地组织,从而实现精准帮扶、精准管理。典型的做法就是:搬迁居民的家门口都贴有"明白卡",只需在门口读一读"明白卡",就可以了解这间屋子内的人口情况、收入情况和生计构成等。每个人的"身体"是复杂的,但在这里"身体"通过数据被简单化、表格化、符号化,进而被公示,以便于数字化管理。

楼房的密集居住导致乡村空间功能的改变或消失,引起人们公共活动场所的改变,客观上有利于对搬迁居民的集中管理,搬迁居民的身体更直

---

[1] 谷玉良、江立华:《空间视角下农村社会关系变迁研究——以山东省枣庄市 L 村"村改居"为例》,《人文地理》2015 年第 4 期。
[2] 范譞:《消解与重构——西方社会理论中的身体概念》,中国社会科学出版社,2018,第144页。

接地被卷入了日常政治运作，国家力量更直接地、更深入地介入了搬迁居民的生活中，有利于搬迁居民实现生活方式的改变，并迅速融入城镇。

2. 空间标准化对身体的约束

易地扶贫搬迁人口搬迁后，安置房一般有六七层高，一般一层住4户，以往平面展开的居住形态变成垂直、重叠形态，空间变得整齐而密集，没有了院子，需要走楼梯才能到家。居住条件的标准化使得主人失去通过房子外观进行社会表达的机会，房子没有了社会表达的功能。而在乡村社会，房子是评判一个家庭富裕程度最直观的要素之一，农村房子的楼层数量、房子大小、外观修饰等反映了屋主的富裕程度、能力与地位。每家每户房门朝向不同、院落大小不同、房屋样式不同，有很强的独特性，这种独特性即主人通过房屋进行的社会表达，是主人对房屋传统样式的继承或创新，是受社会文化影响的选择。但安置区楼房的标准化、现代化、功能化，使得每一栋楼房、每一层楼、每一个房间都看起来一模一样，它导致乡土社会中通过房子外在条件来展示屋主社会地位、经济能力、文化的社会功能消失了。

室内空间的卫生标准提高，身体被分为室外身体和室内身体。为了保持室内干净，家庭成员进门后要转换为室内身体来维持室内卫生——换拖鞋、洗手、换居家衣服。室外的空间和室内的空间不再像农村那样界限模糊了，而是开始界限分明。为了保持室内空间卫生，人需要对自己的身体表征进行改造，以免弄脏了墙壁、地板。通过压抑身体"自由"来换取社会意义的"卫生"，这不仅是身体感受问题，还是对社会规训的顺从。

3. 空间功能专门化对身体的规训

农村的家与城市的家是不同的。农村遵循的是生产生活一体化和自给自足的生活空间逻辑，生产空间和生活空间的界限是不清晰的。城市的居家空间功能是明确的，只履行生活功能。农村的"家"在地缘空间和血缘空间的重叠下，处于熟人环境中，是安全的、充满信任感的，但城市的"家"是私密的、隐蔽的、有边界的。

首先，家族祭祀空间消失。在西南地区农村房子一般有最高、最大的一间用于宗教和祭祀的"堂屋"。身体不仅有"物质的身体"，还有更高层次的"道德社会身体"，这是某种社会集体意识的象征。进入城市后祭祀空间消失，其被小型的壁挂式神龛和神榜替代了。小型的壁挂式神龛一般挂在客厅墙壁较高处，或者只挂着去世长辈的遗像。因为空间变小，特殊日子的祭祀仪式也被简化了，红白喜事和寿宴的酒席也无法再在家里举办，只能去酒店。搬迁居民在日常生活和仪式中，只能通过神龛标示出空间与道德的中心，[1] 保留了一种模糊的"对祖先和神灵的尊敬"。有一些搬迁安置区的居委会禁止搬迁居民在房内放置宗教相关物品。这些东西曾经在部分地方政府语境中是传统文化和地方、民族特色。但安置区的政治期望是推进城市化、弘扬现代文化、改造搬迁居民的"落后性"。对神龛的管理是文明进步的表现，同时也是国家权力介入日常生活中管理社会身体的体现。

其次，厨房空间变小。农村厨房是使用率极高的区域，也因为灶台的存在，厨房通常都很大，因为烧火、处理食材、做饭是一个复杂琐碎的活动，要花掉许多的时间和精力，农村妇女一天中的大多数时间是在厨房里劳作。而城市的厨房设计更符合人体工程学，因为工业化发展、社会分工的存在，城市厨房的烹饪过程简化、烹饪时间缩短，厨房空间、灶台面积也变得更小。由于新家电的使用和新厨房科技的运用带来的空间形式变化，搬迁居民需要适应新的厨房空间和使用方式，煮食的技术化与煮食时间的弹性化，形成了可让其在性别的角色中进行调整的资本。男性女性都可以下厨，女性也可以走出厨房去工作，呈现一种性别权力的流动。

最后，房间功能划分明确。人的身体需求和身体表达赋予空间功能，比如睡觉的身体——卧室、吃饭的身体——餐厅、清洁的身体——卫生间、祭祀的身体——堂屋等，这些空间功能又反过来制约身体。房屋结构改变、界限变更、面积缩小，都直接影响空间的功能、分配和使用，影响家庭起居习惯和家庭权力的分配。比如厨房的布局与家电的添置，有了自来水和煤气或天然气，大大减轻了妇女的家务劳动量，促进了妇女的解放和地位的提高。再如卫生间，传统农村住房没有专门的洗浴和清洁空间，城市生活需要日常对身体进行清洁和保养，以满足日常卫生需要和人际交

---

[1] 石汉、徐菡：《民间儒教的窘境生成——论中国农村家屋的空间与道德中心》，《中国研究》2014年第1期。

往需求,所以城市的洗浴空间是单独存在并设计了清洁设备的。这种改变又反过来影响人的生理与社会身体的建构,出于"印象管理"的需要,出门打扮、衣服整洁成为他们的习惯。

(二) 社会空间变动与身体适应

"空间是任何公共生活形式的基础。"① 社会空间变动包含着人与人之间社会距离和社会成员异质性程度的改变。

1. 文明形象的形塑

安置社区在房屋分配时,是实行随机性散居,② 这样来自不同乡镇、不同行政村的搬迁户随机入住在安置区的各楼栋,造成了原本熟知的搬迁居民之间的空间阻隔。垂直居住、"铁门紧锁"导致社会交往更为不便。这样,基于血缘、地缘形成的先赋性强关系逐步弱化,"更大范围的社会交往被分割在私人空间和公共空间,相互较少关联"③,整齐的单元住房使私人交往主要集中在公寓楼内,被"限定"于个体单元房内。针对这些问题,安置社区通过多种途径建构新公共空间、搭建新交流平台,帮助搬迁居民缩小相互间的社会距离,建立新的社会空间。

首先,建立便民服务中心和社区活动中心等公共空间。前者让搬迁居民通过办理个人事务,增强公民意识、重塑社会角色和提升社区认同感。后者通过提供图书室、活动室和健身场地等闲暇活动场所,使搬迁居民增加接触机会,拉近彼此关系,增强相互信任感,帮助搬迁居民重新构建社会关系网络。其次,运动式治理对搬迁居民的行为方式与生活习惯进行改造,如通过举行的"大清扫、大消毒"爱国卫生运动、评比文明卫生户等活动,搬迁居民的身体更加系统地被纳入了政府的管理中。最后,通过树立移风易俗典型,对文明行为和事迹进行宣传和奖励,塑造搬迁居民的文明生活习惯。

---

① 包亚明主编《后现代性与地理学的政治》,上海教育出版社,2001,第14页。
② 移民社区内房屋的分配是先按照贫困户人口多少分配符合其居住面积标准的一批楼栋,然后贫困户采取抓阄和摇号的方式获取屋号,房屋的分配完全随机。
③ 谷玉良、江立华:《空间视角下农村社会关系变迁研究——以山东省枣庄市L村"村改居"为例》,《人文地理》2015年第4期。

2. 社会关系的重建

由于社区内部物理空间的阻隔，基于血缘、地缘形成的先赋性强关系逐步弱化。这种阻隔表现为两个层面，一是因垂直居住导致社会交往不便，"农民上楼"所致的居住空间之间的垂直高差，"铁门紧锁"造成的物理阻隔，给搬迁居民之间的社会交往带来不便，从而影响社会交往，使社会关系疏离化。[1] 二是原来农村中由强关系牵连的搬迁居民聚居在空间大小有限的村庄内，但在移民社区中他们是一种随机性的散居，造成了原来熟悉的搬迁居民间的阻隔。因此，需要重建情感认同、重构新的社会关系。一方面，通过组织集体活动搭建社会交往平台。安置社区鼓励搬迁居民参与社区的公共事务和形式多样的社区文化活动，加强社区与搬迁居民、搬迁居民与搬迁居民间的互动，让搬迁居民在心理上获得支援感，在行动上有群体呼应感，增强搬迁居民对新环境的情感认同。另一方面，有针对地开展群众工作调解搬迁居民间的社会矛盾，重构亲密、熟悉、互助的社会关系。"对于行动不便、年纪较大、健康状况差的搬迁居民，政府和社区会组织党员干部、社区工作人员定期前往他们家中，调解家庭内部矛盾、弘扬和睦共处的家庭文化，以建构和谐的家庭内部亲密关系。对于活动能力强、自身素质较高的搬迁居民，政府则通过社区文化活动或生产经营，帮助其重构外部社会关系。"[2]

3. 身体的健康管理

在卫生管理方面，政府对搬迁居民有一种"卫生、整洁"的身体期望。社区作为管理主体对搬迁家庭进行管理，开展各种卫生宣传和卫生评比活动。社区人员上门检查厕所是否清洁、地板是否干净、有没有垃圾堆积和异味、物品是否整洁等，并将检查表汇总，评比出每个楼栋的卫生红旗，并将流动红旗挂在家门口或者客厅墙上。通过这种层级式的、标准化的评比，在实现了家庭卫生管理的同时也完成了对搬迁居民身体卫生的管理。在教育、检查、迎检的过程中，卫生不再是简单的个人和家庭的"日

---

[1] 王寓凡、江立华：《空间再造与易地搬迁贫困户的社会适应——基于江西省 X 县的调查》，《社会科学研究》2020 年第 1 期。

[2] 王寓凡、江立华：《空间再造与易地搬迁贫困户的社会适应——基于江西省 X 县的调查》，《社会科学研究》2020 年第 1 期。

常身体清洁养护",而是解构传统卫生身体与建构"卫生"新身体的过程,被纳入社区管理中。搬迁居民以前的卫生习惯被否定,被归为有待改善的不卫生身体,是需要革新和改造的,被要求以城市的卫生标准进行清洁和养护。更深层次上,"卫生身体"的意义不在于"卫生"本身,而在于通过管理皮肤、衣物、空间等物品"卫生"而带来的对"人"的管理,这成为一种建构现代理想形象的工具性话语。

在健康管理方面,国家对于搬迁居民采取建立健康档案、开通医院健康通道、实行"先看病,后付费"、将常见慢性病病种及用药范围纳入报销、结对帮扶开展义诊活动等政策措施。搬迁前,村医会上门送药、量血压,但这种缺乏医学工具在场的简易治疗和卫生宣传更多的是政策的实践,村医上门后家里没人的情况也非常多;搬迁后,人口的集中有利于身体的医学管理,定期举行的免费义诊、医学宣传变得更加日常化,搬迁居民对身体病痛的忍耐和不习惯就医也会被社区及时察觉、及时送医。

健康管理和医学治疗并不是简单的医疗行为,医疗技术的进步不仅有利于身体健康,而且背后是国家意志和医学话语对人口质量的调节。医疗对生理身体的治疗是具有社会意义的,反映了医学话语隐藏着的知识与权力关系。比如,病人感知的身体和医生对病人身体的认识是存在矛盾的:"正常"是医学判断的一个普遍标准,疾病则是对这个标准的违反,其和病人的感受基本无关。这反映了个体身体与标准的、普遍的身体形象的矛盾。三级卫生保健体系的建立以及自上而下的医疗传递,可以看作健康身体标准的建立和国家医疗空间向搬迁居民的扩展,这种扩展有利于加强对搬迁居民身体的管理与规训。

(三)意义空间建构:理想形象的塑造

对于搬迁居民来说,存在一种矛盾的现实身体——健壮的生理身体和懒散的社会身体。为了实现精准脱贫,易地扶贫搬迁居民的身体形象要进行理想化塑造。官方媒体、政策话语和环境符号等公共叙事话语是建构的主体。全方位、不断重复的叙事使搬迁个体将其认定为身体的"应然"状态,并且尽可能地向这种理想化身体形象靠近。

第一,政策话语方面,各地出台了全方位的、详尽的易地扶贫搬迁政策，涉及产业、教育、医疗和社区建设等方面。在政策叙事话语的描绘中，搬迁是"挪穷窝、改穷业、拔穷根、换新颜"，搬迁地配套设施完善、公共保障全面、就业形式丰富、居住舒适。政府的宣传使搬迁居民对新生活充满了美好的憧憬，获得感、幸福感和安全感油然而生。为了"志智双扶"，政府不仅设置了社区便民服务中心、卫生服务中心、老年活动中心、电子书屋、"创业就业指导办公室"等公共服务设施，还开设了道德讲堂、讲习所，开展技能培训、政策宣讲等活动，并制定了积分兑换"爱心超市"商品的制度。

第二，媒体语言方面，在电视、报纸、新媒体等媒体的宣传中，搬迁居民形象是"喜悦的、感恩的"，其中有对搬迁居民"脸上都充满了笑容""这都是搬迁带来的好日子呀""激动不已，乐呵呵地""幸福的欢笑声""感谢党和政府的好政策""有干劲、有信心、有盼头"等表情、神态的形容和话语，以及搬迁居民在新居中喜悦的笑脸画面。宣传的典型人物本身并不一定要完美符合理想化身体，只需要符合部分要点即可。人物身上的品质和事例被当作符号抽象出来，被表达进媒体中。在媒体的宣传引导下，几乎所有被采访的易地扶贫搬迁居民都会谈到以前生活困难和现在生活充实幸福的对比，"这是做梦都不敢想的"。

第三，符号话语方面，安置区小区公示栏、楼道公示栏和其他公共区域，符号话语随处可见，这使整个物理空间具有文化性和社会性。横幅、标语、公约、文明守则、"星级文明户"评比等比比皆是，如"XX社区党旗红，干群同心奔小康""易地扶贫搬迁除穷根、脱贫致富感党恩""党恩布神州全民享小康，人心向政府社会皆和谐""幸福是奋斗出来的"等各类标语，以及搬迁前后的房屋和环境对比图片、搬迁居民洋溢着笑脸的照片、脱贫致富励志典型事迹等。通过各种符号话语对身体形象的建构，一种理想的、积极的脱贫户身体形象出现了。符合理想身体形象的事迹和人物在公告栏、宣传栏中，彰显示范带动作用，以鼓励其他搬迁居民自强不息、自力更生。

第四，房屋装饰方面，搬迁居民家的门口都贴有"明白卡"，部分搬迁安置点的居民家门上还贴有感恩的对联，比如"斩断穷根搬迁策；勤劳即报政府恩""颂党恩乐迁新居；感良策喜脱贫困"等。在室内，领袖像作为最明显的政治符号,是最普遍的存在,几乎每家每户的墙上都贴着毛泽东同志或者习近平同志等国家领导人画像。这些画像有社区统一发放的,一般有固定的主题语,比如宣传民族团结、脱贫攻坚、奔小康等;也有搬迁居民自行购买的,一般只有纯画像,贴在客厅的显眼位置,如电视机或者沙发的上方,占据着墙壁的重要视线空间。搬迁居民自主和主动张贴画像体现了他们对政府的高度认可。客厅墙壁还挂有搬迁前后新旧房子的对比照片、政策宣传报,都是社区统一拍摄、制作、发放和张贴的。这些文字、图像等是国家在日常生活层面的"微观权力"体现,是身体政治化、国家化进程的神经末梢。毕竟"家"在现代意义上是私人领域,但身体和空间并不仅仅属于自己和家庭,这种"宣传入户"为权力实践提供了话语场域,身体承载了要"脱贫致富""感恩"的国家政治的价值理念和任务。搬迁居民还没有适应"工业时间"(以时、分、秒来确定劳动价值),使用的日历均标有"农业时间"(以节气、月相来安排农业活动)。市场上丰富的识字贴、彩色图片成为廉价易得、色彩鲜艳、性价比高的室内装饰,价格、审美和市场共同塑造了搬迁居民的装饰消费和选择。搬迁居民个性化的装饰表达体现了他们对"家"的塑造,也体现了传统文化和现代市场经济对他们的社会身体的建构。

第五,消费娱乐方面,尽管年长的搬迁居民遵循的仍然是只消费"功能性必要条件"商品的农村生活模式,但是年轻的搬迁居民因为学习和适应能力较强,受到大众传媒和消费主义的影响,年轻人开始模仿城里人的生活方式,如染发、化妆、护发、使用新款手机、给主播打赏、游戏充值、网购等。学着运用各种消费来形塑、维护和保养身体,进行个性化的表达和身份认同的获取。老年人则通过闲暇时间表演具有特殊"社会生命"的民俗舞蹈和曲艺延续传统,寻找共同的身体回忆和身份认同。

(四)身体的现代性

搬迁居民面对居住空间的压缩和聚集,邻里空间、公共空间和私人空间界限的清晰,生理身体产生不同居住感受,并进一步影响到社会身体。集中居住有利于基层治理的全方位开展。政府和社区有必要采取措施帮助

第五章　空间再造与易地搬迁人口的社会适应

搬迁居民适应新的环境。

首先从身体管理角度看，政府可以通过公共卫生与医保、期望的"理想身体形象"的建构对搬迁居民进行身体塑造和管理。比如，通过建立医学的标准身体和三级卫生保健管理机制的健康档案，将搬迁居民的身体和健康更加系统地纳入国家卫生体系的管理中。为了塑造理想化的搬迁居民身体形象，国家、政策等"宏大叙事"利用宣传、教育、评价等策略，塑造出"现代公民的身体"；通过公共服务设施和组织制度进行"扶志、扶智"，对搬迁居民的"落后身体"进行改造，把搬迁居民塑造成感恩的、积极向上的和融入城市社会的新市民。

其次从身体资本角度看，基于身体体力与技能的劳动力，在市场经济中表现为一种身体资本。贫困户有一部分群体因为身体原因成为易地扶贫搬迁移民，他们年龄相对较大、健康状况不佳、技能水平相对较低，在农村尚能自食其力，通过种植自用的粮食和蔬菜解决基本生活，搬到安置点后生活成本增加，在易地扶贫搬迁社区无法完成生计方式的转换，无法实现身体的商品化。为了使身体资本得到更好地开发和利用，提升其身体的劳动力价值，获得新的身体技能就成为唯一出路，政府必须加强他们的技能培训，以便其获得新的就业机会。

最后从身体权力角度看，随着身体进入城市社会，搬迁居民的个人意识开始觉醒，有了更多的权利要求。同时，公共空间的形成、运动式治理的方式使搬迁居民日益市民化，形式多样的社区文化活动增强了政府和搬迁居民的互动。为了促使搬迁居民更好地融入城市社会，国家权力要更深入地介入搬迁居民的日常生活，并增强服务能力，尤其是对于60岁左右的群体。他们无业可就，加之对新的居住环境不适应，原有社会关系断裂，极易出现孤独、排斥、焦虑和无助等消极情感。生活中出现的一些小挫折、小矛盾也会被主观放大，造成与邻里、社区干部关系紧张，增加不稳定因素。

总之，身体是物质性和社会性的结合，从社会适应的层面来看，易地扶贫搬迁项目是国家主体以工具理性的行动逻辑进行的一种规划性社会变迁，它先在地遮蔽了搬迁居民原有生活的价值，给搬迁居民带来了不同的心理感受和主观体验。透过制度、权力、组织塑造、规范安排的不仅是物质性的身体,也包括社会性的身体。从现实政策层面看,推进新型城镇化是新时代农村与城市关系发展的新趋势,集中安置提升了区域的人口城市化水平,为城市发展带来了规模可观的人力资源。

四 空间再造与搬迁居民的社会适应分异

(一) 空间的多维变动和社会适应

1. 居住空间、生计空间与公共空间的分离

物理空间的变动主要涉及居住空间、生计空间和公共空间。居住空间变动的特征主要呈现为水平居住向垂直居住的变动以及公共空间正式化两个方面。搬迁之前多数搬迁居民的房屋都以平房为主,搬迁之后变为多楼层的公寓楼,不同搬迁居民家庭之间的空间距离由水平变为垂直。生计空间的变动主要体现为与居住空间由融合到分离。搬迁以前因为主要从事农业生产,粮田、菜地、鱼塘、林地等生计空间一般是与搬迁居民居住空间紧紧相邻的。搬迁居民在住进新社区后,非农安置使搬迁居民的主要生计方式由以农业为主转变为以工业、服务业为主,相应地,生计空间也逐步与居住空间分离,易地扶贫搬迁居民的工作多被分配在距离居住地10公里左右的工业园区,每天乘坐厂车早出晚归地工作。

在公共空间的变动上,搬迁前,公共空间与居住空间相靠近,公共空间整体而言是非正式的,零散地分布在村庄内部,例如胡同、房屋转角、田埂、村道等,都散落在村庄附近,且存在房前庭院此种半公开、半私密性的"过渡空间"。搬迁后,社区内公共空间开始正式化,其与私人居住空间是分离的。在搬迁社区内,文化广场设置在社区的中心,不同居民楼离文化广场的距离不一,位于最外围的居民楼到文化广场大约有六七百米的距离,居民事务"一站式"服务中心、卫生服务中心、便利店、棋牌室等公共服务空间也都设置在社区内部,搬迁居民基本公共服务的供给一般在社区内部实现。

物理空间变动对搬迁居民的生活方式、社会交往和情感认同产生了不同程度的影响。居住空间与生计空间的分离,使搬迁居民公共生活与私人

生活开始分离，他们要在广场、公园、菜市场等公共空间中，与其他搬迁居民共同占有、分享与支配空间，在拥有更多公共生活的同时，告别了以前完全自给自足状态下享有的对周围空间的独占性，他们的空间处置逻辑发生了明显的变化。此外，通勤式的"上班族"生活也使得他们的生活节奏加快，无法再像以前从事农业生产时，可以相对自由地规划生产时间，对于自己的生活具有更强的掌控感，整体而言他们的生活方式逐步转变为快节奏、公私分明和被规训的城市生活。

2. 社会距离疏离化与社会成员异质化

社会空间变动包含人与人之间的社会距离和社会成员异质性程度的改变。为促进公平，社区内房屋的分配是先按照面积大小分配为不同的类型，符合相应居住面积标准的搬迁居民，采取抓阄和摇号的方式获取房屋，居住的空间分布充满了随机性，形成了疏离、陌生的社会空间。社会空间疏离化体现在以下两个方面。首先是公共空间正式化形塑了"公私分明"这种疏离的社会空间。在移民搬迁社区内，他们的正式社会交往和公共事务参与大多数在正式的公共空间中进行，诸如居委会、礼堂和公园等，而缺乏农村中庭院、田间地头等"过渡空间"的缓冲，由"公私模糊"到"公私分明"的转变使得搬迁居民在公私之间的角色转换出现困难，他们对公私事务的分离也缺乏经验，致使他们在社会交往中容易出现不适、无所适从、紧张等情况，而逐渐回避社会交往，使得社会空间逐渐疏离。此外，在农村生活中生计空间实质上也承载着公共空间的功能，村民之间能够有"田间地头""房前屋后"的社会交往，能使弱关系转变为基于地缘性、业缘性的自致性强关系，但在移民社区内生计空间与居住空间分离了，这种可能也就不复存在。在访谈中，许多搬迁居民表示在交往时经常"没话可说"，相互之间交往机会很少，对社区的公共事务也漠不关心、互相推诿。其次是物理空间距离拉大了社会距离，使社会空间疏离化而影响社会交往。搬迁后，由于社区内部物理空间的阻隔，基于血缘、地缘形成的先赋性强关系逐步弱化。这种阻隔表现为两个层面，一是因垂直居住导致社会交往不便，"农民上楼"所致的居住空间之间的垂直高差，"铁门紧锁"造成的物理阻隔，都会给搬迁居民之间的社会交往带来不便，从而影响社会交往，使社会关系疏离化；二是原来在农村中由强关系牵连的搬迁居民聚居在空间大小有限的村庄内，但在移民社区中他们是一种随机性的散居，造成了原本熟悉的搬迁居民之间的空间阻隔。

异质化社会成员造成的陌生化社会空间也对搬迁居民的社会交往产生了直接影响。一是异质性的社会构成造成强关系难以建构。来自不同地域的搬迁居民，拥有不同的宗族、个人禀赋、价值观念，他们存在迥异的社会行动逻辑，将他们集中混居在有限的社区空间中，难以建构一种质量较高的强关系。二是陌生的社会空间中有爆发空间矛盾的风险。此种空间矛盾将会表现为对物理空间占有、规划、支配上的矛盾，这实质上是社会空间对物理空间的反作用。例如，在X县的移民社区内部每个单元下面都配有一个花圃，但有些搬迁居民将其变为菜地据为己有，这引起了社区居委会和物业公司的强烈反对，他们几次派出专门的工作人员对花圃内的农作物进行清理，引起了搬迁居民的联合抵制，双方因此一度陷入对峙的境地。这种空间矛盾还蔓延到了搬迁居民内部，花圃种菜这一举措给了另一些搬迁居民"启发"，也纷纷抢占楼下的花圃种菜，这不但引起了其他同意保留花圃的搬迁居民的不满，已经种菜的搬迁居民相互之间也经常因为"抢占菜地"爆发矛盾。总而言之，因异质性带来的弱关系难以升级为自致性的强关系，先赋性的强关系也因缺少高质量的社会交往和公共生活而逐步弱化，以致社会矛盾频发，给社会交往层面的适应带来了消极影响。在访谈中一些村民表示，"原来关系好的，现在走动的机会也少了，而不认识的，更是不打交道""现在下班回家就是门一关，谁也不认识谁，也玩不到一起去"。

3. 空间想象与新空间认同

搬迁居民的意义空间包含空间想象和空间体验两个层面，它们是对物理空间和社会空间的想象和情感体验。集中安置区的搬迁居民，其空间想象呈现满足与失望相交织的特点。搬迁之前，因为有些村民受安土重迁的乡土性情结牵绊，不愿意搬迁。因此，政府在做搬迁的动员工作时常常会将迁居后的空间描绘为一个舒适、便捷、生活质量高的现代化生活场所，村民会变成每天"上班拿高工资"的城市人。政府还对搬迁居民强调"同为搬迁居民"身份上的一致性，勾画出居民"和谐相处""脱贫致富"的美好想象。事实上，现实情况却与政府先前的说辞不尽相同。在对搬迁居民的访谈中，他们一般表示居住空间有着明显改观，使得他们的社区生活质量提升明显，尤其是对于一些老年或因病、因残致使行动不便的搬迁居民来说，公共服务空间的集聚显然提升了他们日常生活的便捷性，也使得他们对美好居住空间的想象得以满足。但在满足之余，他们的空间想象也存在明显断裂和震荡。生活方式、生产方式的"巨变"给他们带来了明显的心理压力和精神负担，一位年轻的搬迁居民就表示，"现在虽然工资多了，但比以前累多了，也没以前自在"。这种空间想象的断裂或震荡在社会空间层面更加明显。在政府宣传下，大多数搬迁居民之前对于社会关系多是一种"同质性"的想象，认为社会关系应当十分融洽。但是，现实社会交往中出现的疏离和矛盾与他们对社会空间的想象存在明显的出入，正如一位搬迁户所言："没想到在城里住邻里关系这么难搞。"

搬迁居民的空间情感体验也呈现明显的分异。由于居住空间、公共服务空间的明显改变，搬迁居民的空间体验虽然有舒适、便捷的满意一面，但公共空间与生计空间的分离，也增加了他们的焦虑感和紧张感。同时，疏离、陌生的社会空间也带给搬迁居民区隔感。在空间想象和空间体验的共同作用下，搬迁居民对迁入空间呈现明显的"半认同"状态。这种半认同体现在对物理空间（即居住环境）改观的认同和对社会空间疏离、异质化的拒斥。在访谈中，当询问他们是否认同自己是本地人时，他们的回答呈现明显的差异和模糊，差异体现在他们认为自己在生活上已经是"城里人"了，因为过着和城里人一样的生活，而在社会交往和价值观念上，他们则认为自己"一时还转不过弯"，还是"偏向农村人更多一些"。在这种差异影响下，他们对于自身现在的身份认知十分模糊，多数人坦言"搞不清楚自己是城里人还是农村人"。由此可见，在搬迁居民矛盾的空间想象和"半认同"的空间认同之下，他们主观心理层面的社会适应也呈现明显的过渡性和复杂性，有着消极与积极并存的特点。

（二）空间对适应的影响机制

易地扶贫搬迁最先变动的是物理空间，而物理空间的变动带动了与搬迁居民相联结的社会空间和意义空间变动，这是因为三个维度空间之间不是断裂的，而是有机联系的，这也是抽象出联动、互构的空间解释机制的前提。首先，物理空间是社会空间的物质基础，空间的形状、大小、位置能够影响其中的社会交往；其次，物理空间也是意义空间的投射本体，西美尔就曾指出"地点"因为其感觉上的直观性，能够激发人强烈的联想与回忆。[①] 社会空间是社会关系的空间形式，它既受到物理空间形态的制约，又能够再生产出物理空间，正如吉登斯所说："社会互动是由一定的时间-空间结构下的社会实践构成的，空间形塑了社会互动亦为社会互动所再生产。"[②] 最后，意义空间受到物理空间和社会空间的共同作用，空间的想象既是主体对物理空间的想象，又是对社会空间中社会关系的想象。同样地，物理空间形塑着空间内主体的"空间感"，人在空间中会拥有某种感觉和体验。社会空间也影响着空间内主体对于空间的认同感和归属感。同样，人主观上对空间的这种想象和体验也会反向地、通过空间实践在物理空间或社会空间上表现出来。

空间的多维性与社会适应的多层次存在内在契合。这种契合体现在不同维度空间对不同层次社会适应的直接或间接的复杂影响与交织作用上。物理空间变动能够直接影响搬迁居民对生活方式的适应，也能够间接地通过对社会空间、意义空间的影响，将此种影响传递作用于社会交往适应和情感认同适应。物理空间对搬迁居民社会适应的直接影响在于：居住空间与生计空间的距离，影响了搬迁居民的生产劳动与生活起居的边界，决定了搬迁居民的生活节奏和生计模式。居住空间与生计空间紧邻，则日常生活与生产劳动是混合的，搬迁居民对生活和生计的掌控感强，两者一旦分离，他们的生活节奏将加快，搬迁居民对生活的掌控感也将减弱。相应地，居住空间与公共空间的距离，则分隔了搬迁居民的私人生活与公共生活，决定了搬迁居民在日常生活中的空间处置逻辑以及生活便捷性等生活方式层面的社会适应。物理空间对搬迁居民社会适应的间接影响在于：空间的物理距离可以演变为社会距离，使移民搬迁社区公共性消解，同时物理空间的正式化会使搬迁居民社会交往缺少"过渡空间"，使交往中的角

---

① 盖奥尔格·西美尔：《社会学——关于社会化形式的研究》，林荣远译，华夏出版社，2002，第460页。
② 安东尼·吉登斯：《社会的构成》，李康、李猛译，生活·读书·新知三联书店，1998，第195页。

第五章　空间再造与易地搬迁人口的社会适应

色转化困难，以上物理空间变化所致社会空间变化，都影响了搬迁居民社会交往层面的社会适应；同样，物理空间是空间想象和情感体验的投射本体，想象和体验都是基于物理空间而产生的，因此物理空间也会通过其对意义空间的影响，而影响搬迁居民情感认同层面的社会适应。

社会空间变动能够直接影响搬迁居民社会交往层面的社会适应，也能够间接地通过对意义空间的影响，将此种影响作用于情感认同层面的社会适应。社会空间对社会交往适应的直接影响在于：异质性的社会成员带有差别化行为逻辑和价值观念，难以建构强关系，还可能因为这种差异而产生空间占有和支配的矛盾，而给普通的社会交往造成消极影响。而同质性的社会空间则容易形成熟人社会，易于建构先赋性和自致性的强关系，以及道德、文化的软约束，这些都可减弱空间矛盾爆发的风险。与物理空间类似，社会空间也是空间想象和情感体验投射本体，想象和体验也都是基于社会空间而产生的，社会空间也会间接影响搬迁居民情感认同层面的社会适应。值得注意的是，社会空间也会反向影响生活方式层面的社会适应，例如，社会成员异质化和疏离化所致社会关系弱化以及空间矛盾，会影响搬迁居民的空间处置逻辑，他们将更难习惯与空间中的其他主体共同占有、分享和支配空间，造成其生活方式适应上的困境。

意义空间则直接影响着搬迁居民的情感认同，但这种影响又来源于物理空间和社会空间的间接作用，因为意义空间变动本身也是由物理空间和社会空间变动而产生的。搬迁居民的空间想象出现落差，容易使搬迁居民对原空间产生依恋，对新空间产生拒斥，而减弱搬迁居民的社会认同和归属感。相反，若空间想象较为一致，则容易催生搬迁居民的社会认同和归属感。空间体验也决定着搬迁居民情感层面的适应，物理空间产生的慢节奏、自由、公私混合的日常生活，能够催生搬迁居民的舒适感和稳定感，而快节奏、规训、公私分明的生活会使搬迁居民产生焦虑感和紧张感。同样，亲密、熟悉的社会空间能够带给搬迁居民和谐感和平等感，而陌生、疏离的社会空间则会带给搬迁居民区隔感和排斥感。与社会空间类似，意义空间也能作用于生活方式和社会交往层面的适应：空间想象与现实一致、空间体验舒适，能够强化搬迁居民对新的生活方式、社会交往持有的肯定、积极态度，使他们愿意接受也能够适应新的生活，但空间想象与现实之间一旦出现落差，空间体验不佳，他们对新的生活方式和社会交往将产生怀疑、矛盾等消极态度，不利于他们的社会适应。

（三）搬迁居民社会适应分异

空间的多维性及其不同维度间的相互影响，内含的是一种人与空间的互构逻辑——空间既能够塑造人的社会生活和情感观念，人也可以反向对空间进行改造。这一互构的逻辑，为我们更为立体地分析、解决搬迁居民在社会适应层面呈现的特点与问题，提供了一个新的视角。如果我们脱离空间本体论的维度，即从物理空间、社会空间和意义空间三个层面抽离出来，而走入空间的背后，我们会发现两种搬迁模式所呈现的差异，实际上是基于两种迥异的空间支配逻辑。远距集中安置，多以非农安置为主，其背后隐含的是城市化的逻辑，是通过"空间再造"迅速提升搬迁居民的生活质量，不但帮助其致富，还促进其城市化、现代化；与之不同的是，近距分散安置，多以农业安置为主，其背后隐含的是新农村建设的逻辑，是一种通过"空间融合"使搬迁居民在原先生活方式的基础上实现生活质量的提升，通过农业人口聚集、农业产业的发展推动乡村振兴。两者都是地方政府基于区域特点，因地制宜做出的搬迁选择，从社会适应的层面来看，前者会面临"阵痛"，但潜能巨大，而后者在社会适应上虽然整体较好，但发展的潜能不如前者。因此两者各有优劣，却无对错。

整体性的"农业空间"向"工业空间"的空间骤变，给处于空间变动中的搬迁居民带来的社会适应层面的客观困境和主观困扰，是现实层面亟须解决的一个空间问题。这一空间问题的解决需要空间策略。例如，在移民社区内部设立农业性质的过渡性空间，以缓解生计方式的不适应；在社区内部以现有公共空间为基础，组织公共性的社区活动以建构高质量的社会关系和具有公共性的社会空间；在以上基础上，通过宣传、引导促进搬迁居民生成集体认同和归属以重塑高质量的意义空间。诚然，诸如此类的空间策略，都需要相当的社会治理成本和智慧，这使得在学术研究和实际工作中，如何在空间层面对这些策略进行因地制宜、因时而变地实践，成为一个值得进一步思考和探索的问题。

第五章 空间再造与易地搬迁人口的社会适应

在乡村振兴时期,易地扶贫搬迁后续帮扶关键在于要与我国持续推进的农业转移人口市民化发展战略相衔接。搬迁居民的多元需求和市民化的多维度决定了其市民化必须靠多重力量推动,而推动的路径就在于通过空间再造去建构一个能够满足搬迁居民多元需求的复合空间,并且最终实现由外力驱动的制度性空间再造转变为由搬迁居民内在驱动的能动性空间再造。要实现这一转变,必须循序渐进、层次分明地推动空间再造:物理空间再造是空间再造基础,抽象的社会空间和意义空间只有建基于客观的物理空间上才能成为可能;社会空间再造是空间再造的关键,它直接决定了搬迁居民能依靠社会关系获得社会支持,能通过社会参与形成凝聚力,能参照社会制度去规范自身的角色与行为;意义空间再造是空间再造的最终目标,只有搬迁居民拥有美好的空间记忆和想象、舒适的空间情感体验以及清晰的空间认知,他们才真正实现了人与空间的终极统一,并且才能形成积极的意愿能动地参与到空间再造中。物理空间再造在政策的支持下较好实现,而社会空间和意义空间再造则是一个需要时间更长、更艰难的任务,需要更多力量参与、更好地合作。

易地扶贫搬迁的空间再造,本质是再造空间性,即空间的社会特性。空间性是社会的产物,不同的社会形态具有不同的空间性。[1] 城市性与城市空间的融合,塑造了城市生活的空间性,而乡土性与乡村空间的融合,塑造了乡村生活的空间性,易地扶贫搬迁实质上是对这种空间性的彻底再造——由乡土性的空间性转变为城市性的空间性。物理空间的再造使搬迁居民的社会关系、想象情感复杂化,因此再造的不仅是具象的物理空间,还是抽象的社会空间和意义空间,空间的各个维度都发生了根本性的变化,这不是简单、表层的空间变化,而是一种彻底的空间再造。

美国城市社会学家沃斯认为现代城市具有城市性,它是一种现代化的生活方式以及不同于农村的价值观念和社会心理特征。[2] 城市性与乡土性处于现代与传统的两极,移民搬迁试图通过空间再造改变原本分立的两种

---

[1] 爱德华·W. 苏贾:《后现代地理学——重申社会批判理论中的空间》,王文斌译,商务印书馆,2004,第11页。

[2] Wirth, L., "Urbanism as a Way of Life," *American Journal of Sociology*, 1938, 44 (1): 1-24.

空间性必然会出现一些过渡性的问题和特征，况且搬迁居民群体本身综合素质较差，他们与空间的联结整体而言更加紧密，更容易"依赖"空间，因此，易地扶贫搬迁所导致的空间再造对他们的冲击更是空前。如前所述，空间和社会适应都是多维契合的，那么各个维度之间必然存在耦合与错位，因此空间耦合度能给我们归纳这些问题和特征提供一个视角。具体而言，空间耦合度表现在不同维度空间之间的耦合和空间与社会适应的耦合两个层面，X县的空间再造使得搬迁居民的空间耦合表现出"剧变参差空间中社会适应的分异"的特点。

在集中安置模式下的空间是剧变的，它是在政府主导的外力驱动下，短时间内由农村空间向城市空间的快速转变，搬迁前后与搬迁居民牵连的空间差异明显。因此，在空间再造上，各个空间维度之间是参差不齐、不均匀的，它主要偏重于物理空间——居住空间、生计空间和公共空间——的再造，以快速提升搬迁居民的生活环境和物质生活为主要导向，而相对忽视了由物理空间变动所引发的社会空间与意义空间的改造，以致新空间中物理空间实现了明显改观，而社会空间和意义空间的改观却明显滞后，物理空间已然城市化、现代化，而社会空间和意义空间却未完成转化，仍停留在传统的农业空间中，空间之间耦合度较低，出现了不同空间之间的"错位"。因此，搬迁居民在新的空间中，社会适应的典型特征就是分异，这种分异也体现在两个层面。一是各个搬迁居民自身各个维度社会适应之间的差异，一般来说，搬迁居民在生活方式层面的适应较好，因为政府对物理空间的再造力度最大，空间质量最好，相比于以往的农业物理空间是一个优化的过程，这从他们的美好空间想象中也能佐证。但社会交往和情感认同层面的适应却存在问题，所以从整体看个体的社会适应存在过渡性质。这一层面社会适应分异的原因主要是空间再造耦合度不高，出现空间错位所造成的。二是不同搬迁居民之间的社会适应能力也存在明显的差异，因为集中安置模式下的搬迁居民本身就是一种异质性的混居，个体之间存在明显的差异因而具有不同的适应能力，难免出现有些人社会适应程度高，而有些人相对较低的情况。更为重要的是，搬迁居民由于其个体素质的差异，其与空间的联结度也存在差异，综合素质较差的搬迁居民其"等靠要"思想往往更为严重，其对原有的乡土性农业空间的依赖性也更强,剧烈不均匀的空间再造可能会给他们的社会适应带来更多的困难和挑战,相反,综合素质较高的搬迁居民与新的再造空间建立联结的能力也较强,他们的社会适应受到空间再造的冲击也相应较少,能够较快地在新的空间中实现较高水平的社会适应。

造成集中安置模式在空间耦合上问题和特点的深层原因在于其背后的空间再造逻辑。集中安置背后隐含的是城市化的空间规划逻辑,是一种通过空间的不均衡、剧烈的再造,迅速提升搬迁居民的生活质量,期望通过促进其城市化、现代化,实现新型城镇化制度背景下的农业转移人口市民化的方法。从社会适应的层面来看,这种安置模式会面临"阵痛"。因此,政府或其他外部力量在空间再造上,既要注意社会空间和意义空间的同步再造,提高不同空间之间的耦合度,实现搬迁居民更高水平、更均衡的社会适应,又要注重由外力驱动空间再造转变为内部驱动空间再造,即激发搬迁居民的主观能动性,实现空间的自我再造,使宏观制度和主观意愿形成合力共同推动空间再造,真正实现高适应水平下的"稳得住"和"能致富"。

五 文化堕距与搬迁居民的文化适应

由于搬迁时间短、生活空间骤变,易地搬迁对搬迁群体而言实际上是一场剧烈的社会文化变迁。由于习惯、道德、风俗和观念等方面的适应往往滞后,人们往往会出现"文化堕距"(culture lag)现象[1],我们也可以称为文化适应滞后现象。因此,如何推动易地搬迁群体转变生活习惯和思想观念、遵循社区管理制度,是"后扶贫时代"易地搬迁后续扶持工作中亟待解决的现实问题。

(一)易地搬迁人群文化适应滞后的特质

正如有研究指出:易地搬迁群体"生活方式层面的适应较好",因为

---

[1] 威廉·费尔丁·奥格本:《社会变迁——关于文化和先天的本质》,王晓毅、陈育国译,浙江人民出版社,1989,第107~108页。

政府对居住条件和居住环境再造力度最大，但"社会交往和情感认同层面的适应却存在问题，所以从整体看个体的社会适应存在过渡性质"[1]。易地搬迁群体文化适应滞后的形成机制可以概括为文化性因素、社会性因素和情感性因素三个方面。文化性因素主要包括适应性文化的创造不足、传播受阻，以及"边缘"适应性文化变迁缓慢；社会性因素主要包括社会构成的异质性、社会群体内部的压力；情感性因素主要包括适应性文化本身的情感功能、价值意义，以及移民自身的某些情感特质。

搬迁群体文化适应滞后表现出社会性回避和功能性依恋两大特质。社会性回避是指社会构成的异质性、社会群体内部的压力使搬迁群众对新的适应性文化采取回避的态度。一方面，接受新的适应性文化很可能被群体其他成员视为"异类"，而遭到其他群体成员的排斥，群体内从众、保守压力会迫使搬迁群众依然奉旧的适应性文化为准则，尤其是有一些带有宗教或宗族色彩、具有一定"神圣性"的适应性文化，往往被搬迁群众本能地认为是自然而然、理应存在的。另一方面，群体内部往往并非同质的群体，而是具有不同职业、阶层的异质性群体，适应性文化的变迁往往是为了维护一个群体的利益而反对其他群体的利益，某些群体没有从变迁中获得好处，就会回避甚至抵制变迁。功能性依恋是指原有的适应性文化具有某些情感功能和价值意义，具有较大的文化惯性，即使这些功能和意义已经发生转化并不再重要，但在情感上能够满足人的心理需求以及容易被人所依恋。例如传统的祭祀活动、舞蹈宴会、红白喜事等行为文化，这些活动原有的"人神沟通"功能已经淡化，但却具有明确身份和族群认同、践行社会角色以及沟通情感的功能，它们可以通过难得的家族相聚增进家族成员间的亲密感和认同感，在沟通中获得心灵情感上的支持，所形成的集体记忆也会强化一些适应性文化的情感价值。

（二）政府主导下的文化再造

为弥合搬迁群众的文化适应滞后，各地政府凭借制度安排的理性力

---

[1] 王寓凡、江立华：《空间再造与易地搬迁贫困户的社会适应——基于江西省X县的调查》，《社会科学研究》2020年第1期。

量，在安置社区开展了文化体系建设工作，重塑搬迁群众的城市生活。这可视作一种适应性文化的再造。

从再造主体、逻辑及路径来看，可以将其概括为总体性动员。总体性动员，即发挥政府的主导作用，运用政治动员服务于既定的政治目标，[①] 是指基于各级党组织的领导权威所构建的整体治理格局，运用行政力量充分动员党政各部门以及搬迁群众等相关主体，统一调动多方资源，依据自上而下、正式化、常规化的逻辑开展适应性文化再造。

1. 总体性动员的机制：自上而下、多元联动的行政体系

各地安置社区为更好地推动全区安置点搬迁群众的后续扶持工作，建立了"易地扶贫搬迁后续扶持领导小组（后简称'后扶领导小组'）-街道-驻安置点工作队"的自上而下、多元联动的行政体系，在此体系中政府所具有的行政权力、权威和资源，皆为总体性动员的适应性文化再造奠定了坚实基础。

在行政体系中，后扶领导小组位于最上层和最核心的位置，在适应性文化的再造过程中发挥着领导、协调和调度功能。此种功能的发挥源自两个层面：一是党委主要领导"挂帅"，确保领导小组具备领导权威和行政权力，在日常工作中便于协调和调度，制订的工作计划能够顺利贯彻执行；二是多部门协同，党委部门有组织部、宣传部、政法委、统战部等，政府部门有发改局、财政局、乡村振兴局、交通局、水利局、教育局、民政局、卫健局等与发展规划、基础设施和公共服务相关部门，能够有效调动资源，作用发挥更为精细。

2. 总体性动员的内容：文化适应的单向度建构

文化适应的单向度建构，首先表现为规范文化的重建，尤其是正式的社区规章制度。比如制定《社区事务民主评议办法》、《移民安置点帮扶干部工作守则》、《社区居规民约》、《社区公共设施管理条例》、《社区公共治安管理条例》、《社区控辍保学实行办法》和《社区商业活动管理条例》等一系列社区管理制度。这些正式制度各具功能，基本涉及搬迁居民日常管理的所有方面，并且参考了我国现行政策文件和法律条文。在具体执行

[①] 刘金伟：《"总体性社会"结构背景下中国社会建设的特点浅析》，《理论界》2013年第9期。

上主要由街道办负责，依靠社区干部和安置点工作队队员在社区内进行常态化的巡查，对违规现象进行及时的处理、纠察。

文化适应的单向度建构其次表现为政府对现有的实体文化和行为文化进行区分。适应性文化的区分是指政府依据自身的标准，对其进行保留或去除的行为。对于符合标准的适应性文化，政府会通过一定手段进行"糅合式"的保留。例如，在白杨林安置点住房外观的设计上，考虑到易地搬迁居民中彝族、苗族占多数，后扶领导小组决定将彝族、苗族等民族元素与现代城市住房外观相糅合，由文化局、住建局、民宗委联合白杨林街道一同制定了安置点房屋设计方案：在色彩上采用了以棕红色为主、黄褐色点缀的彝族、苗族风情色彩搭配策略，融入了"贵州民居"的坡屋面、小青瓦、转角楼等要素，在构造上以六层为一单元的城市商品房模式为主。文化区分的另一面表现为针对一些不符合政府期待的适应性文化，通过动员相关主体采用"标签化""巡防""纠察"等形式，对其进行摒弃。比如在白杨林安置社区住房的外观设计上，政府部门没有采用彝族钟爱的黑色，认为黑色过于凝重，不能唤起搬迁群众对美好生活的向往，因此将黑色调整为棕色。

文化适应的单向度建构最后表现为观念文化的灌输，即通过一系列文化教育活动，将城市的价值观念灌输给搬迁居民。文化灌输的主要渠道有社区公共空间的多媒体设备、感恩教育活动、文体活动以及社区干部、驻安置点工作队队员上门宣讲等，其目的在于通过反复多次的文化灌输，促进城市现代化的思想观念在搬迁居民中传播，并提升搬迁居民对其的认知与认同，从而践履相关文化模式，形成新的、符合城市主流文化期待的生活方式和价值观念。

（三）内生动力驱动下的文化适应

在文化适应滞后的治理中，除总体性动员外须辅之另一重文化适应滞后的治理逻辑——激励性实践，用以促进所再造的适应性文化为搬迁居民内化。激励性实践秉持的是双向的"互动逻辑"，在强政府的社会基础上，通过物质和精神的双重激励，引导搬迁居民通过参与、体验与评议等实践，激发其认知、认同并践行适应性文化的内生动力，增强社会的活力和政府引导的有效性，最终形成自上而下和自下而上相结合的"强政府-活社会"文化治理格局,帮助搬迁居民快速弥合文化适应滞后,最终实现文化适应。

要实现激励性实践,激励是实践的前提和动力。激励性实践的动力主要来自两个层面,一是设置"积分超市"①,二是设置"红黑榜"②,分别从物质和精神层面激励搬迁居民弥合文化适应滞后。

激励性实践主要分为三种形式,即适应性文化再造的参与、适应性文化践履的监督与适应性文化情感体验。

适应性文化再造的参与是指在总体性动员制定适应性文化后,通过"积分超市""红黑榜"等激励措施,吸纳搬迁居民对适应性文化的内容进行适当的调整或补充。比如对已经制定的社区管理制度等正式的规范文化,吸纳搬迁居民参与讨论和修改。还有吸纳搬迁居民参与非正式的规范文化和行为文化的制定。例如在白杨林安置点社区制定了《新时代社会主义乡风民约》(以下简称《民约》),《民约》主要由安置点内几十名有威望、有道德、有文化的搬迁居民进行制定。在制定的过程中,将中华传统文化美德、社会主义核心价值观和彝族风俗进行结合,既具有时代特色又具有民族色彩,而且比较容易为搬迁居民接受。

适应性文化践履的监督主要是指以常规性的评议活动为载体,在激励手段促进下推动搬迁居民对适应性文化的践履进行相互监督,从而全面深刻理解规范文化、行为文化的意义与价值。

适应性文化情感体验是指引导搬迁居民通过实践去体验新的实体文化和观念文化,使其在情感上消除对观念文化的不理解、恐惧感,并产生信任和依恋感。情感建设主要有以下两种方式。一是通过在安置点社区建立城市生活体验馆、新生活实践馆,组织搬迁居民在模拟的城市空间里,通过"闯关""导览"等实践形式切身体验城市实体文化。二是赋予新的适

---

① 积分超市:积分超市是一种"不花钱"的超市,采取以积分兑换生活物品和经济补贴的形式,从物质层面激励搬迁居民接纳并践行新的适应性文化。在积分超市中物品不标注价格,而是以"5分、20分、50分"数额不等的积分形式标注。每一位搬迁居民都有一张"积分卡",积分卡的初始积分是100分,他们可以使用积分去兑换商品。
② 红黑榜是指依托宣传栏、新媒体平台、广播、评比性活动等平台,通过"红榜"表彰在移风易俗上表现优异的搬迁居民,通过"黑榜"曝光在移风易俗上表现不佳的搬迁居民。

应性文化情感功能和价值意义，并促进搬迁居民感受和体验这些功能和意义。例如政府引导搬迁居民自主进行文化融合和创新，将社会主义核心价值观加入山歌、舞蹈中进行改编，在歌舞中满足他们的心理情感需求，由此赋予了歌舞新的价值意义和情感功能。

（四）搬迁社区的文化治理

搬迁居民的文化治理必须与现代城市社区日常生活相适应，即不能单纯依赖政府通过自上而下的治理逻辑构建统一、正式的社区文化体系，并通过动员、激励等手段使搬迁居民产生文化认同，而应当鼓励搬迁居民在社区事务、公共事件、文化活动的自发性、习惯性参与过程中，形成一套既符合城市主流文化期待、又能够为个人所内化且具有个人色彩的差异化文化体系，在潜移默化的无意识中加深对城市社区文化的理解。为此，政府在文化治理中需要结合搬迁居民的特征思考"收"与"放"的平衡。

1. 重构社区生活共同体

易地扶贫安置区的社区公共服务设施基本上已搭建，但"软件"建设还不够到位，社区专职工作人员配备不够、便民利民诸中心存在"空转"现象。社区生活共同体是指社区居民个体、群体和各类组织在互动基础上结成的生活上相互依存的集体。安置社区纵向一体化的社区治理体系是依靠国家力量自上而下推行的，搬迁居民不能有效参与到社区建设过程中，不能有效增强搬迁居民之间的交往互动，也没有在搬迁居民之间建立起一种稳固的横向联结关系。[1] 因此，首先，加强社区门栋院落自治制度建设。门栋院落居民从"原子化"走向"自组织"，并非模制"一纸公约"那么简单，而是需要获得契合微小治理单元特点、楼道公共产品特性和门栋组织特质的制度条件，具体包括"居委会引导—精英示范—居民参与"的运行机制、一事一议和一致性决策制度、正面激励为主的监督机制等。通过这些制度让门栋自治运转起来，不仅能改善安置区楼道环境而且能让楼道邻里关系更和谐。[2] 其

---

[1] 李文钢：《后搬迁时代易地扶贫搬迁社区内部碎片化的表现形式与原因分析——以贵州下社会为例》，《求实》2022年第4期。
[2] 卢爱国：《制度重塑生活：民族地区扶贫移民融入城市社区的制度分析》，《湖湘论坛》2022年第1期。

次，加强社区居民社团自治制度建设，诸如山歌队、腰鼓队、健身队等居民小社团，使这些社团成为以趣缘为纽带的精神互助组织。最后，创新扶贫移民文化融入举措。比如建设"乡愁馆"，将农村优秀传统文化符号搬入城市社区，让传统文化基因在安置区"留根"；打造文化平台，通过政策宣传平台、社会教育平台、社区娱乐平台，引导搬迁居民适应城市文化；丰富文化活动，聚焦搬迁居民开展适应性教育和政治性教育、民俗节庆和传统节庆活动，促进社区居民之间交流交往交融。

2. 建设社区治理共同体

当前，搬迁社区已经完成了基层政权重建，基本建立了城市社区党组织领导下的社区民主制度，但仍然存在社区民主参与率过低的问题，存在"两地都不参加"的游离现象、"两地都参加"的两栖现象或"有利的参加、不利的不参加"的投机现象。要建立社区治理共同体，一是必须建立民主参与制度。建立社区搬迁党员代表或搬迁代表制度，探索以网上论坛或民情恳谈为主要形式的民主决策实践，开展以社区事务公开、民主评议为主要内容的民主监督实践，让搬迁居民享有社区公共事务的知情权、参与权、决策权和监督权。二是建立以社区业委会为组织平台的物业自治制度。目前，不少易地搬迁安置区在过渡期内采用政府买单、物业公司服务的运营方式，这种物业服务方式加重了财政负担、滋长了部分搬迁居民的依赖心理，物业服务质量也难以保障。事实上，社区物业服务方式除了政府（单位）统包和市场供给两种方式外，还可选择物业自治的方式。社区物业自治有效运行需要系列制度条件，具体包括政府补贴、设施配套、税收减免、微利收费、群众监督、居委会帮扶、业委会（自助物业服务站）运营。物业自治制度既运用了市场机制又体现了公益性质，既有政府的帮助又以私人经营为主，既独立于居委会又接受居委会和社区居民的监督，既提供了物业服务又培育了居民自治能力，是搬迁安置社区治理共同体的重要形式。

3. 探索激励约束并重的扶"志"制度

后扶工作要坚持以搬迁居民的利益为中心，尤其是在社区发展、社区治理、社区融入等方面都要体现国家发展理念与搬迁居民根本利益的契合，要彰显搬迁居民在社区治理实践中的主体性地位，尊重该群体的需求、愿望和呼声,从他们在就业、教育、医疗、健康、生计等方面面临的迫切需要出发来推进社区建设与社会政策设计,并从社会制度与社会政策的完善层面来确保搬迁居民在融入城乡的过程中实现可持续发展。[①] 一是做好户籍转接引导,推动搬迁居民自愿落户安置地,户籍迁移过程可能会是一个比较长时间的过程,不能因为户籍问题影响搬迁居民子女入学、看病就医、社会保障等权益。二是要不断拓宽就业渠道,落实就业创业政策,确保搬迁居民有业可就、有事可做、有钱可赚,有更好的发展前景。三是持续开展"创业模范""文明家庭""勤劳致富""遵纪守法"等评选活动,弘扬崇尚劳动、鄙视懒惰、劳动创造幸福的社会风尚。

---

① 马良灿、陈淇淇:《易地扶贫搬迁移民社区的治理关系与优化》,《云南大学学报》(社会科学版)2019年第3期。

第六章

"孤岛"政治：建筑业农民工的市民化

借助新型城镇化不断推进的契机，中国建筑业飞速发展，成为社会转型期的重要产业，建筑业已然成为农业转移人口就业的主要选择行业。国家统计局《2021年农民工监测调查报告》显示，2021年末，全国农民工总量为29251万人，其中建筑业从业农民工占比为19.0%。[1] 可以说，从事建筑施工的农民工是中国城市建设发展的重要力量。无论是在城市、还是在乡村，我们大都会看到大大小小的建筑/路桥施工工地，而在这片工地上辛勤劳作的就是建筑工群体，正因为建筑/路桥建设业农民工群体的辛苦工作，城市方有了如今建筑成群、交通顺畅的良好发展局面。

建筑业农民工的生产、生活图景呈现多方面差异性的特征，突出表现在建筑工地被隔离出来的物理空间形态、难以付诸流水线形式的生产作业及标准化的管理流程，以及伴随而来的复杂包工头-农民工之间的关系形态和互动博弈过程。本部分力图基于劳动过程理论视角，分析在空间区隔的表征下，所蕴含的关系脱嵌、博弈壁垒的实质，对于包工头-农民工关系形态和行动策略的影响和形塑。[2]

---

[1] 《2021年农民工监测调查报告》，http://www.gov.cn/xinwen/2022-04/29/content_5688043.htm。

[2] 本部分访谈资料来自W市轻轨交通三号线的某施工工地的田野调查，包括钢筋工、木工、抹灰工、电工等施工队及其技术员、项目管理人员在内的个案访谈与参与观察。

一 微观政治带回劳动过程理论

(一) 从马克思到布洛维及其后

1. 劳动过程理论的发展

劳动过程理论关注的核心议题是，资本是如何有效地组织劳动力并将其转化为劳动，从而获得高额利润的，资本对劳动的"控制"也成为劳动过程分析的核心话语。马克思在论述劳动与工人的异化问题时指出的，在工人对资本从"形式隶属"到"实质隶属"的演进过程中，必然伴随工人与生产资料、工人同生产过程的日渐分离，其引致的原因可以归结如下：首先是工人的客体化和"去技术化"（deskilling）；其次是工作的碎片化和管理科学的兴起，最后是由于资本家有时对工人直接强制性的管理。① 此时不但资本成为"铐"在工人身上的"枷锁"，被异化的劳动也反过来站在了工人的对立面。

20世纪上半叶，科学技术、劳动生产率和工人消费水平的上升，使得劳动过程失去了其在马克思理论中的支柱性地位，对生产方式的批判让位于对作为一种分配方式的资本主义的批判，事实上，也正是布雷弗曼真正意义上重拾并复兴了马克思劳动过程理论，激发了学术界对于劳动过程的研究兴趣。

布雷弗曼指出，竞争资本主义（自由资本主义）向垄断资本主义过渡的过程，伴随着劳动分工的深化和管理手段的进步，资本主义生产过程出现了"概念"（conception）与"执行"（execution）的分离：资本家通过将生产过程的知识收集起来，制定每个流程的具体操作标准，剥离了工人对生产过程的掌握，造成了工人的"去技术化"（deskilling），工人再也不需要专业的知识和技术，后果即工人失去了对劳动过程的控制权，只能在资本的监视下工作。

布洛维的工作可以说是以对前两者的修正与补充展开的，布洛维认为

---

① 《马克思恩格斯选集》，人民出版社，1995，第216、306页。

第六章 "孤岛"政治：建筑业农民工的市民化

布雷弗曼和马克思都忽视了企业层面的工人抗争，也就忽视了"控制-抗争"的动态过程对于管理策略的影响与建构。劳动过程研究的工人"主体性"话语正式得以建构并成为布洛维之后分析的中心。布洛维的论述重点就是意识形态在工厂中的生产，他认为在现代的资本主义生产车间之内，存在一种"赶工游戏"（the game of making out），"赶工游戏"主导了车间内的文化，是工人内化了资本的目的，激起工人拼命工作的投入状态。资本不但外显地通过制度、规章对工人进行控制，更进一步通过"内部劳动力市场"激起工人内部的竞争，以不断提高生产率。在垄断资本主义阶段，资本对工人的控制已经不再是冰冷的制度和惩罚，它在工厂内生产出工人对于剥削的"同意"，控制与剥削披上了"温情脉脉"的"面纱"，工人"甘愿"积极参与到自我剥削之中。

想要理解为何"工人都甘心接受资本的剥削"这样的问题，布洛维认为关键在于对工人主体性和劳动体验的分析和考察，他借用葛兰西"文化霸权"的概念来阐述工人面对剥削的"甘愿"是如何被制造出来的。沿着主体性的分析路径，布洛维认为垄断资本主义阶段的控制已经不再是单纯地在客观方面管理工人，资本更在主观层次上建构工人阶级，即资本主义的生产不再只是经济维度的物品生产，更为关键的是政治维度上对于社会关系的生产和对于工人在劳动过程中的主观体验的生产。意识形态因素出现在生产过程中，劳动过程的分析就不能囿于生产现场之外，它必然要包含更加宏观的因素对工人主体性的影响。

布洛维用"生产政体"的概念指称他分析的垄断资本主义工厂内多个维度生产的体制，其中对于意识形态维度的分析和重视，直接将前布洛维时代劳动过程分析的"控制-抗争"模式引向"控制-抗争-认同"模式，丰富了劳动过程的分析面向，可以说奠定了一个更加宏观、重视工人主体性和多维分析的基本话语范式。

布洛维的研究可以说是开创性的，自他之后的劳动过程理论基本沿着他确立的分析范式前进。同样，任何一个理论和分析范式都难以完备和充分地解释多样差异的社会事实。对于布洛维的批判主要集中在他对于工人群体定义的模糊之上，在批评者看来，布洛维眼中的工人仍然是作为"阶级"的工人，工人的主体性也是一个模糊的阶级的主体性，而针对阶级之外的范畴如何影响工人抗争策略和行动的分析则是缺失的。批评者认为，虽然布洛维意识到了性别、种群等维度对生产关系的影响，却坚称这些因素都是嵌入阶级之内，并为阶级所形塑，阶级才是现代资本主义社会基本的组织原则。[1] 赛泽格尔论证说性别等因素虽然不是在生产过程中实践的建构起来的，却同样是重要的生产关系内在构成因素，因此布洛维的主体性是不充分的。事实上，后继的劳动过程研究也正是沿袭赛泽格尔的理路开展的，主体性在后布洛维时代变得多样，族群、性别、身份、公民权等曾经作为主体性的建构因素被拉入分析的中心，也取得了诸多成果。

2. 本土研究

周潇通过考察建筑工地的权力运作机制，发现农民工在进入建筑工地之时，其身上原有的亲缘、地缘等初级社会关系被带入工地劳动现场中，然后被包工头所利用，以此构建了一种特殊的权力机制，这就是"关系霸权"，"关系霸权"的运作，使得工地上形成基于初级关系的内部权力分层体系，由此在包工头与工人、工人与工人之间产生信任，进而控制了现场生产秩序、生产了工人忠诚、制约了工人的不满和冲突。[2] 对于"关系霸权"的概念，蔡禾和贾文娟提出质疑，他们发现，在建设业中，工人工资发放的背后也有初级社会关系的运作，但是与常理相违背的是，包工头在不能足额发放工资时，并没有遵循由近及远的差序顺序进行劳务报酬的下发，而是采取了"逆差序格局"的行动策略，因为包工头需要利用人情关系来减弱自身面临的市场风险。因此，核心工人的风险便加大了，可以看到，这里的"关系霸权"是由雇佣权力和人情关系共同构造的。[3] 更进一步地讲，潘毅等承认关系在建筑工地中的存在和作用，但是认为这种"关系霸权"的本质就在于，构建了包工头与工人之间稳定的依附关系。[4] 类

---

[1] Burawoy, M., *The Politics of Production: Factory Regina under Capitalism and Socialism*. Landon: Verso. 1985, p.9.

[2] 周潇：《关系霸权：对建筑工地劳动过程的一项田野研究》，硕士学位论文，清华大学，2007。

[3] 蔡禾、贾文娟：《路桥建设业中包工头工资发放的"逆差序格局""关系"降低了谁的市场风险》，《社会》2009年第5期。

[4] 潘毅、卢晖临、张慧鹏：《阶级的形成：建筑工地上的劳动控制与建筑工人的集体抗争》，《开放时代》2010年第5期。

似地,任树正、江立华通过对地铁工地的田野调查,提出了包工头与建筑工人之间的另一种依附关系,即"家长式庇护"关系,这种关系建基于工地上诸如亲缘、地缘等初级社会关系,发挥了工地劳动力数量维持的作用,对于包工头而言,借由对工人的庇护,实现对工人的有效控制,而对于建筑工人而言,其通过对包工头的依附,争取合法权益的保护。[1]李亚雄和徐晓攀则通过对建筑工人差别化身份机理的分析,提出了建筑业的"双轨制"政体,认为其是社会转型作用的结果。[2] 可以看到,这里的"关系霸权"体现出建筑生产共同体内部的一种博弈本质。"关系霸权"的提出是劳动过程本土化研究的一大进展,蔡禾、贾文娟通过对桥头工人中工资发放的"逆差序格局"考察,认为关系在降低市场风险方面在包工头和核心工人中的效用是不同的,前者降低了风险,但核心工人的风险则增加了。进一步讲,是雇佣权力和人情法则共同建构出沈原所称的"关系霸权"。[3]

(二) 工地的微观政治

1. 生产政治理论经验:"强制"与"同意"相结合

生产政治理论是由布洛维系统提出的,他认为,资本主义的生产过程并不只是孤立地进行产品生产,其中也蕴藏着规范斗争的政治工具。"劳动过程的政治效果和生产的政治规范工具共同构成了一个工厂独特的工厂政体"[4]。而差异化的生产政体形塑着差异化的工人政治模式。可以说,布洛维将意识形态维度分析引入生产现场之中,丰富了微观车间政治的多维分析理路。生产政治理论有四个核心概念,分别为强制、同意、霸权及专制。[5] 强制指工人在工厂

---

[1] 任树正、江立华:《建筑业包工头-农民工的关系形态和行动策略——基于某地铁建筑工地的调查》,《社会科学研究》2017年第1期。
[2] 李亚雄、徐晓攀:《双轨制:转型期的建筑业生产政体——基于Z、H两个工地的个案研究》,《学术论坛》2016年第5期。
[3] 蔡禾、贾文娟:《路桥建设业中包工头工资发放的"逆差序格局""关系"降低了谁的市场风险》,《社会》2009年第5期。
[4] 闻翔、周潇:《西方劳动过程理论与中国经验:一个批判性的述评》,《中国社会科学》2007年第3期。
[5] 汪仕凯:《生产政治理论及其争论——企业管理权力与工人权利研究综述》,《开放时代》2010年第5期。

的工作受到管理者的绝对支配，即便对工作不情愿或者不满也别无它法。同意指工人自愿接受管理者的支配，这是对未来可能的物质报酬或其他激励措施的刺激所做出的能动选择。可以说，工厂政体均是同意跟强制结合的产物，同意占的比重大时构成霸权政体，强制占的比重大时构成专制政体。

布洛维认为，在具体的生产政治经验过程之中，国家在生产政治的发展过程中发挥着关键性作用。由于国家的干预，资本主义国家的工厂生产体制实现了从专制体制、霸权体制到霸权专制体制的转变。[①] 国家力量对具体生产政治过程的介入，一方面给资本主义工人提供了生存的替代性资源，诸如最低社会保障等，由此工人在一定程度上脱离工厂的专制控制，这使得管理者不得不采取霸权的措施来重获工人的合作和认同；另一方面国家制定了生产领域中的一系列具有法律效力的规章或规则，诸如工会的权益保障作用、对劳动时间的规定等，以有效制约管理者的管理过程。这两个方面共同导致了生产政体从专制向霸权的转变。

后布洛维时代的劳动过程研究尝试给出的一个答案是对于工人"主体性"的扩展和丰富，正是不同的劳动现场之中工人主体性的不同，导致了"生产政治"的多样性。但是对于主体性的多维扩展并未一劳永逸地回答上述疑问，主体性是劳动过程之外的先赋因素还是在劳动过程之中被生产和再生产出来的仍然根据"何种的主体性"而有所差异。考虑到布洛维之后劳动过程中主体性拓展的外生倾向，我们需要进一步地解释各种宏微观条件对于主体性的影响，既然即使是诉诸性别的抗争也必须面临工厂政体的管理策略的形塑，那么公民权或者身份这种更加外生的变量对于主体性建构和抗争策略的影响也就更加受限于生产现场的"微观政治学"[②]。

具体到本土劳动现场，我们必须关注到中国作为"世界工厂"、处于产业链末端的残酷现实，其中劳工在生产条件、工资待遇及发放、劳动力

---

① 汪仕凯：《工人政治的逻辑及其变革：职工代表大会制度研究》，博士学位论文，复旦大学，2011。

② 此处"微观政治学"的内涵，是"反思、诘疑乃至背弃传统马克思主义国家-阶级政治意义上的"。布洛维认为在马克思那里存在两种政治，一种是关于国家政权、所有制等宏观层面的"全局政治"。另一种是事关工厂体制、生产中的关系的"生产的政治"。可以说微观政治内隐地深埋于劳动过程理论的发展脉络之中，这种微观政治"不但具有很强的独立性，而且具有根本性"。

第六章 "孤岛"政治：建筑业农民工的市民化

再生产等诸多层面都面临困境；[1] 城乡二元社会结构在经济快速发展时期也导致了农村剩余劳动力大量进入城市，形成了规模巨大的"次级劳动力市场"，这种二元社会结构更加体现在每个农民工个体的认知、观念、行动策略上。西方劳动过程理论是基于资本主义生产方式（尤其是工厂体制）中"资本-劳动力"的关系展开的，但中国建筑业劳动过程却呈现迥异的面貌：包工头作为资本的代理人，成为"资本-劳动力"关系链条的一个中间群体，而这也为建筑业劳动过程和劳资关系赋予了新的内涵和张力。

2. 工地的微观政治

作为一种非正式用工制度，建筑工地的雇佣形式与现代组织化社会生产形式（如工厂政体）中广泛存在的雇佣形式存在明显的差异。建筑业的工地作为区别于现代企业或工厂的场域，同样蕴含着独特的生产政治。如果说工厂生产政治关乎"企业管理权力与工人权利之间的动态关系结构"[2]，那么工地政治则是建筑工地现场管理代理人与工人间不同劳动关系的具体经验过程，而此种关系一旦稳固下来，就构成了工地特有的生产政体。

在展开对工地中微观政治过程和权力机制的分析之前，我们有必要先考察"工地"本身的意蕴：工地首先是一个具体的物理空间，并且是利用围挡、临时墙等各种隔离手段建构出来的一种封闭性空间，本书使用"孤岛"（isolated island）作为工地这种封闭性空间的隐喻，是因为工地的物理空间作为社会空间的载体，还承载了包工头、农民工等主体的生产、生活、互动与关系建构，以及后者的日常劳动力再生产。

微观政治学对空间的重视应该说肇始自福柯的《规训与惩罚》，在此之前，空间在福柯之前是被漠视和贬损的，"空间被看作死亡的、固定的、非辩证的、不动的"。福柯通过对"全景式监狱"这种极端管理形式的考察，试图通过突破传统的权力所用物的观念，阐释权力与空间之间复杂而微妙的关系。或者如福柯自己所言："空间在任何形式的公共生活中都极

---

[1] 郭于华、黄斌欢：《世界工厂的"中国特色"新时期工人状况的社会学鸟瞰》，《社会》2014年第4期。

[2] 汪仕凯：《生产政治理论及其争论——企业管理权力与工人权利研究综述》，《开放时代》2010年第5期。

为重要；空间在任何的权力运作中也非常重要。"①

如果我们用物理层面的空间来表述"孤岛"最明显的外在表征，那么布迪厄的场域（field）概念最能说明笔者将要借用的"孤岛"之内在实质。虽然在福柯那里空间引致权力的生产和重新分配，但其关怀的中心始终在空间是如何作为一种权力的集中工具和再生产途径实现对身体的规训和惩罚。布迪厄将场域定义为"位置间客观关系的网络或一个形构，这些位置是经过客观限定的"。场域为我们理解"孤岛"的实质提供了启示，"孤岛"作为空间实在的表征暗含了权力生产和显现在物理空间内的微观政治，而"孤岛"的内在实质则是布迪厄意义上的权力斗争"场域"，建筑工地中包工头和农民工在被限定的场域内，分别依靠其社会资本、关系网络、惯习等展演控制-抗争过程的微观政治。②

3. 包工制

包工制，又称"劳务分包制"，是建筑行业中普遍使用的一种人员雇佣和组织管理制度，是指具备一定资质的建筑企业在承建工程后，将工程分包或转包给各类工种和差异化规模的包工队，包工头或其他管理人员给劳务工人组织分工，使工人进入工地开始生产工作。③"包工头"是一个约定俗称的称呼，2005 年，建设部曾发文要求用三年时间取消包工头的称呼，代之以"劳务带头人"。在田野实际调查中，农民工往往称呼包工头为"老板"，如果实际劳务分包中有一层以上的分包，则会用大老板和小老板分别称呼之。作为资方的"代理人"，包工头通过将正式的工程管理与非正式的社会关系控制相结合，在生产组织过程中发挥重要作用。包工头和农民工，是包工制中实际劳动环节的两个主体：不管劳务经过几层转包和分包，最终都需要由包工头负责具体生产的组织管理与工资发放，而建筑工人则是劳动力的实际提供者。在包工头的指挥管理下，建筑工人进

---

① 米歇尔·福柯：《规训与惩罚》，刘北成、杨远婴译，生活·读书·新知三联书店，2007，第 29 页。
② 本书的调查地点属于 W 市轻轨交通三号线的某施工工地，田野调查涉及包括钢筋工、木工、抹灰工、电工等施工队及其技术员、项目管理人员在内的个案访谈与参与观察。
③ 任焰、贾文娟：《建筑行业包工制：农村劳动力使用与城市空间生产的制度逻辑》，《开放时代》2010 年第 12 期。

第六章 "孤岛"政治：建筑业农民工的市民化

行着封闭式、专业化的劳动生产。

在包工制的具体生产现场中，包工头和建筑工人是不可或缺的两大要素，包工头承担着工地现场组织安排及管控之责，建筑工人则从事一线的生产任务。作为建筑行业生产政治的核心，包工制使得弹性工作的工人队伍成为可能，这种工人雇佣和管理方式具备非正式、高弹性、低成本等特性。包工制是转型中的国家与市场两重因素综合作用的结果。由于国家力量在生产政体形塑过程中的相对"缺位"，"工地内部的管理权力与工人权利之间的关系结构带有较大的随意性与变动性"，因此不难发现，这里工地生产政体的形塑，跟包工队的具体运作实践紧密相关。

从微观组织角度来看，在包工队的具体劳动运作过程中，会面临来自生产和生活两方面的问题。在生产方面，建筑劳务市场供给结构增长缓慢，多数建设项目存在工期紧、短期需求量大、承包项目非连续性等特点，导致诸如劳动力数量不足、流动性高、工人工资发放不及时等问题。在生活方面，则存在包括住宿安排、社会交往、闲暇活动等一系列的问题。因此，对于包工头而言，如何有效应对这些问题，以维持工地生产现场的有效运作，尤为重要。这关乎着工地生产共同体中不同主体相互间的生产关系，更深刻影响着工地生产政体的形成。在包工制下，工地是如何进行组织管理的，其中蕴藏着包工头与工人之间怎样的关系很值得探讨。

二 建筑工地的日常管理策略

在建筑工地，包工队是生产中的最小单位，也是最基层的劳动力供给单位。高层级的项目总包方、监理方，乃至上级转包、分包方，均不参与对一线建筑的直接管理。因此，针对工地工人具体的生产生活安排都在相应包工队内部解决。作为包工队的核心，包工头是工地工人的直接管理者，负责工人在工地上的生产指导及生活安排等工作。作为资本的代理人，包工头依照人情关系网络在工地生产现场构建了一个微观的政治生态系统。不同于一般工厂管理制度的规范性和制度化，路桥建设业工地上的管理制度出现明显的分层现象，以包工头为界，包工头以上的管理，依循着正式的规章制度，有正式的文本合同，明确规定了用工方与职工的权利和责任。而自包工头往下的管理，因为缺乏正式的文本合同约束，一般建立在不成文的关系和隐形的契约基础之上。多数包工头手上会有至少2个小工程项目，呈现多支民工队同时作业的劳动场景。

建筑工地用工有以下特点。第一，工人弹性大、流动性强。一个工程项目结束，工人们就转战另一个工地开始施工，这种劳作空间的不断位移，致使工人的流动性增强，因此，如何有效维持劳动力的数量和质量是包工头进行工地管理的重中之重。第二，非正式制度约束。由于正式管理规章制度的缺位，包工队内部分工的随意性和复杂性增强。第三，工资不按月发放。跟工厂工资按月发放不同的是，建筑工人的工资往往等到工程结束后统一结算，施工期间会发放些生活补贴。第四，居住空间具有生产中心性。工地上工人一般会搭建简易工棚或活动板房，以方便生产施工，实现了生产与生活的统合。

1. 劳动力维持："三位一体"

建筑工地的劳动力维持主要体现在包工头的招工策略之上，为保证工程施工的顺利进行，包工头需要采取行之有效的招工策略以维持工人数量和质量的稳定性。包工头主要采用"三位一体"的劳动力维持策略：核心工人推荐、借调以及直接联系专业施工队。

（1）核心工人推荐

在包工队内部，依照与包工头的关系亲疏，工人可分为核心工人与边缘工人。[①] 在一个包工队中，核心工人是长期跟着包工头干活、相对固定的工人，而边缘工人是工程临时招募、不固定的工人。

> 施工队一般情况下不超过50个人，工人多的时候30多个人，少的时候10来个人，长期跟在我身边的大概有7~8个人，都是跟我干了八九年的骨干了，主要是搞技术和管理的，其他人都是不固定的，现招的。（JPF-20160724048[②]）

[①] 蔡禾、贾文娟：《路桥建设业中包工头工资发放的"逆差序格局""关系"降低了谁的市场风险》，《社会》2009年第5期。

[②] 访谈资料来源编码，JPF代表被访谈者名字，20160724代表访谈时间，048代表访谈者年龄。下同。

可以看到，只有核心工人是无法承担一整个项目的施工建设的，因此当新的项目开工时，便会雇佣一批普通工人，又叫边缘工人。对于这些边缘工人，包工头最普遍采取的一种用工策略便是核心工人推荐。

在被问及为何采取核心工人推荐而不是市场招聘时，有包工头如此回答：

> 队里有几个骨干就够了，他们再帮我找些普工，大都是做那些技术含量低的活儿，去人才市场招，一是成本高了，二是不稳定，万一招过来没干两天就走了咋搞，他们（核心工人）给我介绍的人保险些，最起码不用担心干干就走了。当然了，如果实在情况紧急联系不到人，还是会考虑到当地市场现招，但这种情况比较少。（QTW-20160724045）

由此可见，包工头通过核心工人推荐招人，是经过理性选择的结果，利用相互间的熟人关系在一定程度上可以规避来自市场的风险。通过核心工人推荐进来的工人，多数是从事较低技术含量的普通工人，但也有少部分是有技能的工人。

（2）借调

所谓借调，指的是大包工头之间互派工人到对方工地做工的一种用工策略。除核心工人推荐外，借调是包工头采用的另一种重要的用工策略。借调的工人一般是各个包工头手下的核心工人，以技术员借调为主，也有少数是管理骨干。

跟核心工人推荐不同的是，借调的对象主要是包工队的核心骨干成员，包括技术员和代班管理人员。借调的发生主要有两种情况：一是搞本职工程时，自己的核心工人有事或人数不够而需要外借；二是承包了其他非本职项目时，因缺乏专业带工的技术员或管理人员故而需要外借。

（3）直接联系专业施工队

在工地上，有不少包工头会承包多个工程分项目，除自己专职的分项目以外，还会承接其他非本职分项目。加之，部分工程分项目的专业性和难度较大，因此包工头经常需要联系专业施工队来做工。

用工策略不同，招到工人的类型存在较大差异。包工队中的工人大体分为四种类型：核心工人，即包工头的嫡系班子；边缘工人，即核心工人介绍的工人；借调的工人，即从外借调的技术员和管理人员；专业施工队人员，即外请的从事难度系数较高作业的民工队人员。

2. 劳动力分工："差异化分工"

将劳动力的主体能动性带入对工作现场的分析，是后布洛维时代劳动过程研究的重要取向。这实现了工人从抽象的阶级范畴向鲜活具体的人的转变。在施工工地上，包工头对工人①采取一种"差异化分工"的策略。具体而言，"差异化分工"指向两个维度，一是谁来分工，二是如何分工。

（1）谁来分工

在包工队内部，谁来分工关涉着包工队中管理权力的归属。事实上，作为工人和正式组织制度的媒介，包工头直接承担着包工队施工的组织和管理工作。因此，毫无疑问，包工头处于包工队内部权力的中心，包工头具有对包工队的总体管理权力。那是否意味着，越接近包工头这个权力中心、与包工头的关系越亲近，在管理分工中的自主权越大呢？如果从工人的核心职能来看，核心工人和借调工人主要从事工地生产现场的带班管理和技术指导工作，与包工头这个权力中心十分接近，处于包工队的权力层，而专业施工队人员和核心工人推荐的工人由于从事一线生产，离权力中心较远。如此看来，核心工人和借调工人貌似掌握着自主分工的权力，而专业施工队人员和核心工人推荐的工人并不具备自主分工的权力。然而实际情况并非全然如此。如前所述，包工队内部的工人主要分为核心工人、核心工人推荐的工人、借调的工人以及专业施工队人员这四类。针对这四类工人，包工头采取不同的分工权力下放策略。

对于核心工人，包工头并未将分工权力下放，而是亲自给核心工人分工。故核心工人并不具备自主分工的权力。

对于核心工人推荐的工人，包工头并不直接对其管理，而是将分工权下放给了核心工人。具体来说，核心工人对其所推荐的工人负有绝对的管理分工权力。

---

① 一般的建筑工地，主要是钢筋工、筑路工、瓦工、沥青工、混凝土工、搅拌机操作工、特种技术工（如打桥梁板、电焊工）等。其中钢筋工、混凝土工、瓦工人数最多。

第六章 "孤岛"政治：建筑业农民工的市民化

> 我带进来的工人肯定是我给他安排活儿啊，干撒子都是我来负责的，不会的我来教，都是熟人，如果觉得（推荐的工人）适合搞这一行，我还会好好地培养他。（SDQ-20160725031）

可见，由核心工人对口管理的这种模式，是建立在熟人关系基础之上的。一方面节省了管理成本，提高了管理效率；另一方面核心工人亲自对其推荐的工人进行培训，有效弥补了工地工人缺乏培训的困境。对于核心工人推荐的工人而言，如果自己干得好，有潜力，还有机会被核心工人重点培养，成为长期工人。

对于借调的工人以及外请的专业施工队伍，包工头将管理分工权下放，即由借调工人和专业施工队伍自主进行分工管理。"借过来的大师傅，管理经验足，我把这边的（工程）要求给他一说，剩下的咋搞都他来安排。"（JPF-20160724048）"我请的挖桩队，他们内部都有分工的，不需要我再来安排啥子了，只要他们按照我工程量和时间要求完成了就行。"（QTW-20160724045）可见，借调的工人及外请的专业施工队伍作为外来工人，反而具有自主分工的权力。

（2）如何分工

包工头只对核心工人进行直接的管理分工。这里只探讨包工头对核心工人的分工策略。包工队中的核心工人一般分为两类：一类是掌握关键技术的工人，他们一般承担着生产指导的重任；另一类则是既有技术又有管理能力的人，他们通常承担着组织管理生产的重任。因此，核心工人经常被分派出任不同的班组长，负责带班管理或者指导技术。

> 一般情况下，我们包工程的，代班都是请直亲或者好友，什么哥哥啊，舅舅啊，大伯啊，揽到活了就给我照顾现场。比方说这段路——有桥、有隧道、有边沟有挡墙。这就是不同分项，我手下这帮骨干就会下去帮我带班。（JPF-20160724048）

可见，核心工人通常与包工头有诸如亲戚、老乡等熟人关系，但核心工人能被委以管理身份，其技术和能力占据主导型作用。

根据每个人的能力。有会搞管理的，有比较实在适合干活的。你带一帮人搞啥子，他带一帮人搞啥子，都是根据人的情况来分的。（LTY-20160727041）

3. 工人工资发放："双轨制"

建筑工人的工资发放包括两个路径：计件制工资发放制度以及生活补贴的发放。

计件制工资发放制度，即依照工人产出的产品数目和事先规定好的产品单价，来计算劳务工资的一种支付模式。① 如今在建筑工地上，基本上都采用计件制的工资发放制度。管理人员会先根据固有任务量计算好需要多少工，然后分包给班组长，由班组长具体给工人安排。据笔者了解到的情况，大多数工人都愿意计件。

计件相对自由些，我干得多挣得也多啊。不过就是有时候怕活儿没干好，老板说不合格又返工，不过这种情况相对比较少，只要好好干就可以避免。（HXJ-20160727032）。

生活补贴的发放，指在工程进行过程中，定期或不定期给工人发放生活补助的一种支付形式。

按照国家法律规定，农民工工资必须日结，但是也规定说有特殊情况可以延长最多两个月。我们工地情况比较特殊，除了临时工是做几天给他发几天外，队里的工人都是等到工程结束后统一发放工资。但这样就有个问题，有工人平时要急用钱咋办，所以我们现在还普遍采用的一个方法是，给工人基本上月结一部分（支付生活费），几个重要节日节点要发，等项目结束工人离开工地时再把剩余的结清。（LTY-20160727041）

---

① 王方红：《我国现代企业分配制度创新研究》，硕士学位论文，中南大学，2003。

第六章 "孤岛"政治：建筑业农民工的市民化

根据工人与包工头的实际生产关系，笔者将包工队里四种类型的工人划分为两组：一是内部工人，专指核心工人与核心工人推荐的工人；另一是外部工人，专指借调工人与专业施工队伍。如前文所述，工地工人工资发放主要采取计件制工资发放制度和生活补贴的发放这两种形式。但是，包工头在进行具体工资发放时，针对包工队里不同类型工人，有着不同的工资支付策略。体现在工资发放的两种方式上，出现了顺序和偏好的差异——外部工人偏好与内部工人偏好。这种策略可以称为工资发放的"双轨制"。

（1）工资结算逻辑：外部工人偏好

当前建筑行业的劳务分包制尚处于私下交易的状态中，存在恶性竞争、"垫资施工"、非法转包分包的问题。除此之外，账没算清也是工人工资拖欠的原因之一。

当面对资本困境，不能保障每个人都能按时拿到工资之时，包工头会采取何种工资分发策略呢？蔡禾、贾文娟发现，路桥建设业的工资发放遵循着一种"逆差序格局"，即包工头在给工人发放工资时，对于亲疏远近的顺序，反其道而行之，先给边缘工人发工资，之后才顾及跟自己关系亲近的核心工人的权益。[①] 但这是基于内部工人的分析，如果将包括借调工人及外联专业施工队的外部工人纳入分析中，结果又当如何呢？

> 我一般不会拖欠工人工资的。但要是钱确实不够的话，就先给外工，比方说我跟其他老板借的人呀，外头请的施工队呀，然后给我自己的工人，先给新工人，再给老工人，工地上现在都是这个情况。（QTW-20160724045）

很多包工头在工资结算时也是采取此种逻辑。与包工头关系疏远的外部工人先拿到工资，而内部工人承受了工资拖欠风险，这种工资发放策略被称为"外部工人偏好"。

---

① 蔡禾、贾文娟：《路桥建设业中包工头工资发放的"逆差序格局""关系"降低了谁的市场风险》，《社会》2009年第5期。

(2) 生活补贴发放逻辑：内部工人偏好

在建筑工地，对工人定期发放一定的生活补贴是包工头较为普遍的做法。如果说工资结算遵循"外部工人偏好"，那么生活补贴的发放则截然相反。

> 除了年底给他们结工资，平时，农民工可以借资，比如说每个月给他们发个几百块钱，保障他们的生活。还有几个重要节日节点要发，等到离开工地时候再结清。但也不是每个工人都有的，哪儿那么多闲钱？我们一般是给自己人发（生活）补贴，从外面请的工人不发或者发得少。（LTY-20160727041）

可以看到，工地生活补贴的发放遵循着一种"内部工人偏好"。这里内部工人因为属于包工头的"嫡系"而获得生活补贴保障，而外部工人因为其"外人"身份，无法享有常态化的生活补贴保障，这与前文所述工资发放的逻辑完全相反。而单就内部工人或者外部工人而言，生活补贴的发放排序跟费孝通先生提出的"差序格局"相似，跟包工头关系越亲近，生活补贴就越能得到保证。在这个过程中关系的作用比较显著。

4. 居住安排："双层区隔"

在建筑业，除了日常生产安排之外，作为资本代理人的包工头还会对工人的生活居住进行安排。路桥建设工地工人一般住在工棚、活动板房或附近民宿里，因为离工作现场近，便于施工作业，工人的居住安排可以说是直接服务于生产作业的。

> （给工人安排的）住的一种是租的房子，一种是搭建的工棚或者活动板房。看具体情况，这要看成本。国家有规定，一个民工住宿空间不低于4个平方米，一个宿舍不超过16个人。就是没有桌子，上下床。原则上尽量住满。（LTY-20160727041）

包工头对工人的居住安排策略可以概括为两种：垂直区隔和水平区隔。

(1) 垂直区隔

垂直区隔指的是将工人中的管理层和劳务层分开安排居住的策略。在

第六章　"孤岛"政治：建筑业农民工的市民化

一个包工队里，工人自上而下可分为管理层和劳务层，管理层一般包括代班管理人员或者资深技术人员，以包工队里的核心工人为代表；劳务层即进行一线施工作业的人员，以包工队里的专业施工队和普通工人为代表。

> 在工地上，一般情况下，代班的、搞技术指导的管理人员跟一线施工作业的工人是分开住的，管理人员主要是给工人布任务、监督生产过程的，很少直接参与生产，一般是单住，租住在附近民宿，一线施工作业的工人住工地工棚，便于做活儿嘛。（JPF-20160724048）

可见，管理人员与一线施工作业的人员分开居住，是基于工地生产要求的住宿安排，形成了工地居住空间的垂直区隔。

（2）水平区隔

水平区隔，主要针对的是一线施工作业的工人，即依照工种的不同给工人安排住宿的策略。在路桥建设工地上，不同工种的工人分开居住，同一工种的工人"抱团"，类似于"一捆捆柴"。

> 不存在刻意安排，工人住的活动样板房都是他们自己搭的，谁跟谁住都是自由的，一般情况下，一个班组的住在一起，这是很自然的事儿，肯定是相互熟悉才住一起嘛。（LTY-20160727041）

虽说包工头并未刻意安排住宿，但实际上，同一工种工人往往彼此间相互熟识，熟人和业缘关系对工人居住空间的嵌入，使得这种水平区隔式居住成为可能。

包工头通过这种"双层区隔"居住安排策略，对工人的劳作与生活进行全面的统合与控制，使工人处于福柯所言的"全景敞视空间"之中。

三　建筑工地的"孤岛"隐喻

"孤岛"是一个地理学上的概念，指离大陆很远，周围没有其他岛屿的岛。我们借用这个概念指称中国社会转型和城市化进程中存在于各个城市中的无数建筑工地,正是对田野研究中观察到的、建筑工地的独特生产图景所表现出的与城市和乡村"双重脱嵌"的总体性概括。

(一) 空间区隔

空间区隔是建筑工地之所以能以"孤岛"来指称的首要原因,同时这也是最容易观察到的一个侧面。各类建筑工地对于围墙、围挡、隔离栏等的设置是出于安全防护、对噪声污染和扬尘污染的控制,我国《建筑施工安全检查标准》(JGJ59—2011)对于建筑施工现场的围挡有下述规定:

第一,市区主要路段的工地应设置高度不小于2.5米的封闭围挡。

第二,一般路段的工地应设置高度不小于1.8米的封闭围挡

第三,围挡应坚固、稳定、整洁、美观。

笔者所调查的工地使用的围挡,下部为砖砌基座,上部为钢板,总高2.5米左右,外部涂以蓝色油漆。围挡将工棚与周围道路完全隔绝开来,只保留宽为3米左右的大门供工人进出。此外,农民工工棚区和项目部、项目管理人员宿舍在物理空间上也被分开,并且相互之间界限分明,项目部的两排楼夹在管理人员宿舍和农民工工棚之间。项目部只有一道不起眼的小过道连通农民工工棚区。平时项目管理人员和农民工基本不会到对方的区域活动,以至于这条小道几乎成了清洁工和笔者的专用通道。

虽然本是出于安全防护的考虑,各类隔离手段却无意中造成了城市物理空间的割裂:工地被圈围起来,城市通过将"残损"的部分隔离,保持了自身景观的观赏性和完整性。

> 工地都有围墙,没有围墙哪个知道我们这里是工地,工地活还没干都要先搞墙,有专门的人(砌墙),干完了他们就走了。墙砌起来,路上的人就看不到工地,你看这工地,又脏又差,堆得东西多,外面那么干净的,看了也不舒服嘛……哪个工地都会砌墙的。(HSP-20160727056)

农民工对于工地围墙安全需求之外的隔离有所意识,而且主观上也认为是必要的,"又脏又差"的工地是被城市拒斥的,与城市的清洁、规整

第六章 "孤岛"政治：建筑业农民工的市民化

格格不入。笔者在田野调查中也发现，封闭的空间构成了农民工在城市中安全感的来源之一，确定的物理边界也给农民工带来了临时的归属感。

建筑工地通过围墙、防护栏、隔离带等多种形式将自己与城市的其他空间区隔开来，以维持城市其余部分样貌的完整性，围栏之内是未完成的城市，是残缺的、进行中的"城市"，是一个独立的"生态系统"，不与作为一个整体的城市有互动形式上的连接和生产层面的交往。同时，农民工的劳动再生产被"拆分"在农村和工地之上：劳动力的代际再生产被丢弃在农村，而劳动力的日常再生产被限定在工地之内。[①]

（二）关系脱嵌

如果说空间区隔是建筑工地之所以为"孤岛"的表征，关系脱嵌则更能说明其实质。"孤岛"概念内含了与其周围环境迥异的面貌和区隔，同时也意指岛屿作为一个物理承载对于其上各个主体的生存决定性，更微观地说，决定和形塑各个主体在有限度的场域内博弈的策略选择、资源利用情况以及权力网络的生产和呈现。

工地上农民工与周边城市市民的交往极为有限，交往中一起打牌、偶然的聊天等较浅层次的形式比较常见。首先，劳动对精力的损耗很大，对于农民工来说，工地上高强度的体力工作消耗了他们的精力，每天"下工之后就想赶紧吃饭，吃完饭回到宿舍休息，聊聊天，太累了就直接睡觉了"。其次，农民工并没有表现出与城市市民交往或者融入城市的足够主动性，他们打工的目的是挣钱，对工资的使用仍然主要在农村。这显然跟建筑业农民工偏大的年龄构成有关系，即农民工对于农村的依恋与依赖程度随着年龄正增长。

> 来到工地谁也不认识嘛，那个朋友让我来……我们都是恩施人，都说家乡话，聊一聊很快就熟了。我们一个队的上工下工基本上都在一起，其他包工队的也没有什么接触，工地上的技术员、检查安全的

---

① 任焰、贾文娟：《建筑行业包工制：农村劳动力使用与城市空间生产的制度逻辑》，《开放时代》2010年第12期。

也不会跟人家去套近乎,我们的工作简单,好好干也不会难为你,有事的话,比如你干得不够好,技术员就跟带班长说,带班长再跟我们说。也不会跟外面的人多接触,吃住在工地上,接触不到的,像我们这个屋里几个,小刘年轻点有时候去网吧,我们下了工就休息了,我们年纪大没啥子可玩儿的,也不太想认识其他的人,又不打交道。(TJS-20160728036)

建筑业农民工在工地上的社会交往是极为有限的,首先,即使是同一工地的其他包工队,相互之间也很少会相互接触;其次,农民工之间会利用地缘关系建构新的关系网络,但是也是基于同一包工队之内的,关系网络的扩展需要工地中的临时"业缘关系";最后,建筑业农民工对于跟城市市民或者工地项目管理方人员的社会交往缺乏主动性。农民工在城市中的社会交往受限于"老乡群体"[1]和先赋的关系网络[2],而在试图融入城市或与城市市民交往时也会遭遇各种困难。[3] 农民工在城市中社会交往存在困境的原因可能是多方面的,如关系网络的封闭性和同质性、乡村文化与城市文化的隔阂、身份和福利待遇在制度层面的阻碍等。这些因素都在建筑业农民工群体身上交织,导向一个后果,即建筑业农民工在城市中的社会交往被囿于工地之内,工地成为一座"交往的孤岛"。

农民工作为建筑工地中工人的绝对多数,将农业生产的生产逻辑带入建筑工地来,用处事的人情法则理解工地政治的控制-抗争过程,依赖先赋的社会关系网络维持劳动的生产安全、工资安全和换工的便宜。工地中包工头和农民工的博弈策略选择深深地受制于上述先赋因素,与工业化的生产逻辑和严重依赖正式管理制度的工厂政体形成了鲜明对比。

研究发现,建筑业农民工主动融入城市的积极性并不高(与工地农民

---

[1] 叶鹏飞:《探索农民工城市社会融合之路——基于社会交往"内卷化"的分析》,《城市发展研究》2012年第1期。
[2] 周潇:《关系霸权:对建筑工地劳动过程的一项田野研究》,硕士学位论文,清华大学,2007。
[3] 李伟东:《消费、娱乐和社会参与——从日常行为看农民工与城市社会的关系》,《城市问题》2006年第8期。

第六章 "孤岛"政治：建筑业农民工的市民化

工总体偏大的年龄结构直接相关），工地之外的城市之于他们，就像"孤岛"之外的汪洋大海，他们既无力泅渡，也无意深涉，这种自我禁闭的效应无疑使得他们各种抗争策略和利益追求依赖内部关系网络的回应，从此种意义上说，农民工主动建构了一个无形的"孤岛"。

在现实的考察建筑业农民工在城市中的境遇时，我们观察到城市对于他们在身份、福利和社会交往方面的多重拒斥，身份的区隔限制了他们同城市工人享有同等待遇和福利的可能性，也限制了他们内化城市规则、融入城市、与城市市民交往的能力。① 我们通过针对农民工城市境遇的各种相关研究不难发现农民工融入城市普遍存在各种困难，② 但由于建筑业工地主要汇集"第一代"农民工，这种无形的区隔更加明显。③

（三）政治、市场力量介入的困难

建筑工地之所以为"孤岛"，还在于外部力量试图介入，以改变建筑工地农民工群体内各种互动结构时的困难与阻碍。布洛维在阐述资本主义工厂内工人是如何形成对工厂体制的依赖时，认为从专制体制到霸权体制的转变，关键因素就在于国家干预改变了工人的依赖条件。工厂内部生产的政治同样也受到外部宏观经济力量的影响，只有工厂内部实现对工人最大限度地控制，才能实现生产效率的提升，以赚取利益和获得市场竞争优势，换句话说，资本主义生产对于工人控制的要求正是市场经济规则的直接产物。

建筑安全监察部门会不定期巡查工地安全生产情况，主要针对工地的不规范作业等各种情况进行检查，遇到特殊时期，如高温天气，还会检查是否有工地让工人高温作业。负责现场安全检查的政府官员 W 说："市里监察的有时候会过来，检查有没有戴安全帽、有没有人吸烟……""我们一般不会直接罚款，工人都是带班长管，这工地上好几个班，都不是一个

---

① 郝彩虹：《关系霸权、阶级形成与身份区隔——建筑工研究的社会学视角综述与展望》，《社科纵横》2012 年第 3 期。
② 江立华、胡杰成：《社会排斥与农民工地位的边缘化》，《华中科技大学学报》（社会科学版）2006 年第 6 期。
③ 汪建华：《实用主义团结——基于珠三角新工人集体行动案例的分析》，《社会学研究》2013 年第 1 期。

老板，真罚款的话也不好，一个是工人不容易我们都理解，再一个罚款是很笨的方法，管理工人还是靠他们老板跟带班长，上次市里检查的时候遇到一个安全帽忘带的，也没有罚款，批评教育了下，我们就跟那个工人的带班长说了，一次遇到说你下，再遇到就要好好批评，再遇到就真的要罚款。""这个话你还得跟他们老板说，工人听老板的话，工资是老板发嘛，不听他的听谁的。"（WGD-20160726045）

包工队老板W，虽然年纪不大，40多岁，包工已经有将近12年时间，他最初跟随一个老板干钢筋工，老板看他"脑筋活络，会来事儿，胆子还大"，就建议他也带班做工，一来可以当老板，二来挣得都是大钱，还不用干那么辛苦的体力活儿。

> 头两次接工程，由于没有经验，没有估算好工期和工程量，总共亏了十多万。后来自己就想这个事情，再看人家赚钱的是怎么搞的，才想明白，工地上的工程，跟其他的买卖不同，其他的买卖你知道进货价，提个价再卖，多少能赚钱，工地上接工程就大不一样了，我从项目接活是按工程量接的，做完这个工程量才能拿到钱，我找人来干活，就不能按工程量给钱，现在一般不那么算，都是按一个工多少钱算，遇到下雨，还有上一个工序没做完，我这个工作就开始不了，得等，经常就亏了……后来就多接一些工程，我在这个工地上是钢筋工，在其他工地上我也接扎钢筋的工程，这个工地上没活干，就把人调过去别的工地上赶工。这么一来就能避免亏钱，哪怕一个工地上不挣钱，我还有别的工地，最后总的算下来基本上会挣的。（WDB-20170120052）

建筑业的产业特殊性表现在它无法引入大型工厂中的流水线作业，无法实行标准化的作业方式，覆盖从顶层发包方到单个建筑工人的科层制也被证明难以被有效引入。[①] 在实际田野调查中，我们也观察到国家行政力

---

① Applebaum, H. A., "Royal Blue: The Culture of Construction Workers," *American Anthropologist*, 1982（84）: 462.

量与市场效率原则在建筑工地包工队内的部分失效，以及它们试图以更大的强度介入时遇到的阻碍。

四 临时生产共同体及微观权力运作

社会学中共同体一词最早由德国古典社会学家滕尼斯在其《共同体与社会》中提出，滕尼斯将共同体分为：血缘共同体、地缘共同体、精神共同体。笔者在这里引入"生产共同体"的概念，是基于工地政治中的以下特征：在工地中，包工头、核心工人和非核心的农民工群体临时建构了一个生产的单元，农民工的组织是基于关系网络原则的；交往和问题的解决基于对人情和契约的理解、权衡，具有同质的相处逻辑基础；内部共享同质的价值观、文化特性和从农业生产中带来的共同的生产惯习；在共同体内的目标追求也基本一致，即共同协作以按期保质的完成工程，拿到工钱。先赋的上述因素是共同体建立的第一步，共同体的维持仍然需要其他层面的实践和"潜结构"支撑。①

（一）临时生产共同体

1. 进入工地

农民工个体在某个工地寻得了一份工作，就会介绍亲友过来一起工作，农民工在工作的获取中，"关系"的强度导致信任的不同，而信任高低决定农民工是否接受这份工作。② 因此，一旦这个包工队被组织起来，其内部已然建构出一个血缘、地缘交织的关系网络，其内部通过这个关系网络多多少少都能找到相互之间的连接，即使暂时没有，也可以在群体内部通过不断的互动实现关系的再生产。

T师傅（TGX）三叔侄同在工地上的木工班做工，分别是47岁、54岁和58岁，T师傅跟随现在的老板做工有大约八年的时间，中间有一段时间跟随别的老板做工。

---

① 符平：《次生庇护的交易模式、商业观与市场发展——惠镇石灰市场个案研究》，《社会学研究》2011年第5期。
② 王毅杰、童星：《流动农民职业获得途径及其影响因素》，《江苏社会科学》2003年第5期。

> 我们家里老辈上就是木工……后来CJ村的一个同行，跟我说工地上要木工，工资还不低，咱们这样走村串户挣的没工地上多，我就跟他一起去找这个老板。后来一起跟着做了五六年，跟着老板到处跑。现在跟老板也是多年的老交情了，相互之间很信任，我两个小叔，年纪稍微大了一点，去年我跟老板说，就是我家里叔叔，比我大不了几岁，也想跟你做，老板说："就一起叫过来咯，这个我还是放心你的。"工地上都是"人带人"的，就这样我们就一起过来了，现在也都处得很好，老板看是我小叔，各方面也还是很关照，太重的活就不给他们做，跟我们那个周带班长也这么交代的。（TGX-20170727047）

Z师傅（ZPC），45岁，湖北恩施人，跟着W老板（WDB）多年，现在在工地上做带班长，属于W老板最为信任的工人之一。Z师傅跟W老板相识的时候W老板还是一个普通的打工者，他们一起在陕西省宝鸡市的一个工地打工，由于都是湖北人，基于共同的地缘关系开始熟识，并慢慢建立了良好的关系。W老板尝试自己带包工队大概一年多之后，给Z师傅打电话。

> W老板打电话给我说，现在他搞了个施工队，在海南接了个工程，问我要不要过来给他带班，我一想，带班好啊，工资多，还可以少干活，就是海南远了点，我跟他说太远，W老板说你过来，车票我给你报销，那我就去呗。就这么跟着他干了，这一干十年了……比如我一个表哥，2007年到北京干了一年多，北京活做完了，我就说你过来我这里，就可以直接这样说嘛，我们（跟W老板）是相互信任的，这么多年了，不客气点讲，老W这个工地上，还有王家墩那边的工地、W老板的哥哥在海南的工地、武汉盘龙城那边的工地，不少人都是我拉来的。（ZPC-20170727045）

农民工职业获得的途径主要是依靠乡村社会网络，用"人带人"的方式不断吸收新的劳动力进入工地。在田野调查中我们发现，农民工寻找建筑业的工作时，会依靠原有的乡土关系网络（T师傅的两个叔叔）或者在

第六章　"孤岛"政治：建筑业农民工的市民化

工地中新建立的社会关系（Z师傅），而农民工在工地劳动过程中，也依赖于跟自己有较强关系的人之间的相互帮助，会主动将原有关系网络中的老乡、工友、亲戚拉入工地，以求劳动过程中的人身安全、工资安全等。其中，我们还需要考察关系的"信任"维度（Z师傅的表哥对Z师傅的信任），只有可信赖的关系才能引致新的劳动力进入。

在先赋的社会关系网络进入建筑业劳动过程中后，原有的关系就被纳入工地中的权力结构中，成为权力运作的资源，并在建筑工地的生产政治中，起到两方面的作用：成为"孤岛"中临时生产共同体维持的动力或者为包工头和农民工"控制-抗争"过程提供可能或条件。①

2. 庇护：作为一种工地劳动力维持的手段

庇护是包工头维持包工队内劳动力的数量、避免劳动力流失的重要策略。庇护关系刻画的是发生在有着地位差异的不同角色间的特殊交换关系，同时囊括了人际关系和权威结构的维度，②只要出现资源稀缺和地位不平等，就有可能形成庇护关系③。庇护关系是指一种角色之间的交换，可以被界定为一种涉及双边的工具性友谊关系的特殊情况，其中具有较高社会经济地位的个人（庇护者）使用自己的影响力和资源向社会经济地位较低的被庇护者提供保护和利益，被庇护者向庇护者提供一般性的支持和帮助（包括个人服务）作为回报。④建筑工地包工头对农民工，尤其是核心工人，基于互惠关系、维持劳动力供给的理性考虑以及家长式的情感-责任意识而采取的庇护行为通常是一种家长式庇护。其关系形态的特殊性在于这是一种包含先赋社会因素和情感、责任维度的，在管理者和被管理者、雇佣者和被雇佣者之间的庇护关系。包工头不能只被视为资方的代理人，时刻站在农民工的对立面。事实上，在面对资方时，他们也是农民工的代理人。是谁的代理人，取决于包工头正跟谁处于博弈行动之中。农民

---

① 周潇：《关系霸权：对建筑工地劳动过程的一项田野研究》，硕士学位论文，清华大学，2007。
② 符平：《次生庇护的交易模式、商业观与市场发展——惠镇石灰市场个案研究》，《社会学研究》2011年第5期。
③ 陈尧：《政治研究中的庇护主义——一个分析的范式》，《江苏社会科学》2007年第3期。
④ Scott, J. C., "Patron-client Politics and Political Change in Southeast Asia," *American Political Science Review*, 1972, 66 (1).

工是弱势者，处于资方-包工头-农民工的垂直体系的最底层，是弱势者，因此包工头在面对建筑公司、管理方时"自己必须替农民工说话"，从日常与上级沟通到年终讨薪，包工头将自我视为"家长"一样的角色，不但要安排、组织生产，也要为农民工在陌生城市中的日常生活和安全负责，当然亦有责任保证后者的工资安全。

> 我把人带出来，跟着我做，肯定是把他们当作自己人，不但要负责他们吃住，他们去哪儿玩儿，去哪里安全不安全，也要管的。家里有事要支钱，也冇得①问题……我就跟他们说，我把你们带出来，会负责保证你们的一切，我说过的……家里那么远出来了，这是我的责任。在工地上，不管什么事，来找我，我都会管的。(LXB-20161029049)

> 我们这个队里，有年纪大的，干得慢，别人一天的活，他估计要做两天，我也不多说什么，不出事就好。这个规章嘛，有时候他们（农民工）记不得，忘了，我们自己看到就提醒下，说两句，也没什么……要是安全部抓到就麻烦，要罚款，严重点呢，我们就不能用你了……还是我去说情，把人保下来。(LXB-20161029049)

有两位包工头私下里也谈到，有时候工人不按生产规章作业，或者能力不过关，只要不严重到被工程部的人查出来，他们也不会管。建筑业劳动仍然是需要相当劳动技术的行业，农民工的技能并不总能满足资本要求，尤其对于刚进入建筑业的农民工来说。包工头事实上是这种不合格的劳动力商品的销售者和经济人，为了达成交易，在某些情况下便会提供庇护，以将劳动力商品顺利售卖出去。

包工头不但要对资本的利益负责，也要对自我利益负责：劳动力维持，工程顺利完工，避免生产、生活中的意外事故和冲突事件发生，等等。作为资本-劳动力的中间环节，包工头必须在两端找到平衡位置。因此，提供庇护显然是一种理性行动。

---

① 方言，"没有"的意思。

第六章 "孤岛"政治：建筑业农民工的市民化

H 老板（HHK），带领的队伍在该工地施工不久。他有一帮属于自己的核心工人，接到这个工地上的工程后，自己的人手不够，H 老板就从另外的工地工人中选了一个"能干，技术也不赖"的，让他到现在这个工地做带班长。

> 那时候人手肯定不够，我自己跟其他几个老板打电话，多少给我调几个来，车费我出，都说冇得闲的，（武汉）前些天下雨，这几天都赶工期。我就给 L 师傅（H 老板的工人 LXB）说，你看你跟我也好几年了，我还是很相信你的，这些年你没少出力，是吧，现在算我回报你的一个机会。你去宗关那里带班，做带班长，小事你都可以说了算。工资就是带班长的工资，但是嘞，工人你要自己找些，我手底下暂时冇得。小 L 这个人，能干，技术也不赖，这几年不断往我班里带人，来来去去的，我晓得他认识的人多些……趁这个机会也回报下他。（HHK-20170120049）

> L 师傅说："老板蛮不错，不管怎么说也是信任你嘛，反正这个机会给别人也算给，给了我就是照顾……我是跟了老板三四年了，刚来那会也是慢慢学，老板也没说啥不好，这我还是记得清楚的……这个工地上现在有八个人，我找来三个，剩下五个是那三个找来的，都是朋友拉朋友。"（LXB-20161029033）

> H 老板自己忙些，现在带班、教下技术不太好的基本是我来做，老板每天会过来看下。（LXB-20161029033）

> 老板照顾了，做人还是要懂得知恩图报，出来在外面打工，更得这样，我平时带班的时候，也这样说，咱把活干好，把工程好好搞完，不耽误工期，H 老板肯定不会亏待咱们，HHK 在老板里边都算是最好的，其他的老板，你不是他亲戚，谁会让你带班？（LXB-20161029033）

包工头对工人的庇护在工地上直接生产出一种忠诚，L 师傅对 H 老忠诚的最直接原因就是H老板将做带班长的机会给予了L师傅，形成了一种庇护关系。在工地生产过程中，以及日常生活的宿舍空间中，这种庇护关系几乎无处不在，几乎所有的包工头都会不同程度地给予核心工人和技术工人额外的庇护。W老板的技术员L师傅是一名毕业不久的大学生，老板给予其很高的工资，并且会经常买40元一包的黄鹤楼给L师傅抽，自己的笔记本、相机也任由L师傅随便用。

对于非核心工人的庇护则更多地体现在包工队内部互动之外。工地宿舍区中间是由三排房子围起来的一块呈长方形的空地，是大家行走的地方。文明施工队的M师傅所住的宿舍位于对着大门口的地方，刚好向阳，就在旁边两排宿舍上下楼梯的扶手上，拉了两根钢丝晾衣服用。晾上衣服之后跟M师傅一排宿舍其他人的出行就遇到阻碍，有时候衣服多了就需要弯腰从下面绕过去。隔壁宿舍有工人去找M师傅理论，M师傅拒不承认错误，而据负责工地安全的Q部长说，工人宿舍不允许私自拉线。最终，他们找到文明施工队的R队长，R队长向工人表示了歉意，将一包烟散完之后说了一番场面话，表示最主要还是怪自己，M师傅曾经就此事问过他，他自己说可以拉线，这才给大家带来不便。R队长高明地将错误揽到自己身上，并诚恳道歉，从而化解了一场矛盾，避免了M师傅与其他宿舍的工人结怨。

> 事后R队长说："M师傅跟我出来做活，我这个做队长的，大家有事都指着我给解决好。就这个事，你说我能怪M师傅吗？不能咯，也不是啥子大事。还是那句话，我带出来的老乡，不能跟着我受委屈嘛，对老乡够义气，外面都相互照应，老乡才服你管，才跟你做活。"（RXN-20160727039）

从乡村到城市的地理空间转移意味着日常劳动力再生产和长期劳动力再生产的拆分，即劳动力的日常再生产在城市的工地之内，而劳动力的长期再生产和代际再生产被抛弃在农村。工地上的日常劳动力再生产是被打包在包工队之内的，由包工头负责解决。其后果之一，即农民工不但在实际的劳动生产中依赖包工头的安排，还在日常生活层面依附于包工头。家长式庇护不但存在于生产过程之中，也开始延伸到劳动力搜寻和日常生活领域。包工头在生产中允许农民工在劳动法规、生产规程的范围之外进入工地、进行生产、对后者的违规行为部分隐瞒；在生活中，包工头则会给予生产关系之外的庇护，如帮助解决工地日常纠纷等。

家长式庇护还包含先赋社会因素和情感维度，一个包工队之中，要么是亲戚，要么是老乡，血缘、地缘因素在家长式庇护关系的建构过程中起到重要作用。来自同一个地方，相同或相近的方言、饮食习惯、风俗文化等，事实上也给包工头的管理带来方便，其可以借助"地方性知识"、亲戚老乡身份而非严苛的管理手段取得工人的配合。

3. 依附：主动让渡的管理权

同质性的文化、关系网络为家长式庇护提供了基础，但国家制度设计，如户籍制度、社会保障制度、包工制等则是农民工不得不依附于包工头的重要原因。首先，户籍制度导致了农民工的流动和漂泊，远离原有的社会关系和庇护网络；其次，社会保障制度不完善，大量农民工没有纳入保障体制中，他们缺少养老、失业等保障。最后，在包工制中，国家政治力量缺位，农民工自我保护、与资本谈判的能力不足，因此需要依附于包工头。

关于包工头与农民工之间到底是一种"关系霸权"[1]还是一种"人身依附"[2]，国内学者并未取得一致意见。沈原认为中国建筑工地上农民工工作强度大、容易受工伤而且工资收入不高，正是"关系霸权"维持了工地上井然的生产秩序。按照血缘、地域、朋友等先赋关系来划分劳动过程中的权力等级，即包工头、班组长、核心工人和边缘工人等。在"关系霸权"的运作中，包工头和班组长之间由信任而产生忠诚，包工头、班组长与工人之间由认同而产生忠诚。同时"关系霸权"又是"关系枷锁"，对工人们在生产过程中积聚的不满进行了约束，使得矛盾双方在一般情况下会把握分寸，使不合或争执不至于达到造成关系破裂的地步，也保证了劳

---

[1] 沈原：《市场、阶级与社会：转型社会学的关键议题》，社会科学文献出版社，2007，第219页。
[2] 潘毅、卢晖临、张慧鹏：《大工地：建筑业农民工的生存图景》，北京大学出版社，2010。

动过程有条不紊地开展。①蔡禾、贾文娟在对路桥建设工人的考察中观察到了一种工资发放的"逆差序格局",即实际上是边缘工人先拿到工资,而后才是核心工人,将"关系霸权"的逻辑推进到工地生产中工资发放的阶段。②潘毅等在《大工地:建筑业农民工的生存图景》中提出异议,工人虽然明白自己跟老板之间存在利益冲突,但他们又对老板有强烈的依赖性。③一方面,只有通过包工头,他们才能找到工作;另一方面,只有包工头挣到钱,他们才能顺利拿到工资。

在钢筋队中,W老板最信任的人分别是其小舅子H师傅和跟随他多年的Z师傅,两人都是工地上的带班长,负责组织工人实际的生产过程。

> H师傅:"二哥(W老板是H师傅的二姐夫,H师傅按照家乡习俗称呼W老板为'二哥',笔者注)在武汉有几个工地,每天事情也多,我姐在这里给他们做饭,我在这里就帮忙带工人。都是一家人,我们什么事都能说。二哥在工地上说了算,我都听他的,他是老板,我就是带班长。跟别人干也是干,别人搞不好还骗你工钱走了,现在出门在外都不容易,还是找最相信的人,我来的时候就说,二哥让干什么就干什么,肯定他也不会让我干重活是吧(笑)……你要说工钱嘛,我跟其他工人是一样,我用多少就去我姐夫那里支多少,过年其他工人结工资,我还跟我姐夫说,我的你不急发,你先给家里远的工人。给我的够用就好了。"(HHK-20170120036)

> Z师傅说:"我跟老W铁得很,但是工作关系还是很清楚的,老W是我的老板,私下里说什么没关系,台面上肯定要当老板那样说话处事咯。我要是不把他当老板,其他工人看到了,就都不把他当老板,这个管理工人就不好搞,威信就没有了。"(ZPC-20170727045)

---

① 沈原:《市场、阶级与社会:转型社会学的关键议题》,社会科学文献出版社,2007,第231页。
② 蔡禾、贾文娟:《路桥建设业中包工头工资发放的"逆差序格局""关系"降低了谁的市场风险》,《社会》2009年第5期。
③ 潘毅、卢晖临、张慧鹏:《大工地:建筑业农民工的农存图景》,北京大学出版社,2010。

第六章 "孤岛"政治:建筑业农民工的市民化

L师傅在某一天,因为钢筋工作进度与带班长发生矛盾,晚上加班时候选择了罢工在宿舍玩电脑,次日,笔者对其进行了访谈,他说:"工地上老板是这样的,你要听他的话,但是实际上,我跟你说,大家是平等的,我来干活是拿干活的钱,对吧……我肯定服从老板的安排,加班就加班,但是你要是觉得高我一等,那这是没有的事,我大不了不干了,去其他地方,说不好听的,此处不留爷,自有留爷处。我想走就走,跟你说,我就是今天走,他(W老板)也不能说什么……大家都是来赚钱,肯定有人管人、有人被别人管。那我就让你管咯,你做得过分的时候我就不干了,就这样。"(LXJ-20170120031)

笔者在田野调查中也有意识地对"关系霸权"在工地中的表现进行了观察和验证,也注意到工资发放的"逆差序格局"在工地中确实存在。在周潇看来,"关系霸权"的作用体现在三个方面,即生产忠诚、拿捏分寸、软约束。[1] 其分析的面向没有考虑农民工的主体性方面,农民工是否对这种霸权有所意识,并采取对应的策略反抗"关系霸权"呢?实际上笔者在工地中的确观察到了这种知觉的存在(L师傅),也观察到了农民工实际的反抗策略:罢工和离场。进一步来说,我们要讨论的重点是,知觉和反抗策略都在场的情况下,"关系霸权"的维持是基于何种逻辑?笔者基于田野观察,认为农民工允许霸权的存在,是在对人情法则和契约的共识性理解基础上,考虑到临时生产共同体的各自利益目标相通,而将管理权"主动让渡"(HHK-20170120036、LXJ-20170120031)。

再进一步地推理,农民工基于对契约的理解和生产共同体共同利益目标的追求,而将管理权主动让渡给包工头、带班长,实质上主动让渡的过程就消解了"关系霸权"存在的基础,因为工人并没有与包工头签订正式的合同,对于包工头是一种主动的人身依附关系。依附的状态也可能会被打破,如更好的工作机会出现,工人便会选择离场,或者管理权的让渡侵害到农民工的利益,农民工会临时罢工以宣示管理权的脆弱和失效。当

---

[1] 周潇:《关系霸权:对建筑工地劳动过程的一项田野研究》,硕士学位论文,清华大学,2007。

然，依附状态的打破是跟工地中非正式的契约形式密切相关的，也被现实中"内部劳动力市场"的变化影响。

（二）"孤岛"中的微观权力运作

"孤岛"不但建构了建筑工地包工头与农民工之间"庇护－依附"的共生关系，也先验地成为"控制－抗争"过程的发生空间，同时在布迪厄"场域"意义上来说，也形塑着此过程的基本面貌，影响包工头和工人之间的策略选择。两者对于"孤岛"困境的某种程度的意识和共识，使得其中的博弈、妥协、合作、认同等机制具有了基本的框架和限制。

1. 包工队中的权力类型与权力结构

一个包工队中存在一个相对稳定的权力层级结构。包工头处于绝对的权力中心，按照弗里德曼的分法，其下则有核心工人、次核心工人和边缘工人等。这是基于田野观察的事实：包工队内个体在权力结构中的位置至少受三种因素影响，即技术或管理才能水平、与包工头的关系强度，以及包工队内"自己人"的多寡。

在一个建筑工地上，以及某一个包工队内都没有正式的制度形成明确的权力结构和管理机制，一般来说，除了包工头由于是建筑工地劳动过程实际的组织者，而享有最大的权力以外，技术工人和某些班组长由于掌握生产过程中必不可少的关键技能，而享有仅次于包工头的权力，可以被认为是包工队内的"核心工人"。此外，跟包工头之间的强关系也可以引致相当的权力，这种权力不必然的表现在劳动过程中的话语权，而更多体现在劳动力进入、纠纷解决、利益争夺中占据的有利位置，是一种集中体现在该权力主体身上的权力。

包工队内工人虽然相互之间多少都有些同乡、共事等千丝万缕的联系，但是仍然很明显地划分出了诸多"小团体"，如同一个村子的农民工更加倾向于抱团式的相互帮助，以便在涉及利益争夺时拥有更大的话语权或议价的能力。这种抱团式的小群体相比于其他松散的农民工，通常对于包工头的管理更加容易提出异议或做出不配合的行动，他们在日常生活中集体行动，也使得包工头难以管理。抱团式小群体内的领头人在包工队内具有更大的权力，因此笔者将拥有强关系的人和小团体中的领头人划为

"次核心工人"。

值得指出的是，管理的制度在包工头那里出现了一个界限：在包工头之上，依靠正式的制度规则行事，签订正式的文本合同，并以此为根据规制双方的行为，明确相互的权利和责任；在包工头之下，依照不成文的关系原则行事，依靠人情和隐形的契约理解生产过程和雇佣关系。后者是一个独立的"孤岛"，资本或者说项目管理方无意介入后者的博弈网络，而只在矛盾激化、问题显现的时候才以调解者的身份出现。

以钢筋队为例，包工头 W 老板是一个有多年包工经验的人，他在武汉四处建筑工地承接了同样的钢筋工程，其中既包括地铁施工工地，也包括商业楼盘施工工地，W 老板对于建筑工地中的大小事项都拥有绝对的权力，由于缺乏正式的契约，只要拥有正当的理由，他实际上可以在任何时候开除一名工人，也可以决定整个施工队的工资水平和工作时间，而无须取得工人的同意，就算农民工不认同 W 老板的作风和管理，也只能选择离场。虽然实际上 W 老板并未随意开除工人或者过分压榨工人，他认为自己仍然享有绝对的控制权：

> 像我们接工程，找人是自己找，怎么干是自己安排，工资多少也是我说了算，那你说我有没有权力？我管理工人是这样的，一次不听我忍让，两次不听我批评，三次不听我开除，干了多少活给多少钱，我这里不请你了……你既然来了这个工地，我肯定尽量照顾，大家多少沾亲带故的，不能有得人情，但是还是讲清楚，在这里要听我的。（WDB-20170120052）

核心工人一般是包工队中的技术工或者有管理才能的工人。建筑行业不同于其他行业的一个特殊性就在于其无法实行标准化和流水线的作业方式，其工作依然依赖工人技术，"钢筋的活儿好学，也好干，不过还是得靠技术员，你比如跟项目部沟通（技术问题）啊，都是技术员，一般工人怎么会懂的，对吧，技术员好，其他人才能跟得好，技术员要是技术都不过关，做出岔子，项目部让我们返工就很麻烦……少不了技术员的，我给技术员的工资什么的，都要比其他工人高很多，这个活儿不是谁都能干的嘛"（WDB-20170120052）。除技术员外，另一种就是具有管理才能的工人，他们一般具有一定的技术，同时跟包工头具有较好的关系，相互信任。包工队本身的规模不同，则带班长、组长的数量和层级也有所差别。管理人员除了技术要过关，还必须具有管理能力，能顺利组织工地的日常劳动过程，还要解决农民工日常生活中的诸多问题。在工地上，农民工日常直接接触的也都是班组长，如一位工人所说："上工要看明天带班长安排嘛，现在还不知道。""有事就找带班长，老板很多时候出去了，不在，找他也不方便。"带班长直接行使包工头赋予的权力，如果说包工头是建筑业组织架构中的"代理人"，那么班组长可以被认为是"代理人的代理人"。带班长和组长负责记录工人日常的上工情况，安排、协调工作进度，在一定程度上与农民工的权益密切相关，工地上农民工对于班组长的遵从甚至强于对包工头的遵从：包工头会按照口头和隐形的契约行事，而得罪了班组长，则可能处处被针对，从而在很多小事上导致自己利益受损。

事实上，工地上有一类工人处于较特殊的位置，他们不必然地拥有在工地上针对他人、使他人服从的权力，但是在争夺权益时却拥有较大的话语权和自身议价能力，即次核心工人。一般次核心工人为包工头的亲属或者某个包工队内抱团式小群体中的领头人。W老板有个侄子，跟随W老板不到三年，虽然技术水平一般，却能在施工现场和生活中都拥有一定特权，他总能分到稍微轻松的工作，而且"他一个月都会早退几次，且都有理由——肚子疼、有人找他耍，打个招呼就走了"，而带班长并不记录他旷工或者早退，作为老板的亲戚，他被认为是老板的人，既然是老板的工程，那么在其他工人看来，老板如果不对他的行事有所阻止，其他人也就无须干涉。另一种次核心工人是抱团式小群体中的领头人，钢筋队中绝大部分人来自湖北，其中恩施人又占多数。几乎每个不同地方的农民工都不同程度地抱团，以获取相互帮助，以在与老板和带班长的博弈中占据更多有利资源。来自荆州市的农民工有五人，他们不但工作基本分在一起，平时生活中也经常同进同出。

一个地方的，我们带班的时候也一般把他们安排在一起，分开了，有时候他们跟其他人会闹点矛盾，你干得快啦我干得慢啦，都会有，他

第六章 "孤岛"政治：建筑业农民工的市民化

们一起的就安排在一块，肯定不会有问题的，我们也省事。（WDB-20170120052）

H师傅是荆州市五人小群体中的领头人，其中另外三人都是他找来的，都跟他关系非常密切，遇到事情，H师傅就会跟班组长或者W老板商议，由于涉及人数多，H师傅的小群体不配合工作安排会极大影响工程进度，所以W老板一般会认真对待H师傅的要求。

老H他给我拉了人，来找我他底气是很足的，他就跟大哥一样咯，他拉的人都是他老乡，都跟他进退，他有什么要求，不过分我还是尽量满足，上次他说那个J师傅，随州那个，跟他们五个发生点矛盾，就不想再一块儿上工，我就跟Z带班班长说，把J师傅调走了，到别的组里。（WDB-20170120052）

类似于H师傅这样的工人之所以成为包工队内的次核心工人，一般也是由于其具有一定的技术功底或者广泛的人脉。对于次核心工人的发现，我们了解到即使在同一包工队内，也存在不同的小群体，其形成一般是由于更加密切的同乡关系，或者"人带人"的工地进入途径引致的"抱团式"互相帮助。

边缘工人一般是比较松散的，技术一般的工人，如建筑工地上普遍存在的"小工"，他们所从事的工作技术要求低。实际上边缘工人的流动性在包工队内也是最高的，这一方面是他们从事的低技术工作导致其容易以极低的成本被包工头替换，另一方面边缘工人更容易感受到剥削和相对不公平，从而引致其主动换工。

2. 控制：诉诸契约和恩惠的包工头

包工头是建筑行业中具体劳动过程的实际组织者和管理者。包工头是一个约定俗称的称呼，2005年，建设部曾发文要求用三年时间取消包工头的称呼，代之以"劳务带头人"。笔者在田野调查中发现，农民工往往称呼包工头为"老板"，如果实际劳务分包中有一层以上的分包，则会用大老板和小老板分别称呼之。包工头在工地政治中是斗争网络中的一个关键节点,是农民工与资本方的中介和资本施加控制的代理人,是实际劳动过程的组织者和管理者。

在现实中,农民工与包工头之间、与项目管理方之间,都极少签订正式的书面合同,一般是口头约定,由包工头和农民工之间的信任关系维系生产过程,同时,国家越来越严厉地处置拖欠农民工工资事件,使得这种相互信任和隐形契约有了更好的基础。在正式制度和契约文本缺位的情况下,包工头如何在"孤岛"之中实现对农民工的有效控制呢?沈原、周潇给出的答案是"关系霸权",[①]即包工头利用被带入劳动现场的先赋社会关系,将其作为可供利用的资源纳入权力结构,形成的一种独特的权力形态。

然而,在田野调查中,笔者观察到,包工头对于农民工的控制策略的出发点并不是先赋社会关系本身,而是在劳动现场中的临时隐形契约,以及自己作为管理者、组织者对于农民工的恩惠。

包工头虽然倾向于避免跟农民工签订正式合同,但认为工地生产中自己和农民工之间仍然是一种隐形契约关系,农民工必须服从自己管理,包括日常生活管理、生产现场指导和生产场所之间的调动等。包工头通过对隐形的契约的运用,取得了农民工的认同,这种认同不必是对包工头的忠诚,而是对于建筑工地中普遍适用的规则的认同,就如一位 G 师傅所表述的。

> 在哪里做活儿都有这些规矩,你不能坏了规矩嘛。(GNB-20170120042)

这种契约包括丰富的面向,大部分是建筑业包工队中的普遍潜规则,如年尾或者工程完成才发付工资、"给一个老板干活,不是给这个工地干活"等,前者会导致包工头长时间掌握农民工工资,从而使农民工感受到无形的压力,"毕竟没拿到自己手里,就不踏实嘛",后者意味着,当老板

[①] 沈原:《市场、阶级与社会:转型社会学的关键议题》,社会科学文献出版社,2007;周潇:《关系霸权:对建筑工地劳动过程的一项田野研究》,硕士学位论文,清华大学,2007。

第六章 "孤岛"政治：建筑业农民工的市民化

其他工地承包的工程缺人手或者赶工期要求调动人力时，被调动者应该无条件地服从。农民工对于隐形契约的认同是包工头成功组织劳动过程的关键。

而恩惠是指包工头对于农民工的庇护，恩惠不一定在每一个农民工那里都能取得共识，对于在包工队权力架构中越靠上的个体，恩惠能带给包工头的权力资源越多。包工头是否会利用"关系霸权"来进行控制呢？基于笔者的田野观察，在一定程度上是有的，但更多的是包工头施行恩惠和庇护在先，之后再利用业已成为事实的恩惠，建构包工头-工人之间的不对等关系，利用农民工身上的乡土文化特质和对人情的理解来达成控制，如"老板照顾了你，你多少也要报答下，有工作就尽量干好，多听安排"此类。先赋的社会关系，如果缺少不断注入的恩惠和庇护，则很快被消耗，从而导致关系的疏远，甚至是排斥和对抗。

> 我跟你出来做事，都是老乡，你都不照顾，那我跟别人做也还是一样的，我跟别人做，涉及什么事我也好开口商量，太熟了我也不好要求太多。你不主动多照顾点，哪个跟你做事，都一样的。（GNB-20170120042）

对于包工头来说，关系有时候是其刻意规避的，如W老板所说：

> 现在过来找我做活的，亲戚啊、朋友的孩子啊，关系越铁我越不敢让他们来了，一个是来了不好管，做不好我说两句，回头就跟他家里人说，以后见面就不好处。以前有这么个事儿，我一个发小，小子不上学了跟我干活儿，跟我这儿一口一个叔，叫得很亲，脏活累活儿不愿干，轻巧活儿嫌钱少。到我屋里，他也不用我让，随便拿烟，不好管。你说都这个样子我怎么挣钱嘛，让他走又抹不开他父亲的面子。再一个是，工地上毕竟危险，出个啥事我不好交代。（WDB-20170120052）

农民工也可以将关系作为博弈资源，从而对包工头的管理造成挑战。在实际田野中笔者观察到，包工头有意识地寻求一种清晰的共识，即包工头和工人，不论先赋的社会关系如何，在工地中最好单纯的是一种管理和被管理的关系。人情会增加管理的成本，关系会导致权威的削弱。

3. 反抗：诉诸人情和关系的农民工

在工地的"孤岛"中，相比包工头，农民工更加意识到除了同乡群体外，抗争行动的孤立无援。"孤岛"困境更加表现在，当农民工在面对日常劳动过程中的控制时，其反抗和博弈受制于其乡土文化惯习，而缺乏相应的身份、意识去诉诸法律，也无法像工厂中工人一样，依靠第三方力量，如工会等来实现权益的维护。对于控制和剥削的知觉以及身处城市"孤岛"中的孤立无援在农民工身上交织，共同形塑了他们基本的日常抗争策略：诉诸人情和关系。只有出现拖欠工资、关于工伤事故赔偿问题等情况时，日常的抗争策略失效，农民工才会寻找国家力量介入。

T师傅做木工多年，其"手艺没的说"，工地上的工作虽然与做家具有很大不同，但是更加简单，只是需要重复性的劳动，他的叔叔今年58岁，体力稍差，因此对工地上的劳动强度不能很好适应。在一段时间的工作之后，其叔叔每天的工作量明显少于其他人，班组长向老板反映了此事，老板在某一日下工后，到了他们的工棚里，试图劝说其叔叔放弃这个工作。

> 老板说的是很客气，T师傅年纪大了，继续干这个活儿，体力吃不消。意思就是嫌我干不动了撒，我就跟他说："老板哪，我过来是我这个大侄子带过来，来之前，我也担心干不干的了，我大侄子就说老板好，不会挑我这个慢的事撒，工地上木工活计又不赶，就说冇得问题，我一想，我大侄子跟了你快10年，在家里老说你好，我那个叔伯孙子娶媳妇儿，就前年吧，盖房子，老板你还主动问钱够不够，这个事儿我晓得，我当时就提了，我说那你们肯定关系冇得问题，带我一个，我慢点也不会怎么样。"老板就说："这个关系是这样的，老T跟我好多年，大家也算是一家人，我就跟F班长说，以后慢点就慢点，咱不出安全事故就算是好。"这个事才算过去。你看，出门在外，冇得这层关系，谁这么照顾你嘛！我这个岁数去别的工地，哪个肯讲人情。（TFH-20170409058）

T师傅的叔叔在面对被辞退的危险时，并不是诉诸外在的国家力量如法律，而是求助于关系的力量，求助于人情。农民工对工地微观政治运行规则中关系和人情的利用，是基于其理解的，而这种理解又来自乡土文化特质在他们身上的内化。本书想要探讨的并不是农民工在建筑工地日常反抗的具体行动，而是试图寻找行动策略背后所隐含的逻辑，即对于漂流在城市中一个个孤岛之中的这一事实的知觉和意识，是如何对其反抗策略构成影响的。作为控制-抗争过程的对立主体，包工头依靠共识性的隐形契约和恩惠进行管理，而农民工的对应策略却并非出自同样的考量，他们将乡村的人情法则移植到工地之中，带入劳动过程和日常生活之中，以人情和关系为起点，理解、解释每天在工地上发生的互动背后的逻辑，受限于"孤岛"困境，他们不得不在工地微观政治中将反抗诉诸此种方法。

五 关系建构与建筑业农民工的市民化

（一）社会身份区隔

建筑业农民工的社会身份和职业之间的分割造成了他们的尴尬地位。他们从事着辛苦而危险的工作，缺乏应有的市民权益。工地工人的关系网络之所以在生产现场和劳动过程中未被消除，反而得到强化和再生产，在一定程度上是农民工社会身份的区隔导致其对于各种关系网络的极强依赖。

> 干我们这一行的，只要肯干，工资不会少，但就是危险性大，我以前有个工友，跟我一起挖桩的，有一次，他在井底加固井壁的时候，一块大石头砸下来，砸中了他的背和腰，后来送到医院治疗，那黑心的老板说这是我们自己不小心造成的，不给出医药费，要我们自己负责，气死人了，项目部的人也跟那老板一伙的，根本没地儿去说理的，还好人没得大碍，不然非跟他闹破天……说到底还是跟那个老板不熟，没怎么接触过，要熟悉的就好了，所以之后我们都是跟熟悉的老板合作搞工程，这样有保障些。（LJX-20160715052）

> 像我们多数都有工伤保险的,你知道我们行业工作的危险性大嘛,其他的,还有少数有医保,但也不多,所以我们生病了基本很少去医院,(身体)能扛就扛,扛不住了,自己买点药解决。(YB-20160809034)

我们可以发现,社会身份的区隔使得路桥建设业的工人们无法寻求各种制度性的保护渠道来应对工作中的纠纷和其他问题。无论在工作性质、社会保障还是在政治权力上,工人都处于绝对的劣势地位。如此,工人与工人间、工人与老板间的各种社会关系网络就成为工地上工人规避各种风险的重要屏障,他们通常借助非正式的关系网络来解决工作和生活中的问题或争端。由此,原有的关系网络在诸多问题或冲突的解决中得以强化和再生产,使得包工头与工人之间的庇护-依附关系模式成为可能。

工地上管理的随意性和变动性比较强,其管理往往依据具体情况具体安排,这种弹性的工作组织方式为专制剥削的管理支配形式设置了界限,亦为各种关系的运作提供了平台和条件。在施工中,要完成一项大工程,往往需要不同工种工人之间的分工协作与密切配合,这本身即有生产中功能性互补的作用,加之有诸多初级、次级关系网络作为自然的关系纽带,给工地的生产秩序营造了良好的环境和氛围,在一定程度上实现了机械团结与有机团结的结合。可以说,这种弹性的工作组织方式催化了工人之间各种关系的运作,促成了工地上庇护-依附关系模式的形塑。

(二) 进退两难的城乡处境

对于农民工群体而言,他们的社会处境不容乐观,体现为在城乡之间进退两难:他们既无法真正融入城市生活,亦不愿放弃城市的工作再退回乡村。这种两难处境使得农民工对于各种关系网络的依赖加深。

在城市融入方面,建筑业的农民工面临着不小的困境。他们虽然出于工作的需要奔波于城市的各个地方,但是更多情况下是待在工地,很少走出工地来切实感受城市的生活和文明。一是工地上的工作十分辛苦,所以工人下工后很少有其他娱乐活动,一般是跟其他工人聊聊天之后就休息,以保证第二天工作的体力和精力。二是农民工出工地后往往会受到来自城市居民的歧视,因而跟城市居民的生活交往是缺乏的。

第六章 "孤岛"政治：建筑业农民工的市民化

> 我们很少跟外头人（城市居民）交往的，你一个外乡人，在城市里没啥关系的，谁跟你来往啊……我们都有自己的圈子，一般跟自己工友交流比较多，关系比较好，有时候会一起出去玩，但不常去，因为工作比较累，晚上不早点睡第二天上工精力会不足。（HXJ-20160811023）

建筑业的农民工既不兼容于城市社会，亦不愿放弃城市活计再返回乡村。

> 既然出来就没想到再回去，外头还是好些，能挣到钱撒，在我们老家现在谁还种地撒，且不说现在很多年轻一辈儿的不会种地，就是我们这批人，如果又回去（家乡）了，不是身体有毛病就是没得本事……S哥就是我们村的榜样，出去闯出自己的一片天地了，能跟他干我还是怪有运气的，大家原来就这么熟了，只要我跟他好好干，还怕混不出来？（HXJ-20160810023）

进退两难的城乡处境，使得农民工尽可能地利用现有的各种社会关系网络来找工作并寻求更好的发展。由此加深了农民工与包工头之间的庇护与依附关系。

（三）突破城乡二元格局

建筑工地的劳动过程与工厂体制的区别是非常明显的，布雷弗曼和布洛维着力指出的去技能化和科学管理体制，如泰勒制、福特制等在工地劳动现场都难寻踪迹。布洛维在分析霸权体制时指出的"赶工游戏"和"制造甘愿"等也只微弱地存在于建筑行业，其原因与建筑业本身的产业特殊性密切相关，但更多的则是由"农民工进城"这个宏大历史事件造成的，城市和乡村的多维度二元差异在农民工身上交织，建筑工地成为一个临时容纳乡土文化特质的"孤岛"，与周围的其他城市景观和规则格格不入。对于农民工来说，工地之外的城市像是"孤岛"之外的"汪洋大海"，他们既无力泅渡，也无意深涉。

因此，我们可以从"限定的场域"看待工地中的"孤岛"政治，"孤岛"承载的是一个临时的生产共同体，其中，包工头通过施予恩惠为农民工提供了一定程度的庇护,这既是包工头维持工地劳动力数量的一种必要手段,包工头也通过农民工基于生存理性的行动策略,得到了他们主动让渡的管理权,两者之间建构出一种"庇护-依附"的人身关系,也使得工地中的临时生产共同体得以维持。

发生于其中的控制-抗争过程,则带着深深的乡土烙印:首先,包工头的控制策略不同于工厂体制中的科学策略,其是依靠共识性的隐形契约对农民工进行约束,通过不间断地施加恩惠来获取农民工的忠诚,而不是不断消耗先赋社会关系;其次,农民工斗争策略的来源是其对人情规则的理解和运用。

费孝通在《乡土中国》中指出传统乡村中农民建构社会关系的差序格局,实际上是以个体为中心,通过血缘、地缘的社会距离来确定社会关系的远近亲疏,社会结构之所以可能,也是由于"推己及人",实质上还是一种个人中心主义的社会建构。差序格局是乡土文化特质中极为重要的一部分,也侧面反映了一个社会事实:关系和人情在传统乡土社会中,对于农民各种社会行动具有基础的指导和形塑作用,决定了他们策略的基本选择逻辑。

笔者认为,以往关于建筑工地的研究,在一定程度上是缺乏对于工地微观政治的总体性把握的。我们发现,在工地之中,包工头和农民工之间既存在"庇护-依附"的共生关系,也存在"控制-抗争"的斗争过程,而这交织的两个过程又都受限于"孤岛"的困境,难以突围。事实上,我们可以断言,无论哪一个建筑工地在劳动过程中都不可能只有"控制-抗争"关系而没有"庇护-依附"关系,反之亦然。在一定程度上说,本书脱离了劳动过程的经典话语,认为"庇护-依附"关系对于理解建筑工地的"孤岛"政治是同样重要的。

有赖于20世纪70年代布雷弗曼的开创性工作和之后布洛维等学者的研究,劳动过程的概念和理论不断发展,逐渐成为20世纪80年代以来劳动领域研究中最有解释力的理论之一。劳动过程理论家的考察主要面向资本主义大型工厂,一部分研究将之扩展到小型企业、酒店[①]和服装业中。

---

① 何明洁:《劳动与姐妹分化——"和记"生产政体个案研究》,《社会学研究》2009年第2期。

第六章 "孤岛"政治：建筑业农民工的市民化

多数学者针对不同生产场域的研究呈现越来越多元的主体性的分化，并且分析的面向不同程度地偏离了以"生产为中心"的劳动过程理论经典传统。将劳动过程的概念和理论用于不同产业的后果之一，即不同产业之间生产方式和具体劳动形式的巨大差异被忽视。

有学者认为工厂车间之外的劳动过程必然地将保持以技术为基础的管理，而损失资本主义生产的效率。阿培波（Applebaum）分析了建筑业的特殊性、地方性、非标准化、工作的期间性和不确定性，基于建筑生产过程的不可预测和不确定，科层制管理的控制形式显然难以胜任，因而建筑工人对于劳动过程享有一定程度的控制权。[①] 在赵炜看来，除去建筑业本身的产业特殊性之外，中国建筑行业严重依赖"分包制"的管理体制、农民工构成建筑工人的绝大多数，这两方面的因素导致生产现场管理混乱、生产关系复杂的状况，构成建筑业劳动过程本土特殊性层面。[②]

建筑业劳动过程的双重特殊性为我们理解建筑工地作为一个"孤岛"提供了产业本身特性层面的解释，沿着中国本土的特殊性引致因素的分析面向，我们可以继续进行讨论：都是哪些结构性因素在形塑中国建筑工地中独特的劳动图景，并建构出城市中的一个"孤岛"呢？我们认为，最根本的原因仍然需要到城乡二元差异中去寻找，而城乡二元差异，同样包含多种面向，这些面向共同导致了农民工与城市产业工人迥异的生产面貌。

[①] Applebaum, H., *Construction Workers*. Westport: Greenwood Press, 1999.
[②] 赵炜：《"双重特殊性"下的中国建筑业农民工——对于建筑业劳动过程的分析》，《经济社会体制比较》2012 年第 5 期。

第七章

新型劳动的时间控制
与新型劳动者的自主性困境[*]

大数据、互联网等新技术手段的运用使得新的工作模式应运而生,资本主义传统工厂体制的生产模式被不断解构,拓展出诸如平台经济等多种模式。与传统生产模式相比,新的生产模式在"空间"和"时间"两个维度都呈现新的特征。从空间维度上来说,平台经济的弱空间依赖性,使工人的工作场景不再仅仅局限于传统的"工厂体制",而是摆脱了工厂物理空间的束缚,进入一个相对自由的环境之中。从时间维度上说,与传统工业生产的精细时间管理模式不同,依附于平台的劳动者们不用严格遵守"朝九晚五"的上班打卡制度,可以自主决定工作时间段,似乎在劳动时间的安排上享有了较之传统工人更多的自由。这样的工作特点吸引了一批以中青年男性为主体、面临较大家庭压力的进城打工者,在个体化进程中,"为自己而活"的意识浸透于他们的头脑中,他们不愿受别人管束、渴望自己说了算,自己决定自己的生活。现实情况却是,不时有骑手为赶时间送餐而遭遇事故、骑手送餐不准时遭辱骂之类引起社会热议的新闻报道。这种看似能自由掌握工作时间的劳动为何不能达到实际效果,反而加剧了工作中的时间紧迫感,从而产生了更大的工作压力和更高的工作强度呢?对这一问题的回答或许正是我们去探索新的劳动时间特质,并进一步追问在新技术背景下劳动时间的控制手段与工人劳动自主性的突破口。

---

[*] 本部分内容以《新型劳动时间控制与虚假自由——外卖骑手的劳动过程研究》为题,在《社会学研究》2020 年第 6 期发表。

第七章　新型劳动的时间控制与新型劳动者的自主性困境

一　劳动时间研究的历史线索

在前工业化时代，人们大多从事农业劳动，劳动时间在很大程度上依赖于自然时间。劳动时间是顺应生产需要，遵循自然规律的产物，较少涉及时间的社会含义。随着工业化时代的到来和钟表的发明及应用，时间安排逐渐被理性化的劳动时间制度所取代，劳动者则逐渐被规训于标准化的时间结构之中。[1]

在《资本论》中，马克思首先展开了对工业化劳动时间的分析。他认为"时间的原子就是利润的要素"，工人劳动的计量方式与时间是息息相关的。作为劳动过程理论的开创者，马克思将"劳动时间"看作揭示资本家剥削工人剩余价值的一个十分重要的元素，时间权力的争夺是影射资劳双方斗争的一个重要场域，[2] 无论是对工业社会产业工人的研究，抑或是对以服务和信息为核心生产要素的后工业社会劳动者的研究，"劳动时间"都是劳工社会学者回避不了的话题。在劳动过程的理论话语体系下，依据资本主义发展阶段的时间序列，资劳双方关于劳动时间权力的争夺分别围绕着劳动时间的量、劳动时间的质及劳动时间的灵活性来进行。

在早期的自由竞争资本主义阶段，作为绝对剩余价值获取的源泉，标准工业化时间结构下的工作日长度历来就是资方控制和工人抗争的焦点。为尽可能地延长工人的劳动时长，以增加劳动的外延量，[3] 资本家寄希望于无限度地延长劳动日，并企图"零敲碎打地偷窃"工人的吃饭时间和休息时间。为保证昼夜不停地榨取劳动力，资本家开发出日工和夜工的换班制度，其结果是工人异化为人格化的劳动时间，"一切个人之间的区别都化成'全日工'和'半日工'的区别了"[4]。这些贪婪的做法让工人不堪

---

[1] Thompson, E. P., "Time, Work-discipline, and Industrial Capitalism," *Past and Present*, 1976, 38.

[2] 郑作彧：《社会的时间：形成、变迁与问题》，社会科学文献出版社，2018，第134页。

[3] 《资本论》（第一卷），中共中央马克思恩格斯列宁斯大林著作编译局译，人民出版社，2004，第297页。

[4] 《资本论》（第一卷），中共中央马克思恩格斯列宁斯大林著作编译局译，人民出版社，2004，第281页。

重负，阶级矛盾不断激化，以英国为首的欧美国家爆发了大大小小的反对工作时间的罢工运动，工人们为争取缩短工作日而不断努力，[1] 国家也为寻求确定工作时间的固定时长在两大阶级之间进行调和，以保证法律规范可以将工作日的长度限制在一定的范围之内，于是在 19 世纪 30 年代前后，工作日的长度开始呈现下降趋势。

进入垄断资本主义阶段后，关于劳动时间量的争夺逐渐趋于稳定，1919 年，国际劳工组织通过第一号条约，将工业领域的劳动时间限制为天工作时长不超过 8 小时，周工作时长不超过 40 小时。然而，资本家对缩短劳动时长的默认不仅以先进生产力提升了劳动效率、增加了相对剩余价值为基础，还在于通过科学的管理方式提升了劳动的内含量，劳动时间的质的意义被凸显。资本主义劳动过程理论的复兴者布雷弗曼在《劳动与垄断资本》一书中对此进行了详尽的分析，劳动过程以时间为节点的细分，单位时间内快节奏、高强度的标准化生产为资本创造了剩余价值，而工人则被迫提升了单位时间内的劳动强度和紧张程度，[2] 劳动过程实现了"概念"与"执行"的分离。与布雷弗曼所认为的工人被迫提升劳动时间质的意义观点不一致的是，布洛维在同一时期工人的主体性意识中，发现了工人在将劳动力转化为劳动的过程中体现出的主动合作意愿，他认为工人为了取得"赶工游戏"的胜利，自愿提升劳动强度，并通过维持与车间检验员、工头等角色之间的关系，为自己争取劳动时间并提升劳动效率以促成超额。[3]

自 20 世纪 70 年代开始，发达资本主义国家步入后工业社会，[4] 消费者参与到劳动过程中。泰勒制的劳动分工和严格的管理控制被解除，转而赋予工人高度自主的控制权，使得他们能灵活应对生产过程中的各种不确定的状况和顾客动态而多样化的消费需求，"概念"和"执行"在一定程度上重新得到了统一，这在诸如服务、创意、时尚行业表现明显。在服务

---

[1] Brody, D., "Time and Work During Early American Industrialism," *Labor History*, 1989, 30 (1).

[2] 哈里·布雷弗曼：《劳动与垄断资本》，方生等译，商务印书馆，1979，第 42~54 页。

[3] 迈克尔·布若威：《制造同意——垄断资本主义劳动过程的变迁》，李荣荣译，商务印书馆，2008，第 63~99 页。

[4] 丹尼尔·贝尔：《后工业社会的来临》，高铦等译，江西人民出版社，2018。

第七章　新型劳动的时间控制与新型劳动者的自主性困境

行业中，顾客需要成为提供服务劳动的核心，因而在和记酒楼中分化出了"大姐"与"小妹"两种不同的性别消费，[①] 在"劳动者-资方-顾客"的三元关系框架下，消费者与资本合谋又分离的特点为劳动者的个人自主提供了空间[②]。虽然这种统一在一定程度上体现了工人劳动过程控制权的回归，但这并非意味着资方放弃了劳动时间的控制权，相反资方依旧通过各种方式不断向劳动者施压，以保证自身的时间权力。比如在家政服务业中，资方通过时间管理对劳动者进行规训，控制劳动者的时间以夺取劳动过程的主导权；[③] 又如在互联网行业中，资方以项目的形式规定了劳动任务及完成时间，而项目的设定本身就蕴含了巨大的时间压力[④]。我们可以看到，关键的时间权力依旧掌握在资方手中，同时，劳动时间在质的方面初现了对工人自主性进行强调的端倪。

随着生产力的进一步发展和技术的更新，电子设备的应用使远程办公成为可能，时间和空间的不断去同步化带来了广泛的社会转变，[⑤] 传统的标准化工业时间呈现多样化、分散化和个人化的倾向，[⑥] 弹性工作时间等新型的劳动时间制度开始出现，[⑦] 新型劳动时间所体现出的共同特征即工人能自行掌控工作时间，[⑧] 于工人而言，劳动时间的灵活性明显增强。劳动时间灵活性的出现，更好地适应了个体化时代劳动者自主意识的增强和对追逐劳动时间自由的强烈诉求。随着互联网技术的发展，平台劳动逐渐进入人们的视野，灵活的劳动时间在平台劳动中被广泛运用，并引发了研

[①] 何明洁：《劳动与姐妹分化——"和记"生产政体个案研究》，《社会学研究》2009 年第 2 期。

[②] 李晓菁、刘爱玉：《资本控制与个体自主——对国内空姐情感劳动的实证研究》，《妇女研究论丛》2017 年第 5 期。

[③] 苏熠慧：《控制与抵抗：雇主与家政工在家务劳动过程中的博弈》，《社会》2011 年第 6 期。

[④] 梁萌：《技术变迁视角下的劳动过程研究——以互联网虚拟团队为例》，《社会学研究》2016 年第 2 期。

[⑤] Glennie, P., Thrift, N., &Reworking, E. P., "Thompson's 'Time, Work-discipline and Industrial Capitalism'," *Time and Society*, 1996, 5 (3).

[⑥] 森冈孝二：《过劳时代》，米彦军译，新星出版社，2019。

[⑦] Steward, B., "Changing Times: The Meaning, Measurement and Use of Time in Teleworking," *Time and Society*, 2000, 9 (1).

[⑧] Rosenblat, A., & Stark, L., "Algorithmic Labour and Information Asymmetries: A Case Study of Uber's Drivers," *International Journal of Communication*, 2016, 10.

究者的讨论，它在驱逐了传统劳动的枯燥和不自由的同时，也增加了劳动强度和劳动过程中的不安全性因素，同时，低微的收入也大大降低了灵活性所带来的优势。[①] 通过以上分析我们可以发现，享有劳动时间的灵活与提升劳动时间量、质的内涵之间并非二元对立的关系，赋予劳动者以工作时间段的灵活并不意味着资本主动出让了劳动时间的控制权，相反地，资本以赋予劳动者工作时间灵活性的方式换取了劳动者的"甘愿"和对劳动者超越劳动时间的多方位剥削。但是，"甘愿"不等于满意，灵活也并不意味着自由。

回顾已有劳动过程理论对于劳动时间问题的研究，其研究轨迹依循着时代变迁大致体现出了以下三个方面的转向。一是从对劳动时间量的研究转向对劳动时间质的研究再转向对劳动时间灵活性即劳动时间段自主支配权的研究。早期的自由竞争资本主义时期，资劳双方的争夺是围绕着劳动时间的量进行的；垄断资本主义时期，目光聚焦到以劳动强度为代表的劳动时间的质；后工业社会时期，则转向了对工人自主性的强调。二是从忽视劳动者主观意识转向引入劳动者主体意识。三是从劳资双方二元视角转向劳方、资方和消费者三元视角。探寻劳动时间的历史线索，在这三个转向中我们可以发现，随着资劳双方控制与抗争的持续，劳动时间的争夺面向被不断拓展。同时，在不同的历史时期，虽然劳动者在不断地进行抗争，但劳动时间总是作为配合资方进行劳动控制的角色出现，不管是延长劳动时间、提升劳动强度，抑或是在服务业中为了满足顾客消费需求而使劳动时间逐渐灵活化，其目的都是资方以掌握劳动时间权力的方式赢取了劳动者的剩余价值。

诚然，这些研究为我们理解劳动时间及其变迁提供了很好的基础，但是，在平台经济条件下，突破了传统的工业化标准劳动时间的新型劳

[①] Russell, H., O'Connell, P. J., McGinnity F., "The Impact of Flexible Working Arrangements on Work-life Conflict and Work Pressure in Ireland," *Gender, Work and Organization*, 2009, 16 (1); Atkinson, C., & Hall, L., "Flexible Working and Happiness in the NHS," *Employee Relations*, 2011, 33 (2); Wood, A. J., Graham, M., Lehdonvirta, V., et al., "Good Gig, Bad Gig: Autonomy and Algorithmic Control in the Global Gig Economy," *Work, Employment and Society*, 2018, 33 (1); Flanagan, F., "Theorizing the Gig Economy and Home-based Service Work," *Journal of Industrial Relations*, 2019, 61 (1).

第七章 新型劳动的时间控制与新型劳动者的自主性困境

动时间制度所呈现的灵活性到底意味着什么？已有研究虽然对新兴劳动时间的灵活性特征予以了关注，但都紧紧围绕劳动时间的灵活性进行了一种浅尝辄止式的利弊分析，而没有进一步挖掘灵活性背后的新型劳动时间控制方式和资方的意识形态，因此，也难以回答在有消费者广泛参与的平台经济中，资劳双方在对劳动时间控制与反控制过程中所反映的自主性与自由权问题。要回答这一问题，只有将劳动者带回分析的中心，[①] 对新型劳动时间制度及工人的劳动过程展开深入的研究，以解释工人所获得的劳动时间"自由"的性质，阐明自由选择工作时间与受控的闲暇之间的矛盾。

笔者于 2017 年 10～12 月、2018 年 3 月和 2019 年 10 月先后三次进入隶属饿了么旗下的 E 站点展开调查。[②] 由于我们的研究主题是解释平台经济中劳动者所获得的劳动时间"自由"的性质，需要从平台的管理规则和骑手对规则的理解和执行中进行特征上的归纳，各个站点在劳动时间秩序上是同质的，因此，任选一个站点进行观察就能窥见该区域整个外卖行业的时间秩序。同时，E 站点具有一定的典型性，它位于某中部省会城市中心商圈，所在的 J 街道是 W 市外卖配送行业的发展源头，自 2014 年饿了么入驻 W 市以来，E 站点就一路见证了饿了么在 W 市的发展历程，该站点所在区域外卖需求量较大，骑手数量较多。因此，选择该站点作为田野观察点，能够较为历史和全面地反映该行业的劳动特性。

[①] Burawoy, M., *The Politics of Production*. London: Verso, 1985, pp.5-12.
[②] 本章基于一个个案的田野调查。通过对外卖专送站点——E 站点的调查，把研究问题放置在时空背景中进行考察。具体调查方法以访谈法为主，这一方面是由于研究内容涉及主观情感认知、具体劳动过程，采用质性研究的方法易于获得深入、细致的内容；另一方面则与研究对象分布相对分散、小众的特点有关，采用个案访谈的方式相对灵活。考虑到受访者理解、配合程度的差异性，在与其交流过程中以半结构式访谈为主。访谈内容既包含需受访者回答的关键问题，也包括受访者自由阐述的开放式问题，还包括部分依访谈对象特性而增加的问题，如一些依访谈进展判断出的具有深挖价值的问题。同时，我们也对站点的劳动秩序与运作方式进行了考察。调查遵循三个基本原则：首先，要拓宽理解"社会"的眼界，从骑手的工作和生活细节入手，自下而上地洞悉站点日常的管理和运行，以见微知著的方式去探寻外卖平台劳动的整体特征；其次，注重骑手的自我讲述，挖掘隐藏在时间"褶皱"之后的关键信息，它们通常能够反映出"具体而微"的劳动关系与权力结构；最后，通过"扎根理论"的方式来建构"虚假自由"的命题，以此推动理论的丰富与更新。

在田野观察期间，笔者依据婚姻状况、入行时长、工作经历、文化程度等特征，从中筛选出12位骑手和2位专送站长进行深度访谈，以尽可能涵盖更多具有异质性特征的研究对象。同时，对其中的5位骑手进行了多次回访。

二 劳动时间秩序与骑手的劳动选择

随着互联网的快速发展，O2O[①]作为一种新型消费模式迅速占领市场，网上订餐成为常见的消费方式。网上订餐平台整合了线下餐饮品牌和线上网络资源，用户可以通过手机在线订餐。网上订餐平台从兴起到现在，因其方便、快捷等特征，得到了消费者的认可。这一部分笔者将对W市外卖行业的基本情况进行介绍。

（一）外卖行业的两种劳动秩序

外卖平台管理骑手的方式有线上和线下两种模式：线上管理主要表现为设置各种劳动规则来约束或激励骑手；线下管理采用站点管理制，即在一定的区域范围内设置配送站点，招募管理人员对该区域的骑手进行管理。在W市的外卖行业中，存在两种基本的劳动秩序：一是专送；二是众包。两者的根本区别在于骑手与站点之间的关系紧密程度，专送站点对骑手进行直接管理，如每日晨会、硬性的上线时间段、事故或异常情况处理、制定订单单价等；众包骑手只需下载App完成注册即可加入，不直接对众包站点负责，众包站点对骑手实施间接管理，其职责是分析区域内的骑手跑单数据，并依据数据适时调整App内的劳动规则，如订单单价、配送时长、奖励和惩罚机制等。

在W市的外卖行业兴起之初，专送模式主导了W市的外卖配送，众包骑手比较少见，也不为平台所重视，被称为外卖行业的"野战军"，因不受站点管理，时间比较自由，他们大多经营着自己的主业，送外卖只是

[①] O2O是Online To Offline，从线上到线下的意思。O2O模式是指线上购买带动线下运营、消费，商家通过打折提供服务信息等方式把线下门店的活动消息告诉线上的用户，将这些用户转换为自己的线下用户，促使其去门店消费和享受服务。

一份兼职。随着外卖市场的变化，不少全职专送骑手看重众包劳动自由程度更高的优势，转而做众包骑手，致使众包逐渐占据了 W 市外卖配送的半壁江山。虽然众包与专送相比，骑手不直接受站点管理，劳动自由程度更高，但在劳动时间上，平台为保证用餐高峰时间的足够运力，在线上推出各种限制活动使得众包的劳动时间与专送趋于一致（如不在规定时间上线则会遭遇罚款或损失奖金），就本书所关注的劳动时间议题来看，专送与众包的差异并不明显。同时，专送制度在外卖行业的组织生态和利益链条比众包更为复杂，为了在更加全面的背景中呈现外卖行业的劳动时间制度，本书的讨论主要围绕专送模式来展开。

（二）专送平台的组织生态及利益分配

外卖平台为了降低管理的难度，通过平台渠道部将配送业务承包给代理商。在 2017 年以前，饿了么平台在 W 市设置了总代理岗位，这些总代理类似于"包工头"的性质，他们先将配送业务从平台那里承包过来，再分包给更小的代理商，由这些小代理商执行招募骑手和配送订单等具体工作。但是由于层层分包会增加运行管理费用，加之小代理商的质量参差不齐，配送品质难以保证，于是，平台在 2017 年调整了承包策略，不允许 W 市的总代理再将配送业务进行二次甚至三次分包，总代理公司只好自行招聘站长下派到各个站点，亲自管理各专送站点的日常运行。自此，整个 W 市的平台配送组织架构呈现扁平化的特征。

为了更有效地实现对众多代理商、站点以及数以百万计的骑手的管理，计算机技术辅助下的数据考核是行之有效的管理模式，在饿了么平台的组织架构中，围绕 KPI 形成的绩效考核构成了整个管理体系的核心内容，依据代理商和站点职责的不同，平台设置了不同的 KPI。这个指标体系并非一成不变，而是随着顾客需要和市场变化进行一月一次的灵活调整。平台对代理商和站点的考核频率为每半个月一次，对代理商的考核以其旗下各个站点的总体数据为依据，考核的结果影响代理商从平台获得的配送费的多寡。对站点的考核是依据考核结果将站点分为五个等级，以等级来对每个站点实施奖惩，奖惩的金额也是动态调整的，大致来看，按照站点评级的不同，一、二、三级站点每单有 0.3～1 元不等的奖励，四级站点不奖不罚，五级站点每单罚款0.8元，但是在严格的考核体系下，一、二级站点如凤毛麟角，大多数站点只能争取到微薄的奖励，也有站点会遭遇罚款。站长的工资体系由基础工资加上奖惩金额构成，与考核指标直接挂钩。因此，平台设计的以KPI为核心的管理模式极大地激励了站长和代理商尽力配合平台的规则。

外卖行业的绝大部分收入都来自消费者点单的费用，这笔费用汇聚于平台，再由平台统一进行分配。从整个组织架构来看，依托于灵活变动的KPI考核体系，作为甲方的平台无疑掌握了整个行业的话语权，可以任意制定或改变游戏规则，并强硬地要求代理商、站点执行。作为服务行业，外卖平台唯一需要考虑的就是消费者的需求，如何迎合消费者的需要为其提供满意的就餐体验是平台设计KPI的初衷。订单送达时效是许多消费者点外卖时的重要考虑因素，这直接导致该行业从出现在大众视野中时就是一个极讲求时效性的行业，所以KPI的设计主要围绕超时、投诉、差评、骑手出勤率等来进行，这些因素大多与劳动时间息息相关，使得整个行业的劳动秩序都紧紧围绕着劳动时间而建立。值得一提的是，KPI虽然是用于考核代理商和站点的，但是数据的来源却追溯到骑手的跑单情况上，平台专门针对骑手设计的规则会反映到骑手的跑单App中，平台、代理商和站长三方的利益统一于对完美数据的期待，最终，线上有平台发布的针对骑手的劳动规则，线下代理商和站长基于KPI考核而对骑手进行管理和督促，配送压力集于骑手一身，使得骑手的劳动过程体现出及时、快速的特征。

（三）之所以成为骑手——基于"自由"意义的劳动选择

依据饿了么蜂鸟配送发布的《2018外卖骑手群体洞察报告》，骑手的平均年龄为29岁，"85后"和"95后"是骑手的主力军，他们中的77%来自农村。从这些特征来看，他们中的绝大多数隶属新生代农民工群体，随着近年来外卖行业的迅猛发展，越来越多的青年农民工加入骑手的行列。为什么外卖行业能吸引到这么多新生代农民工的加入呢？我们应该从他们的群体特征和外卖送餐业的行业特性中来寻找答案。

对于新生代农民工的群体分析，学术界已有丰硕的研究成果。谈到新

第七章 新型劳动的时间控制与新型劳动者的自主性困境

生代农民工群体,难免会与老一代农民工进行对比,在代际比较中,新生代农民工群体在职业选择、生活方式、价值观念、情感归属等方面均呈现明显不同于老一代的特征。[1] 相较于父辈,他们脱嵌于传统社会,并在现代性的个体主义影响下进行劳动的自我选择,表现出该群体的强烈个体权利意识。他们的经济负担较轻,之所以选择外出务工,更多是为了追求个体发展和自由地选择过自己想要的生活。[2] 但是,大多数不及父辈能吃苦耐劳,低技能、低文化程度的新生代农民工迷失在追逐自由的口号中,成为频繁离职和跳槽、迷茫和徘徊于城市中的短工化群体代表。[3] 短期的工作和生活不利于他们与当地的工友、社区建立长久的联系,反过来又加强了其沦为孤独的"原子化"个体的可能。[4] 该群体的强烈个体化意识与我国的社会转型息息相关,是追求现代化的过程中所出现的必然趋势。在经历了改革开放后,国家采取的社会主义市场经济体制肯定了个体的地位,促进了个体化的崛起,在处于城乡之间的青年农民工身上留下了深深的印记。[5] 伴随着现代化进程的加快,传统的力量逐渐式微,处于个体化社会中的农民工,在"为自己而活"价值观的渲染下,追逐个体自由的意愿十分明确。[6]

平台经济的出现似乎为这样的自我追寻提供了契机,其行业特性正好满足了一心追求自由的新生代农民工的需求。以外卖平台为例,骑手之所

---

[1] 余晓敏、潘毅:《消费社会与"新生代打工妹"主体性再造》,《社会学研究》2008年第3期;李培林、田丰:《中国新生代农民工:社会态度和行为选择》,《社会》2011年第3期。

[2] 罗霞、王春光:《新生代农村流动人口的外出动因与行动选择》,《浙江社会科学》2003年第1期。

[3] 清华大学社会学系课题组:《"短工化":农民工就业趋势研究》,《清华社会学评论》(第6辑),2013;黄闯:《个性与理性:新生代农民工就业行为短工化分析》,《中国青年研究》2012年第11期。

[4] 汪建华:《生活的政治:世界工厂劳资关系转型的新视角》,社会科学文献出版社,2015,第169页。

[5] 阎云翔:《中国社会的个体化》,陆洋等译,上海译文出版社,2012,第6~20页;冯莉:《当代中国社会的个体化趋势及其政治意义》,《社会科学》2014年第12期;张红霞、江立华:《个体化变局下新生代农民工的"脱域"与"风险"》,《中国青年研究》2016年第1期。

[6] 乌尔里希·贝克、伊丽莎白·贝克-格恩斯海姆:《个体化》,李荣山、范譞、张惠强译,北京大学出版社,2011,第3~23页。

以选择成为骑手,与外卖平台在招募骑手时所宣扬的"工作自由"和"月入过万"的口号关系甚密。美团、饿了么等平台发布的骑手就业报告中显示,较高的收入和自由的劳动时间是吸引骑手加入该行业的最重要原因。[①] 阿里本地生活服务公司发布的《2020饿了么蓝骑士调研报告》中显示,逾80%的在此前从事工人、公司职员、个体户等职业的劳动者转行送外卖是为该行业自由的工作时间所吸引。的确,相较于传统的工厂劳作,外卖行业确实具有这两个明显的优势。其一,骑手的工作时间比较灵活。不同于工厂中定时上下班的劳动制度对工人的束缚,外卖行业的劳动时间相对灵活,骑手具有一定的自由掌控劳动时间的权利。其二,相比于其能进入的其他行业而言,送外卖所获得的收入较高。外卖行业的工资以跑单收入为主,遵循多劳多得的计件工资制度,因跑单时间不受限,一天中的24小时都可以加入劳动,在骑手自由自愿的前提下,只要付出劳动时间,收入还是相当可观的。骑手大多是20~40岁的青壮年,这个年龄阶段的群体或多或少要面临成家或养家的压力,还有部分骑手借有外债,面临每月还贷的压力,一份收入较高的工作对他们而言十分重要。加之外卖行业的工资基本无拖欠,完成一笔订单的配送就有肉眼可见的报酬,正好与该群体的需求相契合。其实,外卖行业的这两方面优势分别指涉的是劳动者两个核心权益的自由:一是劳动过程中工作时间上的自由;二是为了完成劳动力再生产的财务自由,即在尽可能拥有灵活工作时间的同时,还有一笔让劳动者满意的工资收入。工作时间相对灵活而又能拿到较高工资的外卖行业恰好符合他们追逐个性化的生活逻辑,因此成为他们职业选择的优先项。

(四) E 站点介绍

E 站点是一家 2014 年成立于 W 市某中心商圈的外卖站点。在人员构成方面,该站点组织架构比较简单,设站长、后台调度员、骑手分队队长、普通骑手 4 个岗位。其中,站长 1 名,后台调度员 2 名,站长对该站

[①] 数据来源于阿里本地生活服务公司旗下饿了么蜂鸟配送发布的《2018外卖骑手群体洞察报告》和美团发布的《城市新青年:2018外卖骑手就业报告》。

第七章 新型劳动的时间控制与新型劳动者的自主性困境

点旗下的骑手进行管理,后台调度员主要负责在爆单或其他异常情况下调整各骑手手上的订单,使整个配送有序进行,骑手们被分配为6个小分队,每个小分队各设小队长1名[1]。这些骑手中90%左右是来自H省农村的20~35岁年轻男性,文化程度多为初中或高中。在招募制度上,E站点的招募流程十分简单,只需对骑手进行一轮简单的面试;招募门槛较低,只要应聘者同时满足身体健康、会骑电动车和会使用手机导航软件等3个条件,一般不会遭到拒绝。在员工培训方面,骑手被聘用后只需在App上进行简单的培训即可上岗,培训内容包括App的操作方式、劳动流程以及基本配送礼仪等。在派单模式上,E站点在2017年10月以前一直采用人工派单,后来平台为节省人力成本,要求下设站点均改为计算机系统派单的模式,但是由于系统派单的不人性化带来了很多问题,因此站点就采用了以系统派单为主、人工调度为辅的派单模式。在工资制度上,骑手的薪资采用的是计件工资制,所有的骑手均没有底薪,工资由派送订单的数量、问题订单的罚款及各种奖励三部分构成,E站点的订单配送单价是6元,[2]遭遇一个差评扣20元,一个投诉扣50元,奖励的多少则依据市场的变动及骑手等级高低等综合因素来共同决定。

在劳动时间秩序上,E站点采取了类似其他专送站点的强制与弹性相结合的工作时间制度,将营业时间分成了高峰时间段和其他普通时间段。高峰时间段是必须按时出勤的时间段,午高峰是上午十点至下午两点,晚高峰是下午五点至晚上八点。同时,E站点面向顾客全天接单,高峰时间段以外的时间均为灵活的弹性工作时间,骑手可按照个体意愿自主地选择休息或继续送餐。从理论上来讲,只要愿意工作,一天中的24小时均可以处于工作状态。E站点的骑手每月可休息4天,如有特殊情况需至少提前1天请假,请假程序并不复杂,只需跟站长请示,获得站长的同意即可。但是,若遇到下雨天或人手不够的爆单情况,处于休息中的骑手也会被临时叫去加班。

---

[1] 在2017年,E站点旗下的骑手约100名,但在2017~2019年,平台依据市场需要不断对站点规模、服务范围进行调整,E站点旗下的骑手在2019年缩减到40名左右。

[2] E站点的订单配送单价也是变动的,具体由代理商来调整。2017年,E站点的订单配送单价为6元,但经过几次调整后已下降至2019年的5.4元。

基于行业的特殊性，及时性是外卖平台打造高品质服务的重要依据。[①]为了提升顾客的消费体验，外卖行业对"准时""快速"的要求达到了十分严苛的地步，骑手劳动过程中的时间计算方式均是以分钟为单位来进行的，同时，平台还在不断提速，E 站点的订单基础配送时长已由最开始的45 分钟缩短到了现在的 30 分钟。为保障骑手准时而快速地送达订单，E 站点设置了短期的罚款、奖励和长期的等级制度来激励骑手，短期的罚款与奖励直接影响了骑手跑单收入，长期的等级制度则采用更为间接的方式来鼓励骑手，其表现形式是超时即扣成长分，成长分的减少会影响骑手升级，而骑手的等级越高，享有的特权就越多，收入也会越高（见表 7-1）。

表 7-1 E 站点骑手超时处罚细则

违规行为	违约金	成长分
送达超时<5 分钟	扣本单配送费的 20%	扣 20 分
5 分钟≤送达超时<10 分钟	扣本单配送费的 40%	扣 20 分
10 分钟≤送达超时<20 分钟	扣本单配送费的 80%	扣 20 分
送达超时≥20 分钟	扣本单配送费的 100%	扣 20 分

三 自由表象下的新型时间控制

在机器大生产时代，科学管理以时间控制和动作控制严密地掌控着工人的劳动过程，工人被束缚在以分工和专业化为基础的流水生产线上。在平台经济中，工作环境不拘泥于传统的工厂物理空间，劳动者逃离了流水线上的狭小操作空间及工头们无时无刻的监视。正如平台在招募骑手时所宣传的那样，劳动时间的"自由"是外卖送餐业区别于传统行业的最明显特征，也是骑手选择外卖行业的初衷。然而，这并不意味着劳动者真正拥有了工作上的自由，只不过是平台在"责任自治"的框架下，采取的一种貌似自由的新型劳动时间控制策略。在新技术的辅助下，骑手的劳动处于

---

① 孙萍：《"算法逻辑"下的数字劳动：一项对平台经济下外卖送餐员的研究》，《思想战线》2019 年第 6 期。

更为严密且精细的监控体系之下。新型时间控制的"新型"不仅表现为控制技术手段的新,还在于通过监控主体的增加、时间观念的内化以及等单工作机制的设置,作为资方的平台顺利制造出了骑手所渴求的"自由"表象,进一步加深了劳动者对平台的从属程度。

(一) 准时送达:劳动时间规则与秩序的建立

在《规训与惩罚》中,福柯通过对"全景监狱"的考察发现,"全景敞视主义"通过空间权力关系使得个体把规训内化并无限地普遍化,最终以自律的方式实现自己对自己的规训。长久以来,学界对于福柯权力思想的解读和延伸大都建立在空间观的基础之上,忽略了福柯权力体系中与空间相对的时间维度。在时间之上,通过对与时间相关的纪律、规则和秩序的建立,权力的运作体系更加紧密和牢不可破。在时间表的安排下,被规训的个体所参与的活动都被限定在一定的框架范围内,为权力的运作提供了基础。经过不断的操练,时间感在个体身上得以逐渐深化,并在其行为中体现出来。而对人类的意识进行重新定时的过程在工具性行动与符号性互动两个维度上展开。[①] 具体而言,工具性行动主要通过威慑、工资激励,以及培养一种新型的工作精神等形式对劳动者进行规训;符号性互动则指灌输时间规训的习惯,提供一个有秩序和规则的场景。个体不自觉地放弃了自己的生活节律,个体的意识被协和成一种赋予集体意义的东西。

无疑地,外卖送餐业也建立在一定的规则与秩序之下,由于其特殊性,时间在其中发挥了十分重要的作用,一个最突出的表现即任务的完成以及完成的质量都与时间息息相关。从资本的角度来说,准时生产既可以保证资金在最快的速度内实现增值,又可以赢得消费者的好评和满意度,从而为自己赢得良好的口碑。与物流行业一样,外卖送餐这一行业要求"快速送达",又因外卖"即时性消费"的特征,时间就意味着效率。2016年,一条关于"北京暴雨外卖小哥送餐晚了被辱骂"的新闻就引起了社会的广泛热议。外卖送餐的管理者为了尽可能地满足消费者"按时送达"的

---

① 约翰·哈萨德编《时间社会学》,朱红文、李捷译,北京师范大学出版社,2009,第10页。

需求，换得客户的满意度和市场占有率，都会将压力转至骑手，用尽办法来驱使他们在路上奔跑。

> 站长很强调时间的重要性，经常说外卖一定要在规定的时间内送到，每天开晨会的时候都会说。（DKZ-20180315023）

在"准时"的要求下，每一个骑手都被迫在平台苛刻的制度下疲于奔命，这种由于时间紧迫性带来的压力感，始终贯穿他们的整个劳动过程。在外卖送餐行业中，资本为满足自身需要，在劳动过程中建立起一系列与时间相关的规则和秩序，这些规则和秩序在骑手入职伊始就被加以强调，以努力让新手适应组织的社会生活，从而培养送餐员们的时间意识，这样外卖送餐行业与时间相关的"同一性"得以建立，并始终贯穿其整个劳动过程，"准时送达"成为外卖送餐行业的一条金科玉律。

（二）电子全景监控与劳动过程调整

数字技术是平台商业模式出现的先决条件。[1] 区别于福柯的圆形全景监控，[2] 外卖行业的监控是一种典型的电子全景监控，数据和算法构建了参与者的行动规则和互动条款，透过线上的虚拟平台，一种新管理模式诞生，这种管理模式重构了监控的方式，使得脱离了传统工厂空间的外卖行业劳动者处于更为严密而精细的监控体系之下。

在大街小巷穿梭的骑手，凭借 App 与后台连通，只要骑手一上线，其工作状态就完全被后台掌握，后台以时间为单位和节点，准确而精细地记录和反映骑手们的整个劳动过程。通过对骑手整个派送过程的即时信息的掌握，管理者能轻松地掌握每份外卖订单的状态及骑手的劳动状态，若遭遇混乱或遇到问题订单，管理者便能在第一时间做出反应，对骑手的劳动过程进行调整。于站点管理者而言，运用平台技术是为了促使外卖行业的

---

[1] Rahman, K. S., & Thelen, K., "The Rise of the Platform Business Model and the Transformation of Twenty-First-Century Capitalism," Politics & Society, 2019, 47 (2).

[2] Foucault, M., Discipline and Punish: The Birth of the Prison. Harmondsworth: Penguin, 1977, pp. 90-112.

工作流程实现从"非标准化"阶段逐渐过渡到"标准化"阶段。然而，基于数字技术的虚拟平台产生的信息和权力不对称正是资本对工人进行结构控制的基础。[1] 在数字技术和互联网的帮助下，"时间消灭"和"征服空间"在外卖行业已经成为一种事实，资劳双方之间形成的巨大数字鸿沟，进一步扩展了双方之间的不平等。相比工厂生产中的人力监控，"电子全景监控"使得骑手的劳动过程以时间为节点和单位的记录显得更严密而细致，这种全方位的监控，不仅即时地把握住了骑手的劳动时间、劳动量、劳动内容，还能对骑手劳动过程进行实时调节，以收回劳动过程的控制权。与传统的工厂劳动相比，外卖骑手的工作场景虽然脱离了固定物理场所的限制，但是资方以技术手段辅助，实现了时间对空间的征服，相较于时间，空间对资本的重要性已经大大降低了，监控不用再依赖于物理空间即可实现。骑手逃离了工头监视的目光，却没有真正逃离资本对其劳动过程的监视和控制。这种技术手段下的监视不仅是即时的，而且能依据资本的意愿，随时从劳动者手中回收劳动过程的控制权。

（三）监控主体的扩大化

数据实时监控和记录为消费者加入监控队伍提供了可能。与传统的工厂劳作不同，作为服务行业，推崇顾客至上的外卖平台总是会忍不住猜想和尽力去满足顾客的需求以为他们提供更好的消费体验。除了尽可能准时而快速地送达订单以外，使骑手劳动过程透明化能使订单的配送变成一项可预期的服务，并有效地增强消费者对订单的掌控感。于是，平台主动将订单的实时动态通过点单 App 分享给顾客，以便顾客能清晰地掌握骑手的实时动向。这种方式无疑加重了骑手的劳动压力，任何一个节点劳动过程的稍许拖延都有可能遭到来自心急顾客的催促，甚至是差评和投诉。我们可以看到，在外卖行业中，资劳客三元主体的关系颠覆了传统工厂劳动中资劳二元主体的对抗关系。在新技术的辅助作用下，伴随着监视主体的增加，扩展了劳动控制的范围。资方以赋予顾客更好的消费体验为名，使消

---

[1] Chen, J. Y., "Thrown Under the Bus and Outrunning It! The Logic of Didi and Taxi Drivers' Labour and Activism in the On-Demand Economy," *New Media & Society*, 2018, 20 (8).

费者也加入了对骑手劳动过程控制权争夺的队伍当中，催促骑手以最快的时间完成订单的配送。对于骑手而言，相较于平台的数据监控，消费者的人为监控才是最要紧的，因为消费者手握评价骑手服务质量的权力，一个差评就能造成骑手利益的损失。工业时代的劳动者在共同的时空中劳动，是社会事件的亲历者和在场者，资方与劳方的共同"在场"使资劳双方的矛盾能够真切地显现出来。而外卖行业中共同劳动场所的消失在一定程度上导致资本与劳动者之间矛盾的弱化，消费者加入引发的服务与被服务的关系中所产生的消费者与劳动者之间的纠纷使得消费者与劳动者之间的矛盾凸显。对于消费者而言，点餐平台作为隐形的雇主是看不见摸不着的，为自己提供直接服务的是骑手。骑手直面消费者，在资劳客三方关系中处于弱势地位。

笔者曾尝试在饿了么 App 上点餐，观察到了一个颇有意思的细节：App 设置了一个"预计送达时间"，消费者通过外卖 App 点单时，平台都会在综合考量距离远近等因素后显示出预计送达时间，但这个预计送达时间大有文章，它是管理者在骑手的劳动过程中设置的"陷阱"。

> 你在饿了么点单的时候，它给你的那个预计送达时间和我们这个 App 显示的时间是不一样的。假如你们显示 30 分钟送达，可能我们这里就会显示 36 分钟，这中间会有 6 分钟的差距。系统这样做就是想让消费者以为可以在尽可能短的时间内收到外卖。但是这 6 分钟的时间差就让很多顾客以为我们已经超时了，可能就给你一个差评，有的顾客脾气差的，就直接投诉骑手，所以唯一的解决办法就是跑快点，尽量以顾客那边显示的时间为准。（DKZ-20180315023）

就消费者而言，大多数人希望预计送达时间越短越好，预计送达时间长短是直接影响其是否下单的重要因素，若预计送达时间过长，消费者则可能选择其他的就餐方式。因此，各大外卖平台都极力缩减送餐用时。饿了么于 2016 年 4 月上线了"准时达"业务，平均送餐时间缩短为 30 分钟，若外卖的实际送达时间超出了承诺时间，饿了么将会赔付给客户无门槛红包。饿了么为了尽力满足消费者配送速度的要求而夸下海口，但承诺的执行者却是卖力奔跑在马路上的外卖骑手。在巨人的时间压力下，时间"质"的内涵进一步得到了扩展。

（四）"时间竞赛"与内化的紧迫感

在传统工业化生产中，对于快速和准时的时间观念强调通常是外在的，例如工头的监视或者规章制度的限制。然而，在外卖行业中，平台通过设置抢单机制来塑造"速度骑手"，力图将快速与准时的时间观念深入骑手的个体时间意识，驱使他们对准时和快速送达产生认同，主动将自己锻造成"速度骑手"。

由于计算机系统的不人性化，派给骑手的某些订单因为路程较远、不顺路等因素，骑手难以将订单准时送达。这时候，骑手可以通过手机 App 将该笔订单退回到系统，其他骑手可以根据自己的行程和时间安排进行抢单，一场关于时间的竞赛则由此开始。从在 App 上发现新订单，到经过简单操作抢得订单，这短短的时间内，虽然彼此并不处于同一物理空间，但一场关于外卖订单的抢夺却在同一个虚拟空间中，像一场没有硝烟的战争一样紧张地发生了，抢得一笔好的订单，就犹如取得了一次金钱上的巨大胜利，因此骑手总是不惜冒着发生交通事故的风险也要时刻关注着手机 App 传来的订单消息。为什么骑手们甘冒风险也要主动加入这场"时间竞赛"呢？

首先，在多劳多得的计件薪资制度下，跑单的数量直接影响骑手的收入，若成为跑单量最大的"单王"，还能获得站点的奖励，因此，多抢订单是一种权衡风险和收入之后的理性考量。其次，抢单行为也是团队氛围感染下的非理性行为。它考验的是骑手对时间的把控，所谓"拼的就是手速"，成为"单王"是对个人能力的一种有效检验，能引发同行艳羡和佩服的目光。抢单行为激发了以"单王"为目标的骑手们的好胜心，促使他们主动增加自己的劳动强度。在这样你争我抢的热烈工作氛围中，团队的运行效率被大幅提升，加速了整个劳动过程。外卖送餐行业虽然依托于新的技术，劳动的空间和时间秩序都发生了改变，但其实质仍旧是依托大量劳力的劳动密集型产业。骑手接（抢）单、到商家取餐、送餐、点击"已送达"的整个劳动过程与工厂中枯燥的流水作业并无二致，抢单机制则在无形中赋予了无聊劳动"游戏"意义，布若威《制造同意——垄断资本主义劳动过程的变迁》中的"赶工游戏"在这里得到了再一次呈现，你争我抢的游戏乐趣在一定程度上消解了高强度劳动的艰辛，塑造了骑手的群体无意识，配合热烈的工作氛围，骑手变身为专注于抢单送单的高效送餐机器。

在整个外卖送餐行业，时间感体现得十分充分，准时和快速送达是金科玉律一般的行业要则，平台和各层级的管理者深知赢得了配送时间就赢得了消费者的口碑，因此，他们采取各种手段督促骑手们提高配送效率，如以扣除薪资的手段来惩罚"超时者"。惩罚虽然是行之有效的措施，但是若能将时间观念内化进每位骑手的观念之中，形成思维定式，则会让他们主动加快配送步伐，使"准时送达"有更多的保障。关于抢单的工作机制，平台貌似在其间并没有发挥什么作用，时间竞赛只是劳动者的内部竞争。实际上，平台以极其巧妙的运作方式引得骑手主动加入竞争，以制造时间紧迫感，带动了骑手积极的工作情绪，保证了订单配送的准时率，进一步内化了"准时"和"快速"的时间规则，使得资本对劳动者劳动时间的控制更为隐蔽。

（五）全天候劳动：工作与生活边界的模糊化

在前文中我们提到，平台经济的一大典型特征即劳动者可自主掌控工作时间，与传统的工厂劳动时间相比，这样的劳动时间更具灵活性和弹性。E站点的工作时间也有类似的安排，为配合顾客全天的点餐需求，站点在一天中的必要工作时间（顾客点餐高峰时间）以外，设置了弹性的工作时间，骑手可在这段时间内依据自身意愿选择休息或继续跑单以赚取更多的收入。从这种弹性工作时间的设定中，我们发现了外卖送餐行业与其他弹性工作时间行业的共同点，即工作与生活的边界模糊化。按照时间结构的分类标准，工作时间和生活时间这一对本来互斥的范畴，在弹性工作时间制度下呈现模糊不清的态势。骑手工作时间和生活时间的界限变得模糊，工作与生活之间的互相渗透变得越来越彻底，工作的时候是工作时间，工作以外的时间既是生活时间，也可以是工作时间。因此，在看似自由的弹性工作时间模式下，超越工作时间和生活时间边界的"全天候劳动"产生了。平台美其名曰为骑手们提供了更多的工作机会，其实质是对骑手工作以外时间的"觊觎"。

第七章 新型劳动的时间控制与新型劳动者的自主性困境

不仅如此，外卖行业的弹性工作时间设定还有不同于其他行业的特殊性。台湾省法学学者侯岳宏曾讨论过"等待工作时所需的待命时间是否算工作时间"的问题。① 一般而言，这个问题不必在弹性工作时间制度下来讨论，因为弹性工作时间制度下的工作时间可以灵活选择，但具有明显的任务导向性，资方安排的任务是十分明确的，实施任务的条件是具体的。由于外卖行业自身的特殊性，订单低谷期的弹性工作时间段内的工作任务反而有着极强的不确定性，骑手为此付出了较多的时间成本，不是用餐高峰时间段内的订单量大幅度减少，导致等单的情况频频出现，在等单过程中，大量时间被浪费。德国学者林德斯巴赫提出，在弹性化时间结构中，我们正面临着一个"三元时间的社会"，简单来说三元时间就是工作时间、生活时间及管理时间，更好的时间管理有助于减少工作时间，从而延长生活时间。② 我们可以看到，在"三元时间"之外，外卖行业的弹性工作时间结构已经分化出时间结构的"第四元"，即等待工作的时间。

毫无疑问，外卖平台设置等单的工作机制是将劳动力成本风险转嫁给了骑手，基于外卖送餐行业的特殊性，在高峰时间段需要大量的骑手加入劳动，而在低谷时间段内，对骑手的需求则降低。E站点的强制与弹性相结合的工作时间制度，既保证了高峰时间段站点的运力足够，也保证了不浪费低谷时间段的劳动力成本。然而，骑手则被资本"招之则来，挥之则去"，其时间无限制地被困于等单状态之中，劳动时间无限延长，成为"全天候工人"。

四 受控的自由与有限的行动

在这种新劳动体制下，看似劳动者可以自由安排工作时间，有更多闲暇时间，能促进个人的自由发展。实质上，这种"自由"是受控的，灵活只是一种安慰。

---

① 侯岳宏：《日本工作时间与待命时间之认定的发展与启示》，《台北大学法学论丛》2010年第75期。
② 郑作彧：《社会的时间：形成、变迁与问题》，社会科学文献出版社，2018，第56~57页。

（一）对时间控制的无奈

外卖送餐行业的劳动可以在一天内的各个时间段随意分布，骑手在"是否加入劳动"及"何时加入劳动"的问题上有了选择的自主权，选择的灵活性为骑手塑造了自由的体验，这对个体化意识渲染下渴望追逐自由的骑手无疑具有很强的吸引力，大量的年轻工人纷纷"逃离"之前的行业，成为"外卖小哥"中的一员，正如在访谈中问及"为何选择做外卖骑手"时，总能听到他们脱口而出的答案就是"自由"。对于这样一个积极追求为自己而活的群体而言，十分重要的是他们不再受缚于工厂硬性的劳动时间安排，而是自主掌握了选择工作时间的权利，只有这样，个性才能得到彰显，才能让他们感觉到辛勤劳动是为自己而不是为别人。

然而，看似自主的劳动选择却在平台劳动时间的条件控制下加深了对骑手的劳动禁锢。作为一种消费经济，满足消费、刺激消费是资本实现自身价值增值的关键，资本的逐利逻辑凸显了消费在社会中的主导地位。平台为了给消费者提供满意的服务，设置了严苛的准时、快速时间要求，骑手常常只有在安全风险与订单配送超时之间择其一。同时，计件的工资制度安排使得骑手不得不主动延长工作时间，理所当然地接受了全天候的劳动安排，甚至不分昼夜地劳动，劳动时间的选择自由沦为劳动者自我剥削的工具。长时间的劳动和昼夜颠倒所带来的艰辛以及被超时所支配的恐惧常常掩盖了"自由"所带来的优势，一旦进入劳动当中，就立即被强烈的时间感所笼罩。个别骑手坦言自己甚至常在订单超时的午夜噩梦中惊醒，在严格的准时规则支配下，骑手在送餐过程中违反交通规则的现象十分常见。

> 干我们这一行的，闯红灯、逆行，这些都再正常不过了，手上的单子就要超时了，顾客已经等得不耐烦打电话催你了，你再不快点，直接给你个差评，超时要扣钱，差评要扣钱，这样跑一单下来还要倒贴，你说你还怎么可能在那等半天红灯。（JN-20180317025）

第七章 新型劳动的时间控制与新型劳动者的自主性困境

面对强势的平台，骑手是没有什么谈判能力可言的。与传统的工厂劳动相比，平台劳工是短期的，不利于他们与当地的工友、社区建立长久的联系，反过来又加强了其沦为孤独的"原子化"个体的可能。[1]"原子化"大大降低了其组织能力，加之骑手劳动的技术含量较低，直接减弱了其在与管理方谈判时的能力。[2]骑手们深知行业的劳动力卖方市场难以形成，其议价空间极其有限。同时，这种不在场的"原子化"劳动，使骑手在个体化社会中愈加孤独，散落在不同空间中的"个体"难以形成统一的"团体"，势孤力薄的骑手面对平台的规则、站长和消费者的监督，仿佛也只能拼命加速跑单才能证明自身的价值。这种对速度的崇拜，使骑手的生活节奏失控，疲于奔命。面对资本的强势来袭，处于生计压力当中的他们只得无奈配合平台的时间控制，主动延长劳动时间和提升劳动强度以进行自我剥削。

（二）"情感劳动"实践

为了应对时间的规训，骑手也会积极地采取"情感劳动"实践的策略，以获取消费者和管理者的理解。"情感劳动"是非物质生产行业中一种可供交换的价值，资本借助一系列规则和技术来管理员工的心灵，实现了私人情感在服务行业的商业化利用。[3]在外卖行业中，异化了的情感并非完全让渡给平台和管理阶层，骑手自主性的"情感劳动"还被用于对抗资本、争夺劳动时间控制权。

其一，联合顾客以弱化监控力度。消费者虽然配合平台参与了对骑手的监控，但骑手通过"情感劳动"实践能有效拉拢消费者配合自身规避电子全景监控，以争取配送时间完成自我赋权。即使是经验老到的骑手，也

---

[1] 汪建华：《生活的政治：世界工厂劳资关系转型的新视角》，社会科学文献出版社，2015，第169页。

[2] 蔡禾、史宇婷：《劳动过程的去技术化、空间生产政治与超时加班——基于2012年中国劳动力动态调查数据的分析》，《西北师范大学报》（社会科学版）2016年第1期；吴清军、李贞：《分享经济下的劳动控制与工作自主性——关于网约车司机工作的混合研究》，《社会学研究》2018年第4期；杨伟国、王琦：《数字平台工作参与群体：劳动供给及影响因素——基于U平台网约车司机的证据》，《人口研究》2018年第4期。

[3] Hochschild, A. R., *The Managed Heart: Commercialization of Human Feeling*. Berkeley: University of California Press, pp. 89-136.

不可能保证每笔订单都按时送达,因为在送餐途中总会遇到各种各样的突发情况,如闯红灯被交警拦下、电动车爆胎、商家出餐太慢压缩了配送时间等。在劳动过程中,骑手可礼貌而诚恳地与消费者进行线上和线下的互动,与消费者建立联系,拉近与消费者的距离,以对抗平台规则,缓解"准时送达"要求下的巨大时间压力。

> 一旦发觉自己这一单不能按时送到了,可以先给顾客打个电话,解释一下为什么没有给他按时送达,沟通的时候态度好一点,尽量争取他们的理解嘛,一般来说,如果没有特殊情况,都会理解的,毕竟他们也知道,做我们这一行的不容易。(CT-20171216022)

其二,与站长"共谋"以减轻处罚。与传统服务行业的劳资客三元关系不同,外卖行业的三大主体之外有一个中间力量——代理商在发挥作用。站长作为各大站点的代理商发言人,影响了传统的劳资客三元关系,使外卖行业场域中的关系流动更显微妙和复杂。站长在与骑手的长期博弈过程中发现,作为平台管理层的代言人,他们虽然有义务配合平台对骑手实施监管和督促,但一味严厉的管理容易引发骑手的集体不满甚至离职,这并非维持团队长久良性运行的最佳手段,他们的管理必须兼顾专制与柔性。因此,在平台的正式管理制度下采取一些非正式行为以增强管理和执行的灵活性十分必要,这能有效保障站长在团队中的威望并使其获得骑手的信任,如对骑手在平台监管盲区的操作采取选择性忽视以提升其劳动过程的自主性或在骑手遭遇非自身原因引发的超时等恶意投诉时出面向平台客服进行申诉等。利益互惠是"拉拢"站长参与"共谋"的根本动力,骑手在日常的劳动中要服从站长的管理,并依托"情感劳动"主动与站长"搞好关系"。

(三) 高频流动造就不稳定的劳动关系

劳动关系的核心在于劳动协调和利益协调,外卖行业灵活而弹性的劳动特质能吸引热衷自由的年轻工人的加入,而整个行业因骑手的频繁离职也呈现强流动性特征。据郑广怀等对武汉外卖骑手的调查,他们的从业时

第七章　新型劳动的时间控制与新型劳动者的自主性困境

间平均只有 1 年，且有 24.7% 的骑手曾至少 1 次离开过本行业。[1] 对骑手而言，长时间的高强度和高风险劳动、不稳定的就业状态、狭窄的晋升空间、明显区别于稳定工人的福利和保障等导致了他们对职业的低认同。[2]作为不稳定劳动者的骑手在劳资关系中明显处于结构性的劣势地位，没有自己的职业组织和工会组织，隐忍或离职是他们反抗平台控制的唯一方式。笔者在访谈一位彭姓站长时得知，饿了么每年冬天在 W 市的专送站点都会设置额外的人员储备任务，以填补春节后大批骑手离职导致的岗位空缺。

> 跑外卖是没有前途的，但是接触的各行各业的人多呀，而且天天在外面跑，获得的信息也比较多，我以后是打算开一家小餐馆，接收外卖订餐服务的那种，所以现在就要先把行业内幕搞清楚了，不然盲目去搞会有风险。（CYL-20180309023）

骑手频繁流动背后反映了外卖行业劳动关系的不稳定，这种不稳定表现在劳资双方都共同默许了随时进入和退出行业的可能。平台经济的就业模式与工业经济的雇佣关系不同，骑手中有近一半的人没有签订劳动合同。以马克思的劳资关系理论来理解这种不稳定状态可知，对劳动者而言，平台利用先进的计算机技术在提升了相对剩余价值的同时，加深了骑手对平台的实际从属，劳资关系遭到"结构性撕裂"[3]。他们看起来是自愿加入劳动和选择劳动时间的，却要在生存和发展的压力下，不得不主动延长劳动时间并提升劳动强度，这种"自愿"饱含着无奈。这种压力和无奈一旦超出骑手可承受的限度，就容易引发离职，造成行业内劳动力的高频流动。就资方而言，平台虽然主观上希望拥有固定的劳动群体，但这势必

---

[1] 《21 深度｜两亿"打工人"的围城》，https://baijiahao.baidu.com/s?id=1701341578316669248&wfr=spider&for=pc。
[2] 赵秀丽、杨志：《劳资关系新形态：弹性劳资关系网络的形成与变迁》，《经济学家》2018 年第 11 期。
[3] 周绍东、武天森：《个体自由与集体禁锢——网约车平台的劳资关系研究》，《河北经贸大学学报》2021 年第 2 期；周新军：《马克思主义劳资关系理论与当代社会》，《经济评论》2001 年第 5 期。

需要付出更多的成本保障骑手的基本权益，甚至是以缩短劳动时间和降低劳动强度的形式来支撑他们完成个人和家庭的再生产并拥有稳定的生活节奏，这显然不符合资本攫取劳动者剩余价值以逐利的逻辑。同时，进入和退出行业的低门槛机制发挥着"安全阀"的功能，使劳动者的不满可部分以离职的方式得到宣泄，在一定程度上降低了劳资冲突发生的可能。加之平台劳工相关法律和保障机制的不健全，更加剧了整个行业的流动。

五 新型劳动时间控制的本质与新型劳动者的市民化

（一）新型劳动时间控制的本质

穿越过浩瀚的时空，马克思所生活的自由竞争资本主义时期及布雷弗曼、布若威所谈论的垄断资本主义时期已经离我们远去，依托平台发展起来的新兴经济是我们探析劳动时间政治的一个现实透镜，我们不禁要思考当下社会中的劳动时间结构发生了何种变迁，以及这些变迁如何形塑着劳动时间政治。

在劳动时间控制权方面，劳动者的关注已由劳动时间的量、劳动时间的质扩展到劳动时间的自由权力，他们希望能自由、自主地掌控劳动时间，而不被别人所安排。在马克思那里，自由时间指涉的是人"可以自由支配"的"闲暇时间"，是"使个人得到充分发展的时间"[①]。而外卖骑手、快递小哥和滴滴司机等新型劳动者所拥有的劳动时间自由远非马克思意义上的自由时间，它只不过是一种选择上的自主，如果从这样的角度来审视自由，能不能拥有劳动时间之自由就在于选择主体与选择对象之间谁处于支配地位。显然，身处其中的新型劳动者并不能掌控劳动时间的主导权，在平台的劳动时间规则安排下，新型劳动者看似自由实则处处受限，其选择是被迫而无奈的。弹性的工作时间安排固然具有吸引力，但是享有弹性工作时间的灵活带来的片面甚至是虚假自主与工作时间的自由背道而驰。新型劳动者以为自己逃离了工厂的物理空间，并自主掌握了劳动时间

---

① 《马克思恩格斯全集》第 46 卷（下册），人民出版社，1980，第 221~226 页。

第七章　新型劳动的时间控制与新型劳动者的自主性困境

的选择权，但是在技术的辅助作用下，他们依旧处于严密的实时劳动监控之中，并随着消费者加入监控队伍而提升了劳动强度、增加了时间压力，进一步深化了时间的质的内涵。冒着风险与时间较量换来的胜利者勋章，不过是资本操纵的劳动游戏。以零散的订单为利益诱饵吸引新型劳动者主动延长工作时间，并使其理所当然地接受了全天候的劳动安排，平台则在弹性工作时间制度安排下实现了劳动力成本的转嫁。基于严密的监控体制及行业对快速、准时的追求，在自主选择工作时间之外，新型劳动者一旦进入劳动当中，就立即被强烈的时间感所笼罩。

基于新型劳动者群体特征而展现出的关于自由的主观诉求，其背后映射的是新型劳动者希望通过掌握工作时间主权而获得劳动自由的渴望，他们希望能够在崇尚自由的个体化社会中充分发挥自己的主体性和能动性，反思性地安排自己的工作时间与生活时间，以期完成自我认同的"生活政治"[1]。平台以赋予新型劳动者虚假的劳动时间权力为前提，使劳动时间的量和质两个面向在新型劳动者的"自主选择"中得到进一步提升。新型劳动者的劳动选择看似自主实则迫于无奈，其结果是他们不得不佐以自我时间主动地辛勤劳动，进行自我剥削，劳动的剩余价值则在新型劳动者的"自主选择"中得以巧妙转移。

（二）个体化特征与新型劳动者的市民化

1. 个体化特征

随着现代化进程的高歌猛进，个体化成为席卷现代社会的新现象。从个人与社会结构的关系来看，西方社会的个体化进程有四个特点。一是去传统化。个体日益从传统的关系链接中解放出来，宗族、家庭、邻里等日趋弱化，社会成员从历史规定的、传统的义务与规则中脱离出来。二是个体的制度化抽离和再嵌入。个体从传统的制度中抽离出来，但是也并不是完全自由的，现在制度为个体圈定了构建自我的空间。三是被迫追寻为自己而活，缺乏真正的个性。这是"强迫的和义务的自主"相矛盾的过程。

---

[1] 安东尼·吉登斯：《现代性与自我认同》，赵旭东、方文译，生活·读书·新知三联书店，1998，第80~98页。

四是系统风险的生平内在化。个体化给予了社会成员更大的自主与自由，但却去除了传统共同体给予的归属与安全，社会个体可以进行不断选择，但却充分暴露在选择的不确定与风险之中。

相比传统农民工，新型劳动者有着不同的成长环境、不同的生活追求和职业追求。相比父代，他们更注重个人感受，更注重消费和休闲娱乐，有更强的留在城市工作的意愿。他们更愿意选择新型劳动，源于他们更容易对工作产生不满，更追求劳动的自由。同时，他们也面临与传统农民工不同的困境，即"脱域"于农村社会和又"脱域"于城市社会，也就是游离于农业生产体制之外和又游离于城市劳动体制之外，他们不愿意回到农村又难以融入城市。作为新型劳动者的新生代农民工与原有家乡社区、家族、亲缘关系"脱域"的过程中，在城市也没有带来新的紧密关系的嵌入。他们灵活多变的就业形式和临时性的就业特点，在城市很难和同事建立稳定的关系；低层次的就业岗位、边缘化的社会地位使其很难嵌入城市关系体系中；居住的临时性与边缘性导致这一群体与城市社区的关联性较差，最终导致新型劳动者在城市中缺乏有力的强关系支撑，与周围的社会成员处于临时关系或无关系的状态。由于很难拥有正式、稳定的工作，这一群体在城市生活中处于漂泊无依的状态，也注定这一群体成为城市社会游离化的"原子化"个体。

2. 市民化的困局

新产业、新经济创造了新就业岗位，新型劳动者普遍喜欢到这些新领域就业。但是这些新领域的资本化程度较高，并不能促进新型劳动者的城市融入。《2022年农民工监测调查报告》显示，从事第三产业的农民工比重为51.7%。[①] 新产业、新业态，如快递业、外卖业等虽然收入较高、灵活性较强，但是不确定性也较强。从事这些行业的新型劳动者可以在不同的城市流动，对某一个城市的依赖性较差。虽然部分新生代农民工的收入也比较高，但是和就业地的生活成本、房价相比仍有很大差距，导致一些在大城市就业的新型劳动者把生活目标定位在就业机会少、户籍吸引力不

---

① 《2022年农民工监测调查报告》，https://www.gov.cn/lianbo/2023-04/28/content_5753682.htm。

第七章　新型劳动的时间控制与新型劳动者的自主性困境

强的中小城市。

其原因包括以下两点。一是就业岗位本身不确定，工作可能随时变化或消失。新型劳动者一方面乐于接受城市生活的便捷与诸多就业机会，一方面也感受到了城市社会中的风险丛生与个体化特征。新生代农民工在城市中不仅处于非正规就业状态，而且处于市场的风险之中，面临着诸多不确定性。在不充分就业的风险社会体系中，稳定工作的形式被工作时间的灵活方式与个体对工作的自由选择所打破，但换来的是一种普遍的就业不安全感。新型劳动者在工作中被资本束缚、被市场选择、被雇佣关系切割、被安全感区隔，工作的稳定成为虚幻的想象与向往。影响新型劳动者群体市民化倾向的最大因素与"狭义"的工作稳定性有关，即是否通过订立劳动合同与雇主建立正式的劳动关系；是否对自己未来一段时间的就业状况有稳定的预期。二是工作地域的变换性强，随时在不同城市或不同地区之间流动。城乡流动的自由、灵活便捷的就业形式，一方面给予了新型劳动者各种就业的机会和发展的空间，另一方面由于各种福利制度和劳动关系的不完善，新型劳动者面对的是不确定与风险丛生的未来，不仅潜藏就业与生活的风险，而且暗含归属的疏离、未来的渺茫。

在灵活、自由、无束缚的城市化语境中，社会个体日趋脱离共同体的归属，选择的自由、行为的随便、价值的自选使得这一群体日益远离一种本体性的安全感与归属感。"我是谁，来自哪里"，这种归属感是个体安全感的重要来源。无论身归何处，群体性、共同体仍然是生命个体的内在需求。新型劳动者在不确定性强的城市空间，深切感到城市社会的流动、漂泊与失业风险，容易产生焦虑与不安全感。一方面，个体前所未有地获得了主宰人生的机会；另一方面，这种自主又不是绝对的自主，绝非在真空中任意戏耍的行动逻辑自主和选择，而是始终处在生活表层之下那个高效紧密组织起来的制度性社会中，甚至明明无法决定也必须做决定。对于他们而言，自由选择背后隐藏了国家关于城乡二元的不同制度、体制限制，比如在就业领域的户籍限制、对于"农民"身份的歧视、城乡二元的劳动力分割等。基于原有的身份烙印，这一群体的选择注定是在有限的范围内的，很难突破阶层的壁垒，实现职业、身份、就业领域、收入的自由选择与转换。新型劳动者在就业获得、居住与生活、社会保障和获取公共服务等方面的需求与正式制度的供给水平和供给渠道之间存在深刻的鸿沟，他们在城市底层就业、居住边缘化，缺乏与城市居民同等的公共服务。虽然针对农民工的社会政策已做出诸多改革，但流动迁徙和区域性给付水平的差距使得政策实践效果呈现碎片化。

3. 促进新型劳动者市民化的再思考

当前，户籍制度改革效果与设计目标有一定的偏差，呈现制度与实践错位的现实表征。由于路径依赖，在制度变革与延续的复杂博弈中，户籍制度改革的效果内卷化，难以真实促进新型劳动者的户籍转换。为了更好地达成制度改革的目标，重塑发展思路，既要在制度方面进行综合配套改革，又要激发地方政府的政策执行，更要对新型劳动者的选择进行引导。

在制度层面，应进行配套的综合改革，进一步完善农民工户籍城镇化的制度。若要真正发挥户籍制度改革的作用，必须同步推进户籍制度与其他关联制度的改革，尤其要进行配套的教育、社会保障、就业、医疗等的改革。减少这些制度基于户籍的地域绑定性，将这些资源与福利转化为无地域差别的公民权利。同时以城乡一体化促进城乡之间、不同城市之间的协调发展，缩小不同地域空间的户籍福利差别，形成不同地域户籍利益的均等化。同时，应制定吸引新型劳动者在中小城市落户的扶持与激励政策，针对新落户城市的新型劳动者，在就业技能培训、社会扶持、子女入学支持、住房等方面给予政策激励与保障，增加新型劳动者落户城市的积极性。尤其对在城市稳定就业的新型劳动者，要在激励措施上促进他们落户城市。在政策上要创造便利条件与动力，使得有条件、有意愿落户城市的新型劳动者顺利落户。2022年国家颁布的《"十四五"新型城镇化实施方案》提出，试行以经常居住地登记户口制度，在实践中，应在一些典型城市进行试点和探索，激发地方政府吸引新型劳动者落户城市的动力。

在政策层面，应将新型劳动者群体放在新型城镇化和共同富裕的宏观背景下，持续改善其不稳定的就业状况。在积极发展中小城市经济的基础上，完善中小城市特别是县域城镇的公共服务，优化发展环境，在配套措施的建设上，增加中小城市对人口的吸引力。国家要在顶层设计上进一步细化促进中小城市产业发展的扶持政策，推动中小城市根据区位特点、资源特征等发展适合本地区实际的优势产业，为新型劳动者在中小城市就业

第七章　新型劳动的时间控制与新型劳动者的自主性困境

创造条件,增加经济拉力。提升中小城市的综合发展水平,使得新型劳动者既能在中小城市就业,又能在中小城市生活,帮助新型劳动者在中小城市安居乐业,最终落户中小城市。

在新型劳动者层面,应对新型劳动者的户籍选择预期进行引导,通过政策宣传、典型示范等方式引导新型劳动者关注落户中小城市给生活带来的便捷性。同时,国家的户籍城镇化战略应在价值理性角度更多关注新型劳动者群体的诉求,畅通新型劳动者落户中小城市的选择机制。相比于更高的收入水平以及可以通过税收扣除实现的社会保障而言,新型劳动者群体更稳定的就业预期是其在城市长期发展的基础,也是其成为稳定的中等收入群体的必要条件。对于新型劳动者而言,若想长期在城市中生活,必然面临着居住的问题,而无论是租房还是购房,不稳定的就业状况意味着不稳定的居住状况,进而限制了家庭化迁移的能力。这是因为只有在雇佣关系稳定的前提下,新型劳动者才能够签订长期租房合约或通过信贷的方式购房以实现城市定居。

后　记

　　《中华人民共和国国民经济和社会发展第十四个五年规划和2035年远景目标纲要》提出："坚持存量优先、带动增量，统筹推进户籍制度改革和城镇基本公共服务常住人口全覆盖，健全农业转移人口市民化配套政策体系，加快推动农业转移人口全面融入城市。"2018年，我申报的研究阐释党的十九大精神国家社科基金专项课题"新型城镇化背景下加快农业转移人口市民化研究"（项目编号：18VSJ065）获得批准，由此，开始组织课题组对农业转移人口市民化问题展开系统研究。在研究中，我们将城市与乡村两个区域及其社会群体作为有机整体展开联动性和互动性研究，以个体日常生活的城市社会融入为着力点，研究和回答新型城镇化、乡村振兴背景下农业转移人口问题。日常生活的市民化意味着其过程的长期性和复杂性。因此，在户籍制度改革普遍推行的情境下，大量农业转移人口的市民化进程如何推进，需要基于农业转移人口的不同群体以及市民化的日常生活交往活动进行分析。鉴于此，本书秉持"共建共治共享"原则，以加快推进农业转移人口市民化为落脚点，选择几个有特点的群体开展深入研究，以便为市民化的推进提供具体方案。

　　课题调查和研究凝聚了课题组成员的心血，成果也是集体智慧的结晶。参与部分章节初稿起草的有：范长煜、张红霞、谷玉良、王寓凡、任树正、李胜蓝。全书由我统一修改、定稿。

　　本书的付梓，首先要感谢课题组的全体成员，他们为此付出了辛勤的汗水。其次要感谢湖北省人文社会科学重点研究基地——华中师范大学湖北省社会发展与社会政策研究中心在课题调查、研究中给予的大力支持。再次要感谢华中师范大学社会学院的本科生和研究生，他们许多人牺牲自己的假期参与了课题的调查；感谢社会科学文献出版社编辑的辛勤劳动，使本书顺利付梓。最后要感谢那些接受我们访问的农业转移人口，没有他们的配合和帮助是无法完成该书的撰写的。

江立华
2023年4月于武汉桂子山

图书在版编目(CIP)数据

融合之路：农业转移人口市民化研究／江立华等著. --北京：社会科学文献出版社，2023.12
ISBN 978-7-5228-2408-6

Ⅰ.①融… Ⅱ.①江… Ⅲ.①农业人口-城市化-研究-中国 Ⅳ.①C924.24

中国国家版本馆 CIP 数据核字（2023）第 165133 号

融合之路：农业转移人口市民化研究

著　　者 / 江立华 等
出 版 人 / 冀祥德
责任编辑 / 李明锋　孙　瑜
文稿编辑 / 王　敏
责任印制 / 王京美
出　　版 / 社会科学文献出版社·群学出版分社（010）59367002 地址：北京市北三环中路甲29号院华龙大厦　邮编：100029 网址：www.ssap.com.cn
发　　行 / 社会科学文献出版社（010）59367028
印　　装 / 北京联兴盛业印刷股份有限公司
规　　格 / 开本：787mm×1092mm　1/16 印张：18.5　字数：290 千字
版　　次 / 2023 年 12 月第 1 版　2023 年 12 月第 1 次印刷
书　　号 / ISBN 978-7-5228-2408-6
定　　价 / 128.00 元

读者服务电话：4008918866

▲ 版权所有 翻印必究